AF433871

Un étrange être-ange

Ghislain BOURBON

Un étrange être-ange

ROMAN

Les **éditions** de la **machine** à **écrire**

© Les éditions de la machine à écrire, 2016.
Tous droits réservés.
ISBN : 979-10-96130-00-9
Les éditions de la machine à écrire
3 bis, place des Carnutes - 28210 SENANTES
Imprimé par CREATESPACE - ETATS UNIS -
Prix 15€
Dépôt Légal Août 2016
Design couverture : LoRaN (loranfree8@gmail.com)

Être ange

Être ange
c'est étrange
dit l'ange
être âne
c'est étrâne
dit l'âne
cela ne veut rien dire
dit l'ange en se haussant les ailes.
Pourtant
si étrange veut dire quelque chose
étrâne est plus étrange qu'étrange
dit l'âne
Etrange est
dit l'ange en tapant des pieds
Etranger vous-même
dit l'âne
et il s'envole.

Jacques Prévert

La vie est faite de milliers de rencontres.
Certaines changent le cours de notre vie.
Mais la rencontre essentielle,
c'est celle que l'on fait avec soi-même.

Prologue

La vie ne tient qu'à un fil.

Tout peut changer d'une minute à l'autre.

La mienne a basculé comme ça : *Clap* !

Aussi soudainement qu'un claquement de doigts...

***

En parlant de « claquement », c'est plutôt un coup de tonnerre qui vient de retentir, faisant trembler toute la maison. On dirait qu'un troupeau d'éléphants vient de s'écraser contre la porte d'entrée ! Mais qu'est ce que c'est que ce raffut ?

« Oh merrrde ! V'là qu'ça le reprend. *Purin*, Do ! Ramène ta fraise et vient m'ouvrir, bordel ! »

Ah non, c'est Gloria ! Je ne sais pas pourquoi je fais ça mais, parfois, j'ai un besoin viscéral de me barricader et je ferme toutes les portes à double tour.

« Hey ! Y'à du monde là dedans ? T'as les portugaises ensablées ou quoi ? Qu'est-ce tu fous ? Magne-toi, bon sang, j'ai les flûtes qui flageolent ! Et pis ça dégringole grave !

- Et tes clés ?

- Etéclé, étéclé ! C'est comme ça qu'on accueille la Reine de la nuit ? La Diva du dancing ? J'demande pas que tu me fasses la danse du ventre mais quand même ; un peu de chaleur humaine ne serait pas de refus dans ce monde dénué d'élégance. Sors-toi les doigts du cul et ouvre-moi c'te lourde ! »

Je vous présente Gloria, ma *coloc.*
Officiellement : « *20 et biiip ans* ».
Statut : Reine de la nuit.

En fait, elle s'appelle Agnès, entame son trente-cinquième printemps, est alcoolique chronique, droguée à ses heures et nymphomane aux mêmes heures. C'est la fille la plus pénible et la plus attendrissante que je connaisse. Elle me rend dingue mais je suis incapable de me passer d'elle. Elle est addictive et j'en suis totalement *accro.* Gloria, c'est *ma coke* à moi.

Je sais que vivre avec elle peut sembler paradoxale quand on aspire à la tranquillité, au charme d'une vie discrète, sans vague, mais depuis des années, elle est ma seule raison de me lever le matin et de continuer à vivre ; je dois prendre soin d'elle. Si je ne le fais pas, qui le fera ?

J'aurais dû commercer par vous expliquer que j'étais vautré dans le canapé bleu du salon, un verre de *Coca* ni light ni zéro posé sur l'accoudoir, un paquet de *Chamallow* coincé entre les cuisses, hypnotisé par une série télé aussi débile qu'avilissante, quand des coups de bélier dans la porte d'entrée m'ont fait sortir de ma léthargie réconfortante et sucrée. Mais je n'ai pas eu le temps de vous raconter tout ça puisque, comme d'habitude, Gloria a démarré cette histoire sur les chapeaux de roues, bousculant tout et tout le monde sur son passage, comme un cyclone, une tornade, qui vous emporte dans son tourbillon de vie. Et on se laisse faire parce qu'elle vous emmène dans des lieux fascinants, étincelants, pétillants et vous fait vivre des moments magiques qu'elle crée et

met en scène par amour pour vous, pour vous aider à
sortir du quotidien et de son affligeante banalité. Une
fée néo-urbaine en quelque sorte…

Mais voici que je fais comme elle ; je vais trop vite. Je
vous parle de Gloria alors que j'ai à peine commencé à
vous raconter cette histoire. Mon histoire.

Alors reprenons…

PARTIE I

1

Je m'appelle Do et je suis un accident. Mes parents n'ont pas voulu de moi. Jamais. Ni avant ma naissance, ni après. A l'origine, je devais m'appeler Dorian, mais mon père, qui ne m'a transmis qu'un nom imprononçable, des yeux gris et un air mélancolique, était russe avec un accent à couper au couteau et quand il m'a déclaré à la mairie, il a voulu prononcer à la française « Do-rian » comme une note de musique joyeuse, mais l'officier d'état civil a compris « Do-rien », sous entendu « rien d'autre », juste Do. Alors il a noté Do sans poser de question, trop concentré à orthographier correctement ce nom de dix sept lettres, contenant un Z, deux V, deux S, trois N, un H... Ce Svensonaketzhanov qui me colle à la peau démotive les plus zélés. Neuf fois et demie sur dix on se contente de m'appeler par mon demi prénom, cette note qui n'a plus rien de joyeux depuis qu'elle a été amputée de sa moitié. Quand un téméraire se lance malgré tout à l'assaut de mon nom de famille, face à l'ampleur des dégâts il renonce et se contente d'un « Svenson » qui me fait passer pour un Suédois plutôt que pour un Russe malgré mon physique typiquement slave digne d'un personnage tiré d'un roman de Tolstoï. Je ne me plains pas d'avoir cette tête là, c'est plus un atout qu'un inconvénient puisqu'on me vient toujours en aide sans que je demande quoi que ce soit. J'inspire la pitié aux gens qui me croisent. C'est comme ça. Alors on s'occupe de moi, on décide pour moi, on me prend en charge. Je n'ai jamais pris une décision de ma vie. Ce n'est pas dans mon tempérament.

Peut-être parce qu'on ne me l'a jamais appris.

Peut être parce que je n'ai jamais eu à en prendre…

Mon géniteur (terme qui sied mieux à cet homme qui n'a partagé ma vie que neuf jours) était tellement mort de rire quand il a vu que le prénom inscrit sur mon extrait de naissance était « Do » qu'il n'a pas protesté et qu'il m'a laissé affublé de ce demi prénom sur mes papiers officiels. D'ailleurs, durant les neuf jours de notre vie commune, il m'a appelé « Do rien ». Cette anecdote, je l'ai répétée des centaines de fois, des milliers de fois, à chaque nouvelle rencontre, tant et si bien que ce « rien » s'est inscrit en moi et j'ai fini par croire que c'est en effet ce que j'étais : rien.

Après avoir bien rigolé, il s'est rendu compte qu'il n'était pas fait pour être père et s'est carapaté sans demander son reste. Arriver à cette conclusion en si peu de temps c'est presque une performance. A moins qu'il ne fût extraordinairement intuitif… Quoiqu'il en soit, il est parti et personne n'a jamais plus entendu parler de lui.

Ma mère aurait bien fait de même si elle avait eu le choix. Elle a tenu un peu plus longtemps, mais guère plus. Dès qu'elle eu repris « forme humaine », ce qui n'a pas été trop difficile avec le peu de kilos qu'elle avait accumulé pendant sa grossesse, à croire que son corps refusait lui aussi cet enfant non désiré, elle me confia à sa mère et s'enfuit se protéger de ses obligations maternelles derrière ses impératifs professionnels. Je la voyais tous les jours, certes, mais à la télévision, lorsqu'elle présentait le journal télévisé. Une séance imposée par ma grand-mère qui espérait ainsi tisser des liens entre moi et cette femme. En vain, puisque les seuls moments que nous avons partagé, ce sont des séances photos pour des magazines dans lesquels ma mère était fière d'exposer cet enfant d'une beauté à couper le souffle, digne d'une tragédie russe : cheveux mi longs noirs de jais, de grands yeux gris dans lesquels se reflétait toute la misère du monde, et d'une pâleur à effrayer la lune qui faisait douter que la vie coulait bien dans ses veines ; tant et si bien que quelques années plus tard, à l'école on le surnommera « l'ectoplasme ». Un enfant si sage et si insignifiant que sa propre mère l'oubliait lors de ces fameuses séances photos et qu'on était obligé de lui téléphoner pour qu'elle vienne récupérer son encombrant fardeau puisqu'elle ne s'en apercevait pas d'elle même…

Ça n'a pas tellement changé. On me trimbale comme un objet de déco. On me prend, on m'emmène, on me pose, on m'oublie. Et moi, d'une patience à toute épreuve, j'attends qu'on revienne me chercher. Ce qui arrive rarement à présent. Jamais, en fait… Pourtant, je continue d'attendre.

Voici que Gloria s'impatiente et tambourine à la porte comme un régiment de cosaques prêts à envahir le salon. A tel point que je sursaute et renverse mon Coca sur le canapé bleu qui en a vu d'autres… J'ouvre. Elle est démente ! Le cheveu gras, d'un rouge vif que l'on pourrait qualifier de vermillon, des lunettes de soleil encadrées de deux énormes D&G qui dissimulent son regard noir, une clope scotchée à ses lèvres *glossées*, boudinée dans un petit ensemble en skaï fuchsia sous une longue gabardine orange et des bottes blanches vernies qui lui montent au dessus du genou. Si on prend le risque de la regarder plus de vingt secondes d'affilées, on s'expose à une brûlure irrémédiable de la rétine !

Elle entre en titubant, traînant son sac à main en strass derrière elle, balance sa gabardine sur le canapé bleu qui rate son objectif et s'écrase au sol comme un rêve nocturne qui s'effondre au petit jour, poursuit sa route jusqu'au bar où elle se sert une vodka en massacrant « *Girls just want to have fun* » à tue-tête. Vue de derrière, dans cette tenue *flashy* et avec sa masse de cheveux rouge qui virent au rosâtre aux extrémités, elle ressemble à un ersatz de Cindy Lauper en concert privé dans le salon. Si vous voulez mon avis, on a plutôt l'impression qu'un coiffeur malveillant lui a démoulé un *Flamby* fluo sur le crâne mais il paraît que je n'y connais rien et que cette couleur est « hyper tendance » ! Mouais…

Elle se vautre dans le canapé bleu sans le rater cette fois, un verre à la main, une interminable cendre au bout de sa cigarette qui pendouille à ses lèvres, les jambes écartées, l'œil hagard derrière ses verres fumés : la grande classe !

« Ben Chouchou, pour une bonne soirée, c'était une putain de bonne soirée ! N'empêche, les mecs, c'est tous des enculés ! »

Eh bien voilà, les présentations sont faites ; voici Gloria dans toute sa splendeur. Mais ne vous formalisez pas, vous verrez, elle est très *attachiante*.

« Toi aussi t'es un enculé, mais toi c'est pas pareil ; t'assume. C'est pas comme ces p'tits conards qui viennent te *dragouiller*, qui jouent aux gros bras et qu'ont rien dans le froc ! Ah, Ah ! Ça leur fout le *trouillomètre* à zéro de voir des gonzesses qu'en ont dans le pantalon ! Hein, chéri, qu'elle en a dans la culotte la Gloria ! »

Comme je sais qu'elle va sombrer dans un sommeil éthylique dans moins d'une minute, je lui retire ses bottes, écrase sa clope et tente de lui prendre son verre ; mais elle s'y agrippe et le vide d'un trait avant de me le tendre avec dédain.

« Tu sais ce qui voulait ce mec ? Me visiter l'entrée des artistes ! Oui Môssieur, comme ça, direct ! Il me connaît *ni des lèvres ni des dents*, et *paf le chien* ; y veut m'enculer ! Tu me diras, moi ch'uis pas contre, mais pas comme ça tout de même, c'est pas des manières ; on est pas des bêtes ! Ch'uis une femme du monde ! Merde ! »

Et là, en une fraction de seconde, elle sombre dans un sommeil si profond que je pourrais passer l'aspirateur ou m'entraîner au maniement du marteau piqueur au milieu du salon, je n'arriverais pas à la réveiller ! Quoique, elle pourrait prendre ça pour de la Techno, et ça, ça peut la remettre d'aplomb... Je l'allonge sur le canapé bleu et la couvre d'un plaid. Me voilà tranquille jusqu'à l'apéro.

***

Gloria et moi, nous nous sommes connus à mon arrivée à Paris, il y a douze ans. C'était ma voisine de palier. A l'époque elle s'appelait encore Agnès et avait déjà les cheveux rouges. J'avais vingt-trois ans, comme elle, et j'arrivais de Cannes que je venais de quitter après avoir enterré ma grand-mère, la seule femme qui ait pris soin de moi avant Gloria. Perdu, j'avais décidé de m'installer dans la même ville que ma mère qui habitait Paris depuis des années, espérant que ce rapprochement géographique amènerait un rapprochement affectif ; mais je m'étais trompé... C'était la première fois que je prenais une décision, ce fut la dernière.

Ça ne faisait pas une semaine que j'avais emménagé dans cette « *studette* », comme le disait l'annonce pour qualifier ce qu'on appelle plus couramment « une chambre de bonne », avec bac de douche dans la cuisine et toilettes sur le palier, qu'on tambourina à ma porte. A l'époque déjà, elle était toute en retenue…

« Salut mon mignon ! J'suis la voisine. Tu pars en vacances ? Non ? Bah moi oui. Ça t'embête pas de t'occuper de mon chat ? V'là mes clés. Tu verras y'à tout pour le matou sous la table de la cuisine. Merci, t'es un amour. Ciao ! »

Je n'avais pas prononcé un mot qu'elle disparaissait dans l'escalier traînant derrière elle une énorme valise en plastique rouge qui n'avait pas de roulettes mais ce détail n'avait pas l'air de la gêner ; elle lui faisait dévaler les marches dans un barouf invraisemblable. J'ai juste eu le temps de crier :

« Il s'appelle comment le chat ?

- Le chat ! L'est pas à moi, on me l'a prêté.

- Et vous rentrez quand ?

- Dès que le vent soufflera ! »

Elle disparue bruyamment laissant derrière elle une forte odeur d'ammoniaque qui confirmait que le rouge de ses cheveux n'était pas naturel…

On ne se connaissait pas et voilà qu'elle me laissait son chat et les clés de son appartement. Moi qui débarquais de ma province, j'étais époustouflé et en même temps ravi de constater que les parisiens étaient fidèles à l'idée que je m'en faisais : extravagants, imprévisibles, excentriques ; ce que je rêvais d'être moi-même, moi qui était tout le contraire… Aujourd'hui, je sais que c'est Gloria qui est comme ça et qu'elle ne ressemble à personne.

« Le chat » et moi avons donc fait connaissance. Je n'avais aucune idée de la quantité de nourriture que pouvait engloutir quotidiennement une telle bestiole. Je lui remplissais donc constamment sa gamelle partant du principe que s'il mangeait, c'est qu'il avait faim ! C'est ainsi qu'en quelques semaines, il est devenu un estomac sur pattes qui ne me quittait plus d'une semelle.

Chaque soir, son sixième sens l'avertissait de mon arrivée et je l'entendais miauler de désespoir dès que je franchissais le hall de l'immeuble. Je grimpais à la hâte les six étages de l'escalier de service qui menait à mon palace miniature pour délivrer le vorace et lui apporter l'affection qui lui faisait cruellement défaut. Il a fini par délaisser son appartement désert pour venir s'installer chez moi sans plus d'égards pour sa maîtresse de substitution qui, il est vrai, l'avait laissé choir.

Comment peut-on se faire « prêter » un chat ?

Il n'était pas le seul à venir chez moi. Régulièrement, des hurluberlus aux styles indéfinissables et… comment dire… « particuliers », venaient sonner à ma porte pour savoir si Agnès était là. La plupart du temps, c'étaient des étrangers qui ne savaient pas où passer la nuit. D'habitude, elle les hébergeait, mais n'ayant aucune instruction à ce sujet et ne sachant pas si je pouvais laisser dormir quelqu'un chez elle, je m'étais abstenu de révéler que j'avais les clés de son appartement. Je me contentais de prendre les messages et les entassais sous son téléphone posé à même le sol qui était bien plus utile en presse papier qu'en objet de lien avec l'extérieur.

Un matin, alors que j'étais à quatre pattes sous la table de la cuisine de ma voisine à la recherche d'un hypothétique sac de litière, un « *Salut !* » rauque et caverneux me fit sursauter et je me cognai la tête au plateau de la table en formica vert anis du meilleur goût. Je me retournai en me frottant le crâne et découvris la charmante femme, à poil, au beau milieu de la pièce.

« Tu veux un jus ? »

Elle n'attendit pas ma réponse et remplit la cafetière avec une bouteille de Contrex qui traînait sur la table. Elle chercha en vain un filtre à café dans divers placards avant de récupérer le précédent jeté dans un sac en papier Christian Lacroix qui faisait office de poubelle. Elle s'installa ensuite sur une chaise et alluma une clope.

« Tu t'appelles comment ?

- Do.

- Do… Do quoi ? Dominique ? Donald ? Doliprane ?

- Non, juste Do.

- Sans blague ? Tes vieux sont musiciens ? »

Alors je repris l'inlassable explication que je répète sans cesse depuis que je sais parler et qui me poursuivra jusqu'à ma pierre tombale…

Eh, Roger ! J'grave quoi sur la tombe de ce type ? J'vais pas me cogner les dix sept lettres de son nom de famille !

- T'emmerdes pas mon Gégé, tu mets Do, ça ira bien !

« Mon père est Russe et quand il a prononcé mon prénom, au lieu de dire Dorian, il a dit « Do rien » et on m'a enregistré sous le prénom Do, et c'est tout. Ça l'a beaucoup fait rire et il m'a laissé ce prénom.

- Il a de l'humour ton *pater*.

- J'sais pas.

- Moi c'est Agnès. *Purin*, t'es beau comme un astre. Tu dois faire des ravages !

- Bof. Vous avez passé de bonnes vacances ?

- A chier. D'ailleurs j'ai chopé la turista. Franchement, je préférerais que tu me tutoies, mon cœur ; les mondanités au *p'tit dèj* c'est pas trop ma came. »

A ce niveau d'intimité, il semblait en effet que je pouvais dire « tu » à cette fille qui me dévoilait sa chatte et ses problèmes gastriques aux premières lueurs du jour…

Comme elle n'avait pas l'air en forme, je lui proposai de servir le café mais c'était avant tout parce que j'étais embarrassé par sa nudité. Il fallait que je m'occupe pour ne pas avoir l'air trop idiot. Ce fut peine perdue puisqu'un grand mec brun aux cheveux longs, à la peau mate et au corps musclé, fit irruption dans la cuisine, nu comme un vers lui aussi. Il lança un « Hello ! » jovial et énergique auquel elle ne répondit pas. Je bredouillai un timide « euh, hello » ne sachant plus où me mettre face à ces deux êtres dans le plus simple appareil. L'athlète se pencha au dessus de l'évier pour boire à même le robinet, nous offrant l'image de son postérieur en gros plan. Puis il ressortit de la cuisine pour aller pisser, la porte des toilettes grande ouverte pour nous laisser profiter de la délicieuse mélodie « du jet de pipi dans la flotte du fond des chiottes » ! Un grand moment de poésie…

« Il est pas mal, hein ? » me dit Agnès, accompagnant son commentaire d'un petit clin d'œil qui adoucit la dureté de ses yeux noirs. Je ne savais pas si elle avait compris que moi aussi j'aimais les garçons. Je fus vite fixé. « Laisse tomber : il a une belle queue, mais il sait pas s'en servir et c'est un éjaculateur précoce. » Une réplique *cash-trash* typique de celle qui deviendra quelques années plus tard « Gloria La Divine ».

Pour me remercier de m'être occupé du chat que ni elle, ni personne d'autre ne récupéra jamais et qui me tint compagnie durant plus de six ans, elle m'avait rapporté du Mexique une sorte de tunique multicolore en coton tressé, pas trop à mon goût mais très agréable quand on la porte nu, sur les conseils de cette drôle de voisine qui devint rapidement mon amie.

Depuis ma rencontre avec Agnès/Gloria, à peu près tout a changé dans ma vie : mes goûts, ma manière de vivre, mes horaires, mes rencontres, la musique que j'écoute, les films que je regarde, l'alcool que j'absorbe… Elle donne des coups d'accélérateur à la vie comme personne. Quand on y a goûté on ne peut plus s'en passer.

Le lendemain de son retour du Mexique, elle frappa à ma porte. En ouvrant, je tombai nez à nez avec l'objectif de son appareil photo. *Clic-clac !*
« J'ai apporté du champ' pour l'apéro !
- C'est pas vraiment l'heure, là.
- C'est forcément l'heure de l'apéro quelque part dans le monde, non ? »

A l'époque déjà, elle exerçait une multitude de métiers. Elle était à la fois photographe, styliste, décoratrice pour une émission de télé qui l'envoyait en repérage aux quatre coins du monde, journaliste dans une revue d'art alternatif, attachée de presse de pseudo-artistes, notamment d'un sculpteur dont elle nous bassinait les oreilles et qui n'était pas encore connu mais qui allait « *déchirer* » selon elle. Aujourd'hui, ce génie a définitivement arrêté de sculpter. Il est à présent animateur dans un club de vacances, activité qui semble beaucoup plus adapté à son talent qui ne résidait en fait que dans sa queue disproportionnée et dont, selon les dires, il savait se servir, lui. La sculpture n'a pas perdu un grand maître le jour où il a raccroché, bien que Gloria, championne de la mauvaise foi, continue d'affirmer qu'il a un talent démentiel et qu'on reconnaîtra son œuvre un jour, quand l'humanité saura ouvrir son âme !

D'accord, d'accord…
Ben on verra à ce moment-là, hein ?

Je dois admettre qu'elle a beaucoup de talent, notamment pour prendre des clichés qui immortalisent les moments qui sortent de l'ordinaire comme lors de ce fameux jour où nous avons bu cette bouteille de champagne tous les deux alors que je ne buvais jamais d'alcool et où j'étais horriblement mal à l'aise face à cet objectif qui me traquait continuellement de son gros œil inquisiteur en susurrant « *clic-clac, clic-clac* », que j'interprétais par : « *Je te vois, clic ! J'ai des preuves, clac !* » Certaines de ces photos sont toujours exposées dans l'entrée de ce qui est devenu « notre » maison, comme témoignage des balbutiements d'une amitié qui perdure depuis douze ans. Avec le temps, d'autres clichés sont venus rejoindre ces premiers souvenirs de notre complicité à toutes épreuves.

J'ai toujours cette tunique mexicaine aujourd'hui usée jusqu'à la corde dans laquelle je ne rentre plus. Elle est remisée dans le fond d'un placard mais je ne peux me résigner à m'en débarrasser ; je la conserve comme une relique, symbole précieux d'une histoire d'amitié qui reste ma plus belle histoire d'amour.

J'en ai une autre, une histoire d'amour, avec Maxence, qui est mon mec officiel depuis huit ans. Mais celle-là, elle est beaucoup moins glamour…

2

Quand je l'ai rencontré, il avait 21 ans et moi presque 27. Gloria m'avait beaucoup aidé à combattre mon manque d'assurance, mais il me restait encore un long chemin à parcourir pour devenir un garçon que l'on pourrait qualifier de « bien dans sa peau », comme on dit. Physiquement, je plaisais beaucoup. Avec le recul, je trouve ravissant le jeune homme emprunté que j'étais à cette époque, sensible, touchant, « beau comme un cœur » comme se tuait à me le dire mon amie. Mais à l'époque je me trouvais sans intérêt, fade, insipide, transparent. Je regrette de m'être emmuré dans une timidité quasi maladive qui m'a empêché de profiter de ma jeunesse comme le font les jeunes gens insouciants à cet âge. Moi, je n'ai jamais été insouciant. La culpabilité et la peur ont toujours été mes plus fidèles compagnes avec l'impression omniprésente de ne pas être à ma place, ou plutôt, de ne pas avoir de place. Des garçons, j'en avais connu quelques uns, mais ce n'était jamais moi qui les choisissais. Comme toujours, je me laissais faire, et le premier qui s'approchait de moi m'emmenait avec lui. Je me suis même laissé entraîné dans le lit de filles suffisamment motivées pour prendre les choses en main, si je puis dire. Je n'en garde pas un souvenir mémorable. Elles non plus puisque jamais aucune ne m'a rappelé. J'évitais donc de sortir pour ne pas me retrouver dans des situations embarrassantes. Le ténébreux jeune homme gauche et réservé que j'étais à l'époque s'était peu à peu enfermé dans une vie paisible faite de lectures, son gros chat dodu sur les genoux, régulièrement bousculé par sa copine hystérique qui l'entraînait dans des soirées délirantes où il avait du mal à trouver sa place, comme toujours, et où il finissait dans les bras de mecs qui n'ont plus l'âge d'être appelés des garçons.

A cette époque j'enseignais le français à des gamins qui s'évertuaient à terroriser ce pseudo prof qui avait peur de son ombre. Plus d'une fois l'idée m'était venue de faire appel à Gloria pour qu'elle vienne les mater pour qu'ils me respectent enfin, comme on demande à son frère aîné de venir casser la gueule au « grand » qui vous embête dans la cour d'école. Evidemment, ce n'était pas une bonne idée. Alors j'attendais que la journée passe pour aller vite retrouver la douceur de mon antre où je m'évadais dans l'amour de la littérature à défaut de le vivre dans la vie réelle. L'amour… J'avais beaucoup lu à son sujet, mais je ne l'avais jamais croisé, jusqu'à ce jour où Maxence est entré dans ma vie, il y a huit ans, une éternité…

Il était splendide, charismatique, sûr de lui ; tout ce que je n'étais pas. J'ai tout de suite craqué pour lui. C'était en Sicile. J'accompagnais Gloria sur un repérage pour le prochain tournage d'un documentaire qui traitait de l'influence des trésors archéologiques sur le design italien ; tout un programme ! En fait, elle passait ses nuits en boîte et ses journées à cuver dans le fond de son lit. Seul, je restais des journées entières au bord de la piscine à bouquiner et à tenter de prendre quelques couleurs. J'ai tout de suite repéré ce beau blond à gueule d'ange et au corps diabolique. Il dégageait une assurance qui le rendait irrésistible. Je savais que je n'avais aucune chance, je ne le regardais pas dans l'espoir d'une quelconque aventure mais plutôt avec admiration, comme on regarde une œuvre d'art qu'on n'aura jamais les moyens de s'offrir. Je dévorais ce garçon des yeux comme un fan qui regarde son idole sans oser l'aborder. Lui qui était déjà inaccessible était continuellement entouré d'une bande de mecs tous plus beaux les uns que les autres qui, tels des gardes du corps, semblaient le protéger, rendant toute approche impossible. Plusieurs fois, nos regards s'étaient croisés, mais je détournais la tête et piquais un fard, victime de ma timidité handicapante. Je priais pour qu'il ne me remarque pas et pourtant, je ne rêvais que de cela.

On dit que les Italiens sont d'un naturel bruyant, mais croyez moi, ils faisaient pâle figure face à ce petit groupe de Français qui parlaient fort, riaient, hurlaient même en se jetant tour à tour dans la piscine. En temps normal j'aurais déguerpi sans demander mon reste face à cette horde vulgaire et mal élevée. Mais là, hypnotisé par la beauté de ce garçon, je restais collé à ma chaise longue au bord de l'eau, essayant de dissimuler le plus habillement possible mon regard inquisiteur derrière mes lunettes de soleil. Je ne le connaissais pas, pourtant il occupait déjà toutes mes pensées. C'est toujours vrai aujourd'hui.

Un matin, il devait être environ midi puisque je venais de croiser Gloria qui rentrait de soirée en râlant contre les mecs, comme à son habitude, j'allais m'installer face à la mer, dans un transat, avec un énorme bouquin que je traînais partout depuis plusieurs jours. J'étais plongé dans ma lecture, quand je les entendis arriver du bout de la plage. Les entendre approcher signifiait qu'ils allaient passer devant moi et que j'allais avoir l'occasion d'apercevoir une nouvelle fois l'adonis à la longue chevelure bouclée et tenter d'imprimer son image dans ma mémoire. Faussement concentré sur ma lecture, mes lunettes d'observation bien calées sur le nez, je fis mine de ne pas les voir. Ils passèrent à un mètre de moi en ricanant. J'ai pris sur moi pour ne pas m'offusquer. Depuis toujours, quand quelqu'un rigole en ma présence, j'ai la certitude que c'est de moi dont il se moque. C'est idiot mais je ne peux m'empêcher de penser ça, c'est plus fort que moi… Ils étaient cinq. « *Il* » était là. Dès qu'ils m'eurent dépassé, je levai les yeux de mon bouquin pour regarder marcher l'objet de mon fantasme bien moulé dans un minuscule maillot de bain blanc.

Alors que je matai discrètement (enfin c'est ce que je croyais) le p'tit cul de mon ange blond emprisonné dans son p'tit slip qui se trémoussait nonchalamment sous mon regard hagard, l'ange en question se retourna brusquement et me prit la main dans le sac, si je puis dire. J'eus beau baisser le nez au plus vite sur les pages de mon livre posé sur mes genoux, c'était trop tard, je venais d'être démasqué. J'étais le mateur en coin, celui qui reluque en douce, l'air de rien. Je ne savais plus où me mettre. Une panique cyclonique force dix tempêtait dans ma tête. Je me traitai de tous les noms, honteux de m'être fait pincer à lorgner les fesses des jeunes gens comme ces vieux pervers vicieux qui me draguaient parfois. J'étais devenu comme eux ; je me faisais horreur.

Il s'approcha. J'essayai de me concentrer sur les lignes qui dansaient devant mes yeux fébriles. Arrivé à ma hauteur, il s'arrêta à quelques centimètres de moi et attendit. Le nez dans mon roman, je voyais ses pieds bronzés du coin de l'œil, mais n'osai pas lever la tête. Il devait entendre les battements de mon cœur qui tambourinaient dans le fond de ma poitrine. Toute la plage devait les entendre. Je ne levai toujours pas la tête. Si j'avais pu plonger tout entier entre les pages de mon bouquin pour disparaître et ne pas affronter cette situation si gênante, je l'aurais fait. Il s'accroupit. Son visage était à la hauteur du mien. J'étais tétanisé, mais je ne pouvais plus l'ignorer. Alors je tournai la tête vers lui et fis mine d'avoir un petit sursaut de surprise pour lui faire croire que je ne l'avais pas remarqué. C'était ridicule et je me sentais minable, mais je n'avais pas trouvé d'autre attitude à adopter et là c'était trop tard ; j'avais sursauté ! Son visage était maintenant à une trentaine de centimètres du mien. Je ne l'avais jamais vu d'aussi près. Il retira ses lunettes de soleil et je découvris deux agates bleu azur quasi transparentes qui lui donnaient un regard intense et lumineux. Il ne m'en fallait pas plus pour être définitivement envoûté !

« Pourquoi tu ne viendrais pas avec nous ? On va sur une petite plage de l'autre côté de la baie. C'est une crique pas très facile d'accès où il n'y a jamais personne. C'est carrément dément et super tranquille. »

Au comble de ma séduction, teint vermeil et dégoulinant de sueur, j'aggravai mon cas en bredouillant un léger « *Bou...i* ! »

C'est tout.

Rien d'autre n'est sorti de ma bouche restée grande ouverte. J'aurais voulu lui dire avec aisance et détachement que c'était très aimable de sa part de me convier à me joindre à eux dans cette crique qui devait être charmante au demeurant, et que cela m'aurait assurément emballé, mais que j'attendais une amie qui avait besoin de mes précieuses connaissances historiques pour un reportage sur les découvertes archéologiques faites en Sicile depuis la dernière glaciation, et nonobstant une irrésistible envie de l'accompagner, je me voyais contraint de me soumettre à la tâche que j'avais en charge, et que, néanmoins je m'engageais à me joindre à eux avec plaisir pour boire un *drink* un de ces soirs, dès que mes obligations me laisseraient respirer un moment, Ah ! Ah ! Ah…

Mais j'ai dit « *Boui* », comme un évier que l'on débouche et qui fait son rot avant d'engloutir un mélange savonneux d'eau croupie, de cheveux épars et poils divers…

« Vendu ! » déclara-t-il en se relevant et en attendant que je me lève à mon tour. Les yeux éperdus d'admiration rivés sur lui, la tête levée vers le ciel comme illuminé par une vision divine, bouche bée, je restai pétrifié sur ma chaise longue, mon bouquin ouvert sur les genoux, à gober les mouches. La classe personnifiée !

« Tu viens ? » finit-il par me dire au bout de quelques instants alors que je ne bougeai pas.

« Maintenant ? » demandai-je timidement mais néanmoins pas peu fier d'avoir pu prononcer un mot de trois syllabes sans bégayer.

« Bah… Oui, maintenant. Les autres nous attendent. On y va ?

- *Boui.* »

Ah non ! V'là que ça recommence !

Je me levai, rangeai mon livre dans mon sac de plage et le suivis vers cette promesse de paradis.

« C'est pas à toi la serviette là ?

- Ah ! Si. » Je retournai jusqu'au transat, repliai ma serviette, la pris sous le bras, fis demi-tour et retournai auprès du beau blond.

« Euh, je crois que tu oublies ton sac là… Attend, je vais t'aider. » Et il partit récupérer mon sac de plage que j'avais laissé au pied du transat en retournant récupérer ma serviette… J'étais minable ! Et lui, tout souriant, ça le faisait marrer de me voir aussi troublé. Si Gloria avait été là, elle m'aurait dit que c'était un signe très positif : « *Homme qui rit ; à moitié dans ton lit* ! »

Ses copains s'impatientaient :

« Bon, Max, qu'est-ce que tu fous ? C'est un bain de minuit que tu veux prendre ou quoi ?

- Relax les filles, de toute façon c'est dangereux de se baigner en pleine digestion ; elles vous ont pas apprit ça vos mamans chéries ? »

Il leur tourna le dos et me regarda avec un sourire au coin des lèvres. Je lisais dans ses yeux un mélange de tendresse et d'amusement. Non seulement il était canon, c'était indiscutable, mais en plus il semblait être vraiment sympa, tendre, disponible. J'étais à deux doigts de me transformer en une flaque visqueuse et dégoulinante prête à disparaître entre les grains de sable. Je me sentais envoûté par son regard, hypnotisé et déjà soumis à la moindre de ses exigences.

« Je m'appelle Maxence.

- Moi, je m'adelle Po. J'veux dire Do : je m'appelle Do.

- Oui je sais, Gloria m'a dit que tu portais une note de musique en guise de prénom. C'est charmant.

- Tu connais Gloria ?

- Qui ne connaît pas Gloria ? On s'est croisés hier soir au *T'chin T'chin*. Elle est venue me voir et m'a dit que tu ne parlais que de moi depuis trois jours et qu'il fallait absolument que je vienne à ta rencontre avant qu'elle t'assassine pour « *flagrant délit de cassage de couilles puissance galactique !* » Je cite… Après on a bu un verre, enfin façon de parler, disons « des verres », et on a rigolé jusqu'au lever du jour. Je crois que j'ai jamais autant ri de ma vie ! Elle est géniale ! »

La salope !
Oh, la salope !!
Géniale ?
Cette traîtresse qui ridiculise son meilleur ami
aux yeux du plus beau garçon de la Terre !
La garce, elle va me le payer !

« De toute façon, même si elle ne m'avait rien dit, je serais venu te proposer de venir avec nous. T'as l'air de t'ennuyer. Et puis c'est pas facile d'aller vers un groupe quand on est seul. Surtout qu'on est du genre bruyant !

- Oh non, pas trop, j'ai pas remarqué. »

Tu parles Charles, on entend qu'eux !
Faudrait être sourd pour ne pas les entendre !

« T'es gentil, mais je sais qu'on fait du bruit. Le directeur de l'hôtel s'arrache les cheveux et passe son temps à nous courir après en répétant : "*Tro deu brroui - Tro deu brroui !*" Faudrait être sourd pour ne pas nous entendre ! »

Ah, vous voyez !

Nous rejoignîmes les autres qui baragouinèrent un « ciao » indifférent en continuant d'énumérer les trucs *géniaux* qu'ils avaient fait la veille lors de cette *fameuse* soirée avec cette *incroyable* « Reine de la nuit » qui, soit dit en passant, ne perdait rien pour attendre !

Je m'imaginais déjà interrogeant la diablesse dès mon retour à l'hôtel, hurlant et tapant sur des casseroles en cuivre avec une cuillère en bois à dix centimètres de ses esgourdes, me délectant de sa migraine matinale chronique qui perdure chaque jour jusqu'à son premier café, toujours accompagné de sa première clope, et généralement suivie par sa première vodka ! Un quotidien bien rôdé qui ne supporte aucune entorse, quelque soit le lieu où la dame se réveille…

Je la maudissais de m'avoir ridiculisé et trahi en révélant mes sentiments à ce magnifique garçon, et en même temps, je la vénérais de me permettre de me joindre à ce petit groupe que j'espionnais jalousement depuis plusieurs jours. C'était grâce à elle si Maxence était venu me parler, il fallait bien le reconnaître. Je ne savais pas s'il disait vrai, s'il serait venu me trouver, sans que Gloria ne lui parle de moi… Mais c'était si adorable de l'entendre me dire ça. J'étais sous le charme.

C'est tout de même extraordinaire comme il y a des gens qui cumulent toutes les qualités ; non seulement il était d'une beauté à couper le souffle, mais en plus, il était prévenant, délicat… Et le plus insensé, c'est qu'il était venu me demander à moi de l'accompagner sur la plage ! A moi !

*T'emballe pas Coco ; il a juste envie de se faire
un blanc bec effarouché histoire de se marrer avec
ses potes, et pis il va te dégager vite fait bien
fait !*

3

Arrivés sur la petite plage qui était effectivement déserte, chacun d'eux posa sa serviette sur le sable précautionneusement orientée en direction du soleil pour de ne pas en perdre un rayon, et retira son maillot pour parfaire un bronzage intégral. Nouveau mouvement de panique intérieure ! Qu'est ce que j'allais bien pouvoir trouver comme excuse pour garder mon short sans passer pour un coincé ? Je ne savais pas comment réagir au milieu de tous ces mecs offrant leur anatomie aux rayons du soleil et aux regards de tous.

Après avoir trempé ses pieds dans la mer Maxence vint me rejoindre. Embarrassé, je n'osai pas le regarder, certain que j'étais déjà écarlate. Je fixai la mer comme si je venais de découvrir l'horizon et que je ne pouvais plus quitter des yeux.

« T'as vu, c'est superbe, hein ? » me dit-il.

- A couper le souffle… » répondis-je, ne sachant pas s'il parlait du paysage ou de sa morphologie. De toute façon, les deux étaient à tomber.

« Tu viens te baigner ?

- Euh, pas tout de suite, non, je vais bouquiner un peu.

- T'es vachement timide, hein. Ne t'inquiète pas, y'a personne ici, tu peux te mettre à l'aise. »

Y'a personne ! Il en a de bonnes lui ! Non seulement il y a sa bande de potes, mais surtout il est là, lui, avec son look de gravure de mode !

« Non, c'est pas ça, c'est juste que j'ai besoin d'un peu de temps, tu vois.

- Y'a pas de problème, prend tout ton temps, et quand tu le sens, viens me rejoindre… » me dit il en laissant planer comme une promesse. Il plongea dans les flots bleus et je plongeais dans des rêveries voluptueuses, enivré par ce que j'avais cru percevoir comme une invitation à aller plus loin qu'une simple relation amicale…

Pour ne pas avoir l'air de m'exclure, je posai ma serviette à côté des autres. J'étais terrorisé à l'idée de me déshabiller totalement, mais, prenant mon courage et mon maillot à deux mains, je le retirai d'un coup sec et me précipitai sur mon carré de tissu éponge posé sur le sable, offrant aux rayons du soleil mes fesses opalines qui donnaient tout son sens à l'expression fréquemment utilisée par ma gouailleuse amie : *blanc comme un cul* !

J'ouvris mon bouquin et, une nouvelle fois, fis mine d'être absorbé par cette passionnante lecture. Deux garçons sortirent de l'eau et vinrent s'allonger à côté de moi. L'un d'eux lança :

« C'est quoi déjà ton prénom ? »

J'en déduis que c'était à moi qu'il parlait. C'était la sempiternelle question à laquelle j'avais droit à chaque nouvelle rencontre…

« Do.

- Do ? Do quoi ?

- Juste Do.

- OK. Moi, c'est Boris. Mais tu peux m'appeler Bo si tu veux ! » Je ne sus s'il était caustique ou juste potache. Toujours méfiant lorsqu'on s'adressait à moi je m'efforçais de me convaincre qu'il plaisantait. En désignant l'autre garçon mouillé il ajouta :

« Lui c'est Thierry. Dans l'eau à gauche là-bas, le p'tit rouquin c'est Benoît, et le grand black qui se jette sur Maxence, c'est Vince.

- Vous venez tous de Paris ?

- Parisiens jusqu'au bout des seins. Et toi ?

- Moi aussi j'habite à Paris, mais je viens de Cannes, dans le sud.

- Ouais, ouais, ça va, je situe, ch'uis allé à l'école tu sais. Y'à un festival là bas si je me trompe pas. Elle a pas l'air comme ça mais elle balance grave la gamine. En fait t'es une mauvaise sous tes airs de sainte Nitouche ! Arrête, je plaisante Darling, c'est pour rire ! Oh elle rougie la gosse ; c'est trop mignon ! » J'étais perdu, ne sachant plus si c'était une blague ou une pique, si j'avais répondu trop sèchement ou... Il fallait que je parle vite d'autre chose pour détendre l'atmosphère.

Vite, vite, trouve un truc à dire !

« Vous vous connaissez depuis longtemps ?

- Assez oui. On se croise dans le boulot et dans les soirées. Pis on se connaît tous dans le métier.

- Ah ! Et vous êtes dans quel domaine ?

- Dans l'artistique... » répondit il, accompagnant sa réponse de battement de cils et d'un geste grandiloquent comme s'il saluait un public imaginaire. Je n'osais poser d'autres questions tant sa réponse énigmatique semblait clore le sujet.

Ces cinq garçons étaient vraiment superbes, chacun dans son genre. Ils avaient du style, des corps sculptés et entretenus. Leur apparence physique semblait beaucoup compter. Ils étaient peut-être mannequins, ou danseurs. Je les trouvais troublants, mystérieux, et je me sentais de moins en moins à mon aise. Thierry était assez efféminé et en jouait beaucoup, mais Boris, lui, était plutôt viril, avec des bras de bûcheron.

« Elle est mariée la petite ? » demanda Thierry.

La ''*petite*'' c'était moi, et, bien que je déteste qu'on parle des garçons au féminin, je répondis à sa question.

« Non, je suis célibataire.

- Plus pour longtemps ! » ajouta-t-il, et avant que je puisse tenter de savoir ce qu'il entendait par là, je senti sur mes jambes et mes fesses des gouttes d'eau froide. Je me retournai à moitié, surpris mais toujours suffisamment gêné d'être nu pour ne pas me tourner complètement. Maxence était au-dessus de moi. De l'eau ruisselait sur lui jusqu'à son sexe bronzé pour s'écouler sur mon corps blafard. Image explicite qui enflamma mes sens.

« Alors, tu viens pas ?

- Pas maintenant, non. J'ai pas très envie. J'irai tout à l'heure.

- Alors je reste avec toi.

- Bon, bah moi, j'y retourne ! » dit Boris en se levant, et il ajouta à l'intention de Thierry : « Aller, viens te laver le cul ma grosse ! » Ce dernier se releva précipitamment, hurlant et faisant mine de vouloir le frapper, et ils entrèrent en courant dans la mer. J'ai bien compris qu'ils étaient partis pour nous laisser seuls, Maxence et moi. Finalement, ils ne m'étaient peut-être pas aussi hostiles que je le pensais.

« T'as quel âge ? me demanda Maxence après s'être agenouillé près de moi.

- 27. Et toi ?

- Tu les fais pas ; tu ressembles à un ado égaré dans un monde de fous. Ça me plaît beaucoup. Je trouve ça touchant et terriblement sexy. Moi j'ai 21 ans et moi aussi je me sens perdu dans ce monde qui va part en vrille, mais je fais avec… »

Je me trouvais gauche face à ce garçon plus jeune que moi mais qui semblait tellement à l'aise et décomplexé. Pourtant, ce qu'il venait de dire était troublant et respirait la sincérité. Moi qui étais si méfiant d'ordinaire, là je sentais qu'il parlait vrai. Je ne pouvais expliquer pourquoi mais ça ne faisait aucun doute pour moi ; il y avait entre nous une sorte d'alchimie étrange qui me faisait battre le cœur et m'enveloppait d'une chaleur réconfortante, pénétrante et rassurante. C'est bête à dire mais j'avais l'impression qu'on se connaissait depuis toujours, intimement, comme deux amis d'enfance, deux frères qui se sont perdus de vue et qui se retrouvent après des années d'errance chacun de son côté.

Je compris qu'il ressentait un trouble abyssal qui semblait le déstabiliser de manière assez violente, au point que je cru voir ses yeux briller. Peut-être n'était ce que le sel de la mer qui lui piquait la rétine après tout… Son visage fut grave l'espace d'un instant, puis il changea de sujet comme pour refouler une sensation obscure, un souvenir gênant.

« Après, on va chez un pote qui a une villa juste à côté. Tu viens avec nous ?

- Tu es sûr que ça va pas ennuyer tes amis ?

- Sûr. Et moi ça me ferait très plaisir. »

Il me regardait avec une intensité telle que je sentais son regard azur me pénétrer, m'ensorceler. J'étais ravi et apeuré en même temps. La peur de m'emballer pour un mec qui ne cherchait peut-être qu'une aventure.

« Ecoute Maxence, je ne suis pas sûr de bien comprendre, mais je voudrais juste te dire qu'il ne faut pas jouer avec moi. Je suis plutôt du genre sentimental tu vois…

- Je ne joue pas. Et d'ailleurs c'est plutôt toi qui joues à celui qui m'ignore depuis ton arrivée.

- Je ne t'ai pas ignoré !

- Si. Tu ne me fais jamais un sourire, jamais un signe, rien. Dès que nos regards se croisent, tu tournes la tête, comme si tu te foutais complètement de moi. Tu as bien vu que tu me plaisais et que je te regardais, mais tu as fait comme si tu ne me voyais pas.

- Mais pas du tout ! Je te jure, je ne t'espionnais pas ! » Comment se trahir tout seul… C'est tout moi ça.

Par courtoisie ou parce qu'il était confus, il n'a pas relevé ma bourde et a enchaîné :

« Ne me demande pas pourquoi mais tu m'impressionnes et si Gloria n'était pas venue me parler hier soir, je ne sais pas si j'aurais osé t'accoster. »

Gloria, ma douce, ma belle, ma Divine !
Je t'aime pour des siècles et des siècles !
Je te dois une reconnaissance éternelle pour avoir parlé à cet être divin envoyé sur terre pour me choyer !
Gloire à Gloria, Alléluia mes frères, prions !

« Ecoute je suis vraiment désolé si tu as pensé ça, mais je ne te snobais pas du tout. J'étais sûr que tu ne m'avais pas remarqué.

- Je t'ai plus que remarqué ; tu m'as ébloui.

- Arrête, tu te fous de moi.

- Fais moi confiance, je ne me moque pas de toi. Ne te fis pas aux apparences Do, je ne suis pas celui que tu crois.

J'ai senti qu'il se passait quelque chose d'important en moi et j'ai compris que si je ne faisais pas le premier pas, toi tu ne le ferais peut-être pas non plus et que nous passerions à côté de quelque chose que la vie nous envoie. Ça serait trop bête ; alors je me suis jeté à l'eau… »

Le temps fit une pause pour s'immobiliser, peut-être une heure, ou une minute, puis Maxence reprit le contrôle de la situation.

« A propos, on va se baigner ? Elle est super bonne ! » Il m'attrapa par les mains, me souleva comme si je ne pesais pas plus lourd qu'un coquillage et m'entraîna dans la mer sans me lâcher.

J'étais dubitatif, partagé entre l'incrédulité et l'euphorie, mais, quoiqu'il en soit, ravi de vivre ce moment que je savais privilégié. Il ne cessait de me regarder, avec un léger rictus au coin des lèvres, plus timide à présent, comme s'il venait de me dévoiler une face plus intime de sa personne, lui qui se baladait nu sans aucune pudeur. J'étais sous le charme, mais je n'osais pas y croire. J'étais persuadé de me fourvoyer, en pleine méprise, qu'il s'agissait d'une hallucination, d'un rêve, que tout cela allait s'arrêter d'un seul coup et que j'allais entendre la voix avinée de Gloria me hurler dans les oreilles : « *Allez grouille-toi merde ! Emerge bordel, on est à la bourre mon cœur !* » Cependant, tant que le rêve continuait, j'étais décidé à en profiter pleinement, à me rassasier de cet instant magique, de l'image de Maxence et moi nus dans la mer, sous le soleil sicilien, se dévorant des yeux, hypnotisés l'un par l'autre, comme dans ces romans à l'eau de rose que j'ai toujours trouvé ridicules. C'est pourtant ce que j'étais en train de vivre ; j'étais entré dans un roman de gare !

Maxence se tourna face à moi, m'agrippa par la taille et nos deux corps se collèrent l'un à l'autre. Il approcha ses lèvres de ma bouche et je senti sa langue salée s'enrouler autour de la mienne. Mon rythme cardiaque passa d'un coup à Mach 2 et j'eu la sensation que mon esprit flottait autour de cette scène que je voyais se dérouler devant moi comme un spectateur qui assiste à une représentation de Roméo et … Roméo ; tandis que mon enveloppe corporelle se transformait en une sorte gélatine molle sur laquelle je n'avais plus aucune emprise. Il y a plus sensuelle comme description mais c'est celle qui est la plus proche de la réalité.

En y repensant aujourd'hui, je sens à nouveau monter en moi cette vive chaleur, sorte de miel ardent doux et sucré qui inonda l'intérieur de mon corps, de tout mon être ; mêlé à une sensation de flottement, d'élévation de mon esprit avec une énergie qui me rendait tout puissant : je n'avais jamais connu ça avant ce jour.

Nous nous sommes embrassés un long moment, scotchés l'un à l'autre, de l'eau jusqu'à la taille. Il me serrait fort. Très fort. J'étais bien. Très bien. J'avais aventuré mes mains jusqu'à ses fesses, douces, fermes, rondes et appétissantes comme une pêche en été. Il avait fait de même. Je sentais mon sexe turgescent contre le sien qui restait digne et stoïque. Etais-je le seul à le désirer ? Nous restâmes enlacés si longtemps, que je finis par débander, avoir froid et même un peu mal tant il m'étreignait. Je crois que j'ai pris peur, comme si ce qui m'arrivait n'était pas normal, que c'était trop beau et que ce n'était donc pas pour moi, que je ne le méritais pas, qu'il y avait erreur de casting : *« Coupez ! On la r'fait… »*

Alors j'ai arrêté de l'embrasser et je me suis un peu dégagé de son emprise. Il me dévorait de son regard clair et langoureux, et me susurra : « Je ressens quelque chose d'incroyablement puissant. Ça fait des années que j'attends ce moment. » Et moi, allez savoir ce qui m'a pris, j'ai répondu : « J'ai un peu froid ! » Je sais, ce n'est pas des plus romantiques… Ça fait huit ans qu'on me le rabâche. Mais bon, c'est la première chose qui m'est venue à l'esprit.

Il explosa de rire et dit : « T'as raison, ne sombrons pas dans le sirupeux… Viens, on va se réchauffer au soleil ! » Nous sommes ressortis de l'eau main dans la main, comme des amoureux, mais je sentais que je l'avais blessé et qu'il y avait un malaise. Je ne savais pas comment rattraper ma maladresse, perdu en plein combat intérieur entre l'envie d'y croire et la certitude qu'il avait perdu un pari avec ses potes et que je n'étais là que pour amuser la galerie. La preuve, il n'avait eu aucune manifestation physique alors que j'étais si excité. Je l'avais pourtant senti troublé à un moment mais je refusais d'y croire ; je devais me tromper.

Les autres se lançaient tour à tour une balle de volley un peu plus loin sur la plage. Enfin, ils essayaient, parce que Thierry la laissait tomber à chaque fois qu'elle arrivait sur lui en poussant un « Aïeeuuuh !!!! » peu viril.

Maxence me souriait. Il voyait bien que quelque chose se passait et il cherchait à me rassurer, du coup, je me détestais encore plus.

« Tu sais, je suis heureux là.

- Moi aussi. Je suis enchanté d'être là avec toi. J'ai un peu de mal à y croire, c'est tout.

- Arrête de cogiter et laisse-toi aller. »

Même si je restais réticent, mon côté midinette prit le dessus et je me laissais donc aller au romantisme de base, un peu fleur bleue et super cliché, mais tellement envoûtant que mon désir physique se manifesta de nouveau. C'est à ce moment là que Vince cria : « Le voilà ! » et toute la petite bande se massa le long du rivage. Reprenant mes esprits, j'entendis en effet un bruit de moteur. Je me retournai et vis une embarcation foncer droit sur nous. Maxence dit : « Ah ! C'est Fabio ! » puis il se leva. Je choisis l'option de rester assis, espérant que mon émoi cesse avant d'avoir à me lever !

Lorsqu'il fut arrivé sur la plage, Vince et Boris attrapèrent le bateau et le traînèrent sur le sable. Fabio descendit, les embrassa, puis se jeta dans les bras de Maxence. Il était petit, trapu, brun, la peau burinée par le soleil, portait juste un short et des lunettes de soleil. Les cinq garçons nus autour de lui ne semblaient pas le surprendre.

Ils ont échangé quelques mots en italien et Fabio s'est tourné vers moi et m'a fait un signe de la main pour me dire bonjour. Maxence a ajouté un mot que je n'ai pas compris et ils ont tous éclaté de rire. Ma paranoïa chronique m'a immédiatement persuadé qu'ils se moquaient de moi et une vague intérieure glacée est venue réfréner mon ardeur encore visible.

Fabio est finalement venu me serrer la main mais je ne me levais pas, serrant discrètement les jambes pour ne pas montrer l'objet de mon embarras.

Comme Maxence insistait, j'embarquai avec eux un peu à contre cœur dans le magnifique bateau en bois verni de Fabio, un Riva, « la Rolls des mers » comme le qualifia son propriétaire d'un ton fier et arrogant de nouveau riche. C'était la première fois que je mettais les pieds à bord de ce genre d'engin tape à l'œil, et j'avoue que c'était grisant de filer sur les vagues à toute allure. J'avais enfilé mon maillot fissa, soulagé de voir que je ne serais plus seul à être habillé puisque Fabio portait un short lui aussi. Les autres demeuraient nus, Maxence y compris.

4

Fabio avait une splendide villa qui trônait au-dessus de la mer. Un ponton était aménagé au pied de la demeure à laquelle on accédait en empruntant un interminable escalier en bois d'au moins mille marches ! Lorsqu'on survivait à cette ascension, on tombait sur une piscine d'une taille impressionnante autour de laquelle étaient regroupés de volumineux cubes de béton, d'acier et de verre qui constituaient une habitation *design* et chic. Il semblait ne pas y avoir un seul voisin à des kilomètres à la ronde et, à part quelques montagnes au loin, on ne voyait que la méditerranée qui s'étendait à perte de vue.

Maxence m'expliqua que Fabio était comme un frère. Il s'était occupé de lui à une époque où tout le monde l'avait laissé tomber. Je pris cette confidence comme une marque de confiance qui me réconforta, un signe que je n'étais pas un mec de passage puisque je rentrais dans le cercle de ceux à qui l'on dévoile sa vie intime. Mais chez moi, le réconfort ne dure jamais longtemps et il fût vite balayé par des inquiétudes sur les raisons de ses difficultés. Pourquoi diable lui avait-on tourné le dos ?

Fabio était l'héritier d'une famille richissime. Alors que je me risquais à demander dans quel secteur ils étaient, Maxence me jeta un regard qui me fit comprendre qu'il ne fallait pas poser de questions.

Des filles *topless*, portant un minuscule string plus provocateur que si elles avaient été totalement nues, s'agglutinaient autour de la piscine. Elles affichaient des mensurations dignes des *pin-up* des calendriers Pirelli. Benoît me confia que c'étaient des *Escort-Girls*. « C'est des putes ! » s'esclaffa Fabio qui ne s'embarrassait « d'aucun état d'âme avec les dames » comme il s'en vantait lui-même en me glissant une coupe de champagne dans la main. « Seuls les sentiments entre mecs sont respectables, qu'ils soient hétéros ou pédés. L'amitié masculine y'a que ça de vrai ; pas d'amitié possible avec une femme ! On se comprend pas avec les filles. Il m'a fallu trois divorces pour m'en rendre compte, mais maintenant, j'ai compris : je paye tout de suite et je suis pas emmerdé ; de toutes façons, on finit toujours par raquer avec les femelles. Avec les putes au moins c'est clair dès le début et tu peux même choisir ! Regardes moi ça : que des jeunes beautés ! Tiens, choisis celle que tu veux, j'suis sûr qu'elle va te faire changer de bord ! »

Même s'il était jovial et accueillant, il était d'une insondable vulgarité et avait une vision primitive et affligeante de la gente féminine… Je commençais à me méfier de lui et je me demandais ce que Maxence pouvait bien lui trouver. Ça avait l'air de l'amuser ce discours pathétique, tout comme les quatre autres garçons qui riaient eux aussi. Toujours en tenue d'Adam, un verre à la main, ils semblaient tous très à l'aise de ne rien porter d'autre que leurs lunettes de soleil ! Je me demandais ce que je faisais là et comment j'allais pouvoir me sortir de ce guet apens…

L'après midi s'écoula dans une torpeur végétative rythmée par une musique électro-hypnotique répétitive qui rendait tout ce qui m'entourait un peu irréel ; sensation accentuée par la température accablante et une alcoolémie débridée. Je squattai une chaise longue au bord de la piscine au milieu des *péripatétiputes* comme disait Gloria qui en comptait quelques unes parmi ses plus fidèles amies. Ces dames racontaient des histoires à hurler de rire auxquelles je ne comprenais pas un traître mot mais qui me faisaient rire aux éclats moi aussi. Je m'envoyai coupe de champagne sur coupe de champagne et m'empiffrai de petits fours plus succulents les uns que les autres, heureux finalement de me trouver en si charmante compagnie. Le beau Maxence restait cependant l'objet principal de mon attention. Il se tenait de l'autre côté du bassin et ne cessait de parler et de rire avec Fabio. Les quatre autres garçons sirotaient des cocktails en barbotant dans la piscine, discutant et riant à gorge déployée avec des hommes dégarnis. Contre toute attente, je me sentais bien au milieu de ce décor qui ne m'était pourtant pas familier, décontracté, ivre, et ce n'était pas uniquement dû à cet excellent champagne : la perte de repères me faisait tourner la tête.

Maxence ne vint pas me voir de tout l'après-midi. Il restait auprès de Fabio et ses invités. Au fur et à mesure, d'autres personnes arrivaient et se joignaient à eux. Ils parlaient tantôt en italien, tantôt en anglais, et leurs discussions étaient ponctuées de rires tonitruants. Je me demandais ce qui pouvait motiver mon nouvel amoureux à rester nu au milieu de ces gens qui étaient habillés, eux, et même assez élégamment. Il semblait apprécier qu'on le regarde. On aurait dit la sculpture vivante d'un jeune Dieu grec qu'on aurait posée là pour être admirée sous tous les angles. C'était ce que tout le monde faisait d'ailleurs, plus ou moins discrètement, les hommes comme les femmes. Il y en avait un particulièrement, qui lui parlait de très près, qui riait avec lui et qui le touchait beaucoup. Il le prenait par le bras, lui tenait la taille ou lui tapotait les fesses dès que Maxence semblait dire quelque chose d'irrésistible.

Pas une seule fois il ne regarda dans ma direction. Il affichait une indifférence totale à mon égard. Moi qui étais si bien, je me sentis subitement très mal à l'aise. Je pris conscience que je n'étais pas du tout à ma place dans cette villa tapageuse surplombant la mer, au milieu de ces gens tous plus prétentieux les uns que les autres, prêts à faire n'importe quoi pour attirer l'attention. J'eu subitement la nausée. Etait-ce le champagne ou cette assemblée ? Ou bien était-ce parce que je réalisais que le jeune Apollon sur lequel je venais de craquer avait tout l'air d'être un gigolo. Cette révélation me fit l'effet d'une violente paire de gifles qui me dégrisa en moins de deux.

Moi qui suis d'un naturel à rester là où l'on me pose, cette fois je fis preuve d'initiative. Je demandai à une jeune femme qui apportait des boissons de m'indiquer où se trouvait le téléphone. Elle me pria de la suivre et me conduisit dans un vaste bureau aux murs blancs parsemés de photos en noir et blanc de filles dénudées. Face à cet étalage de corps à la plastique parfaite, d'immenses baies vitrées donnaient sur la mer. Il était évident que ce lieu servait de décors à des fêtes débridées. Je n'avais rien à faire là.

Je réussis à trouver le numéro de l'hôtel dans lequel nous étions descendus, Gloria et moi, et demandai qu'on me passe la chambre 911. Pendant que ça sonnait, je regardai par la fenêtre la piscine où il y avait une foultitude de monde à présent. Les garçons avec lesquels j'étais venu étaient vautrés dans les chaises longues et continuaient à boire et à rire à s'en décrocher la mâchoire. Je voyais surtout Maxence, de dos, avec ses longs cheveux blonds qui tranchaient sur sa peau bronzée.

Qui était ce garçon ? Comment avais-je pu être assez naïf pour croire qu'un homme d'une telle assurance puisse être séduit par quelqu'un comme moi, si effacé, si timide ?

Je n'étais qu'un imbécile. Je me détestai. Mais ce n'était pas le moment de m'apitoyer sur mon sort. Il fallait absolument que je déguerpisse de cet endroit au plus vite. Pour une fois que je ne restais pas placide et que je me prenais en charge, c'est Gloria qui se faisait attendre.

Bon alors elle décroche ?

« No answer, signore.
- Try again, per favore ! »

Au bout de mille ans, une sorte de grognement d'homme de Cro-Magnon me fit comprendre que mon interlocutrice venait de décrocher.
« Gloria ? Remue-toi Darling, j'ai besoin de toi. Réagis, je suis dans la galère !
- Humm…
- Putain, Gloria, réponds, bouge tes grosses fesses !
- 'tit con ! Ai pas grosses fesses et j't'emmerde, mon cœur !
- Ecoute, lève-toi, je me suis foutu dans une drôle d'embrouille et il faut que tu viennes me chercher ! »
Silence interminable, le temps que son cerveau nébuleux réussisse à remettre quelques fonctions vitales en état de marche.

« T'es où ? »

Ah ça, c'est une sacrée bonne question ! Pas bête cette Gloria quand même... Faut avouer qu'il lui arrive d'avoir du bon sens.

« Quitte pas, j'me rencarde. »

Je sortis de la pièce. Il n'y avait personne. Je m'aventurai dans la maison et ouvris une porte qui donnait sur un petit salon. Là, il y avait une fille, une black, super belle, une minuscule paille à la main, en train de *taper* sur le verre dépoli de la table basse. Elle releva les yeux et pointa un regard bovin sur moi.

« Excusez- moi. Vous parlez français ?

- Poco.

- Vous savez où on est ici ?

- Sì, da Fabio.

- Oui mais c'est quoi le nom de la ville ? La città ?

- No è una città. E la Punta Bollente. »

Estimant que la conversation avait assez duré, elle replongea bille en tête vers la poudreuse.

Je refermai discrètement la porte. J'avais l'impression d'être un personnage de série américaine qui, en une après-midi, était passé de *Santa Barbara* à *Tout Shuss dans la Schnouff*! Bien que ce que je voyais dans cette villa me fût totalement étranger, je ne trouvais pas cela tellement bizarre. Je devais être quand même bien éméché. Je retournai au téléphone où je dus m'égosiller dans le combiné pendant cinq minutes: Gloria s'était rendormie ! Elle finit par grommeler, alors je lui dis que j'étais « à la Punta Bollente ; tu sais où c'est ?

- J'trouverai ma poule. »

Et elle raccrocha.

Ce qui est bien avec Gloria c'est qu'elle ne s'embarrasse jamais de détails futiles, ni de formule de politesse d'ailleurs, qu'elle considère comme une perte de temps…

Le problème, c'était que je ne savais pas quand elle allait rappliquer. Ça pouvait prendre des heures si elle sombrait à nouveau et qu'elle ne refaisait surface qu'en début de soirée. Je ne savais pas quoi faire. Fallait-il prévenir Maxence que je m'en allais ? C'était plus correct, mais je n'en avais pas du tout envie. J'étais si vexé qu'il se soit moqué de moi en me faisant miroiter qu'il avait des sentiments pour finir par me laisser moisir dans une fête libertine que je décidai de partir sans demander mon reste, même si je savais que dans quelques heures, quand l'euphorie éthylique dans laquelle je me trouvais allait s'évaporer, j'allais sacrément dérouiller… Là, dans le vif de l'action, je faisais le malin, je me prenais pour James Bond échappant aux méchants, mais dès que je serai à l'abri dans ma chambre d'hôtel, la culpabilité de l'avoir laissé en plan sans une explication me rongerait, m'anéantirait…

Une jeune employée de maison d'origine indienne, passa dans le living. Je l'arrêtai et lui demandai où se trouvait la sortie. Elle eut du mal à me comprendre, mais finit par m'accompagner jusque dans l'entrée où elle m'expliqua que lorsque je serai au portail, elle m'ouvrirait avec l'interphone qui se trouvait dans le hall. Je la remerciai et lui souris. Je compris qu'elle non plus, elle n'était pas à son aise dans ce lupanar de luxe, mais elle, elle n'avait pas la possibilité de s'évader. Avec le salaire qu'elle touchait ici, elle devait prendre sur elle et fermer les yeux en pensant qu'avec ce fric, elle pourrait élever correctement ses gosses, même si ce n'était pas de l'argent très propre.

Le plus gerbant, chère petite madame, c'est que lorsque tes enfants seront grands et bien élevés, c'est eux qui alimenteront la fortune de ceux dont tu profites aujourd'hui, une mini paille à la main et une auréole blanchâtre autour de la narine...

Cette pensée me donnait envie de vomir le champagne que j'avais ingurgité...

Je sortis de la maison, remontai l'allée séparant un vaste jardin, verdoyant et parfaitement entretenu, d'une cour en gravillons blancs dans laquelle étaient garés de luxueuses berlines et des bolides rutilants. La grille s'ouvrit comme par enchantement, me libérant de cette prison dorée écœurante que je n'étais pas sûr d'avoir raison de quitter.

A l'extérieur de cette propriété, il n'y avait rien hormis une longue route goudronnée qui s'étendait à perte de vue vers l'horizon au milieu d'une nature aride et dévastée par le soleil omniprésent. N'ayant pas d'autre option, je me mis à marcher vers ce qui me semblait être la bonne direction. Je réalisais soudain que je ne portais rien d'autre que mon short et que j'avais oublié mon sac de plage et tout son contenu au bord de la piscine. Mais il était trop tard pour renoncer à ma liberté. Je me fis violence pour ne pas faire demi-tour et poursuivis ma conquête de cette interminable bande d'asphalte noire et brûlante.

Je commençais à ressentir de légers picotements et je m'aperçus que j'avais pris un coup de soleil sur les épaules et dans le dos. Sans compter que je risquais une insolation. Cependant, je n'avais rien pour me protéger du soleil.

« Je ne vais quand même pas me foutre le short sur la tête et me balader à poil ! C'est sûr que y'en a que ça ne dérange pas de se déshabiller n'importe où, même au milieu de fêtards imbibés ! Mais putain, il sort d'où ce mec ? Boris a dit qu'ils travaillaient dans le domaine artistique… Gigolo, c'est artistique ça comme boulot ? »

T'es vraiment crédule mon pauvre ami ! Pourquoi un mec aussi sexy s'intéresserait il à un dégénéré de ton espèce, hein ? Il en a rien à foutre d'un type comme toi tout juste bon à regarder le bout de ses pompes dès qu'on lui adresse la parole ! C'est un jeu d'enfant pour quelqu'un comme lui de manipuler des petits frustrés dans ton genre ! Si son copain était pas arrivé, sûr qu'il t'aurait baisé sur la plage, devant ses potes, et p'ête qu'ils auraient participé, et p'ête même que t'aurais aimé ça, hein pauv'cloche… Le plus irrésistible c'est de te voir là tout seul dans ton p'tit short au milieu de nulle part sous le cagnard à te lamenter sur ton histoire d'amour d'une heure et demie ! C'est à pisser de rire ! Lamentable, t'es lamentable…

« C'est vrai, j'suis trop con… »

Je me trouvais ridicule d'être tombé dans le panneau. J'aurais pourtant dû être habitué ; j'étais abonné aux déceptions sentimentales. Le pire, c'était que j'y croyais encore. Je me disais que ça arrivait les histoires d'amour comme dans les romans, et qu'à moi aussi ça m'arriverait peut-être un jour… « Ben ça sera pas pour cette fois. » Ça me rendait triste et en même temps ça me foutait en colère. Cette colère que je ressentais, ce n'était pas envers Maxence ou envers ceux qui avaient profité de moi avant lui, c'était après moi que j'étais furieux, parce que je savais très bien que cette montée d'adrénaline laisserait rapidement la place à une déprime abyssale doublée d'une culpabilité avilissante qui allait me coller à la peau pendant des lustres. Et ça, ça me rendait dingue !

J'accélérai le pas, menant un combat acharné pour ne pas me poser les questions alambiquées habituelles à propos des mecs, de mon comportement, de ma vie…

J'étais perdu, dans tous les sens du terme ; physiquement et psychologiquement. L'alcool me permettait de ne pas flancher et il entretenait mon courroux qui me donnait la force d'avancer dans ce milieu hostile où je me sentais si étranger.

La chaleur était si vive que le goudron fondait par endroits. Je bénissais le ciel d'avoir gardé mes tongs.

C'est drôle ; tout à l'heure, tu le remerciais d'avoir rencontré ce bellâtre et de vivre l'un des plus beaux moments de ton existence ! C'est plutôt l'enfer qu'il fallait remercier de mettre sur ta route cet ange démoniaque !

« Stop ! Ne pas penser ! Je ne suis pas en état. D'abord retrouver Gloria. Puis rentrer à l'hôtel et après faire le point ! Mais là, basta ! »

Cette petite route semblait sans fin et, bien qu'elle longeât la mer laissant découvrir une vue imprenable, je n'étais pas disposé à apprécier le paysage. Cette immense qui surplombait la mer et qui pouvait me paraître paradisiaque il y a encore quelques heures me semblait à présent isolée et effrayante.

Je n'arrivais pas à chasser de mes pensées le visage de ces gens hilares et dépravés. La vision diabolique de Maxence nu au milieu de ces individus me hantait. Cette image m'interpellait parce qu'elle faisait ressurgir un cauchemar récurant chez moi qui me poursuivait depuis l'enfance : je rêvais régulièrement que j'étais nu au milieu d'une foule habillée qui rait de moi ; et moi, je regardais mon pénis qui rapetissait de plus en plus, jusqu'à rentrer entièrement en moi pour laisser une peau lisse et imberbe entre mes jambes, sans aucun sexe, ni masculin, ni féminin. Je n'étais plus un garçon ni une fille. Je n'avais plus d'identité sexuelle. Une sorte d'ange étrange. Ça faisait hurler de rire les passants ! Je me réveillais en sursaut, trempé de sueur et de pisse… Enfant, c'était Nanny qui se levait pour changer mes draps quand elle m'entendait hurler en pleine nuit. Adolescent, je les changeais tout seul. Avec le temps, les fuites ont disparu mais pas les cauchemars. Ni les suées nocturnes. Ni les réveils en sursaut avec cette sensation atroce d'étouffer, comme si quelqu'un m'enfonçait un oreiller sur le visage pour m'asphyxier.

J'avais l'impression bizarre d'être entré dans mon rêve, sauf que ce n'était pas moi qui était nu au milieu de la foule. J'ai peut-être bien fait de m'enfuir avant qu'on ne cherche à m'étouffer avec un oreiller…

A chaque virage, j'espérai apercevoir un village, une habitation, un indice qui témoignerait d'une quelconque civilisation, mais à chaque fois, je ne voyais que la route qui serpentait à perte de vue, indéfiniment, encore et encore...

« Putain ! Y'a pas un con qui va passer par là non ? »

Je n'avais pas fini ma phrase que je remarquai un léger bourdonnement derrière moi. Je me retournai avec enthousiasme, tel un naufragé apercevant au loin un navire susceptible de le secourir. Il s'agissait d'une camionnette de livraison blanche à trois roues comme on en voit à chaque coin de rue en Italie et qu'on surnomme une « *ape* », une abeille. Je me mis au milieu de la route et fis de grands gestes pour l'obliger à s'arrêter, bien décidé à ce qu'on me prenne en stop coûte que coûte.

Dis donc, j'espère qu'il y a de bons freins là-dessus parce qu'il dépote avec son tricycle le gars...

L'engin fonçait droit sur moi sans montrer le moindre signe d'une quelconque volonté de ralentir. Déterminé à ne pas laisser passer ma seule chance de ne pas mourir de déshydratation sur le bord de la route, seul au milieu de cette fournaise, je ne bougeai pas d'un iota. La camionnette s'arrêta, contrainte et forcée, à un mètre de moi. Je tentai de convaincre le conducteur de me laisser monter avec lui. C'était un traiteur. Peut-être celui qui avait livré les petits fours que je dévorais une heure auparavant, vautré comme un pacha au bord d'une somptueuse piscine, une coupe à la main, entouré de filles splendides et dénudées. Réticent dans un premier temps à prendre en stop un étranger rouge comme une écrevisse et à moitié nu en balade tout seul au milieu de nulle part, il finit par accepter de me laisser prendre place à côté de lui. Habitué à ce qu'on me prenne en pitié et qu'on me vienne en aide, je n'avais aucun doute sur le fait qu'il allait me secourir.

Nous étions compressés l'un contre l'autre dans la minuscule cabine de l'*ape*, surtout que cet homme sans âge (ni cheveux) était gras comme un cochon, animal avec lequel il avait une ressemblance physique déconcertante. Sous cette chaleur accablante, ma peau collait à la banquette en skaï, sans parler de mon bras gauche en contact direct avec celui de M. *Cochonou* dont je sentais la transpiration suinter et imprégner les pores de ma peau. Le retour à la réalité était violent, mais bon, je ne me plaignais pas ; je ne marchais plus. En revanche, j'avais peur qu'on se retourne avec son engin brinquebalant qu'il pilotait au raz de la falaise comme s'il s'agissait d'une Ferrari. Je n'en menais pas large…

Peut être était ce dû à la peur, à la fatigue ou simplement à l'accumulation de tout ce que j'avais vécu cet après midi là, mais à ce moment précis, je détestais tout le monde : ce petit salaud qui m'avait laissé croire qu'il était le prince charmant alors que ce n'était qu'un mytho-narcissique dévergondé, cette soi-disant amie qui me branchait avec le diable en personne et qui m'abandonnait au fin fond de la Sicile dans une villa maléfique, le sulfureux Fabio que je soupçonnais de polluer une jeunesse déboussolée, et même moi, je me détestais de m'être laissé embarquer dans cette histoire de fous !

J'en voulais même à ce gros bonhomme moite de rouler à fond les ballons comme un débile. Mais il croyait quoi ce mec ? Qu'il m'impressionnait avec son tricycle à charcutaille ? Non mais sans blague !

Ceci dit, il était d'une discrétion absolue. Il ne desserrait pas les dents, ne posait aucune question. J'en déduis qu'il avait l'habitude d'aller dans ce lieu de perdition où il devait apercevoir de drôles d'oiseaux, et que, s'il voulait garder son poste, il valait mieux qu'il se taise et qu'il fasse comme si tout était normal, comme la jeune employée de maison qui m'avait délivré de l'enfer. Je me sentais bien plus proche de ces gens simples que de leurs pédants employeurs. Moi aussi j'étais le petit fils d'une femme de ménage après tout. Ma mère, elle, elle faisait plutôt partie du Gotha ; mais quel rapport y a-t-il entre cette femme et moi ? En tout cas, heureusement qu'il était passé par là mon sauveur mutique, parce qu'effectivement, cette petite route n'en finissait pas.

« Euh… dove è la prossima città ?

- A dieci chilometri approssimativamente.

- Ah ouais, quand même… »

Encore dix kilomètres dans cette fournaise sans une goutte d'eau, je n'aurai pas fait de vieux os ; on aurait retrouvé ma dépouille en short sèche comme une momie au milieu de la route, dévorée par les fourmis rouges… Ça faisait de lui mon nouveau meilleur ami !

En parlant d'ami, j'aperçus au loin une Méhari jaune qui arrivait en trombe avec une masse de cheveux rouges à la place du conducteur. On ne distinguait ni corps, ni bras, ni jambes ; juste un buisson ardent au volant. J'ai vite compris qui se cachait derrière cette toison flamboyante.

Et ben mon vieux, quand il s'agit de sauver ses amis, elle est plus efficace que la cavalerie la Gloria !

Étant donné la vitesse à laquelle l'Ovni coloré fonçait sur nous, on n'avait pas intérêt à rester au milieu du chemin, *Porcinet* et moi ! J'avais beau expliquer à mon chauffeur qu'il pouvait me déposer là, il me disait « Si, si ! » mais ne ralentissait pas pour autant.

« Stopar la macchina per favore ! E una amica mia !

- Si, si. »

Rien n'y faisait. Le mec continuait à rouler pied au plancher, et je voyais ma Gloria qui se radinait à toute berzingue et qui risquait de nous envoyer dans le décor alors qu'à l'origine, elle était censée venir me sauver.

« STOOOOP !!! » hurlai-je au gars qui, prit de panique, écrasa des deux pieds la pédale de frein s'aidant de tout le poids de son corps ; je ne vous dis pas la puissance du freinage ! Malheureusement il n'y avait pas d'ABS sur sa charrette qui finit sa course au milieu des broussailles sèches et acérées qui bordaient la longue - mais étroite - route. Il se mit à vociférer des mots que je ne comprenais pas mais dont le sens était facile à deviner. Mais je m'en foutais ; j'avais déjà sauté de la camionnette tel un diablotin qui sort de sa boîte et je gesticulais en espérant que ma diablesse de secouriste m'aperçoive à travers les mèches de cheveux qui lui masquaient le visage. On se demandait même comment elle avait réussi à arriver jusque là !

Gloria qui déboulait à toute allure n'avait pas l'air de réaliser que j'étais en plein milieu du chemin. Elle me fonça dessus et freina au dernier moment, laissant derrière elle deux profondes tranchées bien parallèles dans le goudron mou. Décidément, c'était une manie dans le coin de foncer sur les gens !

« Mais t'es malade ma pauv'fille !

- Meuuuh non, c'est bon, j'maîtrise !

- Putain ! Mais qu'est que t'as foutu ?

- Oh là là, commence pas sur ce ton, mon cœur, tu veux ? Ou j'te laisse là avec ton Casanova ! Tu crois que c'est facile de dégoter une limousine gratis dans ce patelin toi ?

- C'est quoi cette bagnole ?

- C'te « bagnole », comme tu dis sur ce petit ton méprisant, c'est la seule que j'ai trouvé avec les clés dessus.

- T'as piqué une caisse ?

- Tout de suite *le Grand Meaulnes* ; j'l'ai pas piquée, j'l'ai empruntée pour une urgence, nuance, et c'est pour venir sauver ton p'tit cul j'te signale.

- Y'a pas de taxi ?

- J'ai pas de tunes !

- Comment ça, t'as pas de tunes ? »

Le livreur qui avait remis sa monture d'aplomb s'impatientait et lançait des mots interminables - mais chantants, il faut bien le reconnaître - pour que nous dégagions la route. Je grimpai donc dans cette voiture volée et Gloria démarra en trombe, exécutant un magnifique demi-tour au milieu de la rocaille et des herbes folles qui bordaient la jolie route au goudron mou. Les bosses prises à pleine vitesse me faisaient décoller de mon siège ; à croire qu'il n'y avait pas d'intermédiaire entre « arrêt total » et « à fond, à fond, à fond » dans l'esprit de ma conductrice échevelée. Heureusement pour ma boite crânienne, la Méhari était décapotée, mais je devais m'accrocher de toutes mes forces au pare-brise et au fauteuil brûlant pour ne pas être expulsé de cette boîte en plastique de course. Elle fit un doigt d'honneur au criard gélatineux en guise de « merci mille fois d'avoir aidé mon ami » et nous repartîmes à toute bombe.

« Qu'est-ce qu'il avait à gueuler le marcassin ? Et qu'est-ce que tu fous à moitié à poil au milieu de la Pampa avec ce goret ? Et pis t'as vu ta gueule ? Tu ressembles à un homard qu'a fait une sieste dans un bain marie !

- Je t'expliquerai plus tard, mais là, concentre-toi sur la route au lieu de me regarder comme ça ; y'a un ravin là ! Tu veux pas que je conduise ?

- Non, non ! J'l'a kiffe trop c'te caisse : elle est démente ! »

V'la autre chose !

Un doute m'envahit soudain me poussant dangereusement vers la panique totale : Gloria avait elle son permis ?

5

De retour au centre-ville, nous abandonnâmes le plus discrètement possible (si cette notion est envisageable en pareille compagnie) la Méhari « *démente* » à l'endroit où Gloria l'avait « *empruntée* », espérant que personne n'aurait remarqué sa courte escapade. A l'hôtel, évidemment, il y avait encore un souci, vu qu'on avait perdu les deux clés qu'ils nous avaient confiées. L'une était dans le fond de mon sac de plage oublié chez Fabio, et celle de mon héroïne salvatrice était elle aussi dans le fond de son sac qu'elle avait abandonné Dieu sait où… Le réceptionniste nous prit la tête pendant cinq minutes, aboyant qu'il allait falloir payer les clés, etc, etc… Ce à quoi Gloria lui rétorqua d'aller se faire foutre et de nous ouvrir la lourde « *subito* » s'il ne voulait pas qu'elle lui tape un scandale « *illico presto* » ! Elle n'est pas ce que l'on pourrait qualifier de bilingue en italien, mais elle sait être persuasive. Le mec s'exécuta en marmonnant qu'il allait en informer le directeur, ce à quoi Gloria répondit « *ta gueule* » en lui claquant la porte au nez.

« On est en vacances, *nom d'une pipe au Bois* ! Qu'est ce qui nous saoule ce type ? Bon, maintenant que je suis réveillée, on va aller s'en jeter un en ville.

— Attends, je voudrais prendre une douche. Et puis je suis crevé !

— Arrête de te plaindre ! Prends-la, ta douche, et magne toi la rondelle. J'te laisse dix minutes pendant que j'rallume la chaudière ! » me dit-elle en se dirigeant vers le mini bar qui venait tout juste d'être ravitaillé.

« Tu veux *quèque* chose ?

- Non merci, je crois que j'ai assez bu, j'ai mal à la tête.

- Aucun rapport, c'est une insolation ! Au contraire, faut que tu t'hydrates ; bon, je nous sers une vodka-tonic, noyée pour toi. Moi j'me laverai demain, y'a pu le temps là, et pis tu m'as *déplumardée* en sursaut, ça me déboussole grave, j'perds tous mes repères, j'ai besoin d'un verre pour m'aérer les neurones. »

Je filai sous la douche espérant soulager le feu qui me brûlait la peau.

« *Purin* ! Mais qu'est-ce que t'as foutu ? T'as vu la couleur de ton cul ? On dirait un babouin au carnaval d'Rio Grande.

- Je te raconterai. Tu vas voir, t'es un peu responsable.

- Ben tiens, ça m'aurait étonné… Je plaide non coupable *votre horreur* ; j'écrasais grave dans *les bras de Morphine*. De quoi qu'on m'accuse au juste ?

- J'te raconterai j't'ai dit. Tiens, plutôt que de jacasser, passe-moi de la pommade sur mes coups de soleil ; j'ai super mal !

- Arrête de te plaindre. Elle est où ta crème de fiotte ? »

Pendant qu'elle me pommadait le dos et les fesses d'une main, elle agrippait son verre de l'autre, une clope vissée entre ses lèvres. « Fais gaffe à ta cendre ! »

Trop tard ; la cendre en question me tomba dessus.

« *Peau d'zob* ! » beugla-t-elle avec élégance, essayant de la retirer mais ne réussissant qu'à l'étaler sur ma peau fraîchement tartinée.

« Remarque, c'est joli ; ça te fait plein de p'tits points gris sur le cul. Ça décore ! Si tu te lèves un mec qui s'ennuie pendant qu'il te visite l'arrière-cour, il pourra toujours compter les points que t'as dans le dos, comme les coccinelles, et il devinera ton âge ! *Ouaf Ouaf Ouaf !!!*

– *mdr... »*

Après cette séance de massage fessier sur fond de poésie et d'humour potache, nous partîmes en direction d'un bar installé sur la plage, remplir nos coupes de champagne et nos oreilles de Techno.

Juchés sur d'immenses tabourets instables, pendant que Gloria tentait d'attirer l'attention du barman, je lui expliquai comment Maxence m'avait invité à l'accompagner, comment il m'avait ouvertement dragué, ce qu'il m'avait dit, ce que nous avions fait, dans l'eau et sur la plage, et le bonheur inouï qu'avait été pour moi ce moment que je qualifiais de « magique ». Puis j'embrayai sur l'arrivée de Fabio et le changement de comportement de Maxence que j'avais trouvé subitement plus sarcastique, plus brutal, limite arrogant... Je lui racontai son attitude dans cette villa avec les invités, et puis les putes dans la piscine, la black qui se repoudrait le nez dans le salon, et comment je m'étais enfui...

« Ouais. Bon. Et c'est quoi ton problème au juste ?

– Comment ça : c'est quoi mon problème ?

– Euh... Quel est le mot que tu ne comprends pas dans ma question mon p'tit chat ?

– Bah, tu le vois pas toi le problème ? Y'a rien qui te choque ?

– C'est juste un problème de biroute en fait ?

– Comment ça « un problème de biroute » ? Tu veux pas être plus explicite s'te plaît ?

– Ben ouais, c'qui te défrise le cresson, c'est qu'il soit à poil ton fanfaron à grelot. S'il avait été en costard de vendeur de photocopieurs, t'aurais compris qu'il était entouré de Gugusses influents dans le business de son pote, et t'aurais admis qu'il ne s'occupe pas de toi. Mais là, ce qu'y te reste en *travers de porc*, c'est qu'il ait le *mikado* à l'air pour discuter affaire. En fait t'es coincé de la rondelle, c'est tout. Et tu vas passer à côté d'un mec *gaulé comme adieu* parce que tu fais ta mijaurée comme si t'étais une pucelle au bordel ! Alors mon cœur, quand je te dis que c'est un problème de biroute, on peut dire, si cela sied mieux à tes chastes esgourdes de pimbêche, que c'est un problème de zizi ! Mais c'est kif-kif.

    - Mais enfin, Gloria, ça ne te choque pas qu'il soit là, à parader à poil devant tout le monde ?

    - Tu vas au cinoche ?

    - Là, désolé, mais je vois pas le rapport.

    - Un acteur qu'est nu comme un *verre à pied* sur grand écran dans un film d'art et d'essai, ça te gêne ? Non ! Alors qu'il y a bien plus de monde qui lui reluque le cornichon.

    - C'est pas le même contexte !

    - C'est pas le même contexte ! C'est pas le même contexte ! T'as l'air malin avec ton contexte… La plage, ça te va comme contexte ? Et ben là, c'est comme s'il était à la plage, sauf que c'est au bord d'une piscine. Et qu'est ce que ça change ? Que dalle ! On s'en tamponne les balloches ! Surtout que tout le monde est défoncé dans ce genre de *golden party* ! Qu'est-ce que ça peut bien foutre qu'il aère le matos ? Il est taillé comme un athlète olympique ; et ben il en fait profiter la galerie et pis c'est tout ! Toi aussi t'avais la langoustine en villégiature sur la plage, et alors ; y'a eu une émeute ? Et moi aussi je l'ai vue ta bestiole et je t'ai même peloté le croupion y'à pas dix minutes ; et alors ? Ça fait pas de toi un *rigolo* !

- Gigolo, Gloria ; on dit gigolo... »

Évidemment, vu sous cet angle, ça paraissait beaucoup moins dramatique. Du coup, je ne savais plus quoi penser. Il était indéniable que Maxence était là pour se montrer. Mais cela ne voulait pas dire pour autant qu'il se prostituait. Il avait peut-être un rôle de... potiche ! Peut-être que ça se faisait dans les soirées branchées, où le champagne coule à flots et où la blanche se sème à tout vent, que de superbes spécimens soient là pour décorer ? Un peu comme des statues vivantes. Plaisir des yeux, pas celui des queues. C'était... surprenant, mais pas impossible après tout.

J'avais peut-être fait une sacrée boulette... Je venais de plaquer un mec canon sur un malentendu. Gloria avait raison, je n'étais pas « fun », beaucoup trop coincé, limite vieux jeu. Et Maxence, qu'allait-il penser de moi et de ma fuite ventre à terre sans une explication ? C'était ridicule et lâche. Un affreux remord commençait à poindre au fond de moi, du genre qui dévaste tout sur son passage, si vous voyez ce que je veux dire ! Je me jetai sur la coupe que Gloria venait de commander.

« Te mets pas la rate au court bouillon, mon mignon. Demain, t'appelles ton *Apollon 13* la mine enfarinée et tu lui expliques que tu t'es fait un film ; t'as flippé ta race et t'as pris *tes jambes et ton coude*. Mais que depuis, t'as turbiné sec des méninges et qu't'as tout pigé. Au final, t'es ok ; tu juges pas. Fais moi confiance, s'il te kiffe, il va rappliquer vite fait et c'est parti pour une séance de tire au but. Si tu sens qu'il t'embrouille, tu mets les voiles fissa et tu *laisses bét'* ; c'est mort. Te prends pas la tête, avec ta jolie p'tite gueule d'amour, si tu voulais, t'aurais qu'à foutre un coup de pied dans une poubelle et t'en aurais autant qu'tu veux des prétendants dans ton plumard ! Ils se bousculeraient au *postillon* pour te donner du bon temps ! Aller, mon cœur, viens trinquer : santé « *mon cul comme y sent bon* » comme on dit dans le grand monde ! A l'amour !

- Ah ? On dit ça ? Tu crois que ça peut marcher entre nous ? Il t'a dit quoi ? Tu crois qu'il m'aime ?

- Hé ! Ho ! Arrête ton char Ben Hur. Reprend ton souffle gamin. Il t'a vu une heure ; ça suffit pas pour aimer quelqu'un !

- Mais moi je l'aime !

- Que nenni ; pas d'l'amour ça ! Tu le trouves bandant et t'irais bien lui dépoussiérer le conduit, c'est tout. Mais j'vais t'dire, ça doit lui arriver tout le temps à c'gars là que des loulous dans ton genre lui fassent les yeux doux. Mais l'amour, le vrai, *l'amour avec un grand mat* ; est-ce qui connaît ? A-t-il déjà connu quelqu'un qui avait de réels sentiments pour lui ? Je sais de quoi je cause, tu peux me croire ; c'est lourd à porter le *sexe à pile*. Moi aussi on m'en a promis *des chapeaux en Espagne* ! »

Euh... Je doute un peu de la comparaison... Mais bon, admettons.

« Garçon, une aut'coupe, *s'teup*. Non, tiens, file la bouteille, ça s'ra plus simple, on te dérangera plus ! Quoi « ché-ché » ? La bottiglia, sùbito ! » Le serveur s'exécuta sur le champ. Je ne sais pas si elle croyait que « sùbito » voulait dire « s'il te plaît » mais je peux vous assurer qu'elle l'utilisait avec une facilité déconcertante.

« Bon, j'en étais où moi ? Tiens, vide ta coupe, chaud, le champ', c'est dégueu. Ton mec là, il a été plutôt honnête avec toi finalement. Il t'a montré qui il est vraiment, qui sont les gens qu'il fréquente, son milieu, et ce qu'il fait. Peut-être qu'il fait la pute, et alors ? Si tu le veux, faut le prendre comme il est. J'trouve que son attitude est plutôt saine. C'est toi qui te la joues *prudasse* et qui te tires sans rien dire. C'est toi qu'es pas franc sur ce coup là. T'aurais au moins pu lui dire que tu le sentais pas et que tu préférais t'en aller. Là il doit penser que tu veux pas d'un type comme lui, qu'il vaut même pas la peine que tu lui fournisses une explication. Tu l'as traité comme une traînée, un moins que rien… Si tu veux mon avis, t'es passablement dans la merde mon p'tit chat ! »

Pute borgne ! Elle a raison ! Il te dit qu'il ne joue pas, qu'il a senti que quelque chose se passait entre vous, qu'il ne faut pas se fier aux apparences, et à la première difficulté tu te tailles ! T'es vraiment trop con… Tu finiras tout seul, vieux, gros et moche, à te faire tailler des pipes par les michetons de la porte Dauphine sur la banquette arrière de ta Volvo !

Je vidai ma coupe et fixai Gloria avec l'air désespéré qui me caractérise.

« Oh fais pas ta tronche de lémurien neurasthénique ! Les mecs, c'est comme les bus ; quand t'en rates un, t'attends le suivant ! Et pis, va savoir, c'est peut-être pas mort !

- J'y crois plus, mais c'est gentil d'essayer de me remonter le moral. Qu'est-ce que je ferais si je t'avais pas ma Gloria…

- Ça *c'est frais* ! Tu es un petit veinard, mon Canard ! Tu peux être fier de me connaître ! Tchin-tchin ; à l'amitié ! Tiens, tu savais que « *tchin-tchin* » ça veut dire pénis en japonais ?

- Tchin-Tchin ! » hurlai-je à m'en déchirer les cordes vocales ; « Il faut retourner au Tchin-Tchin ! C'est là que tu l'as rencontré hier !

- Qu'est ce qui te prend de gueuler comme ça ?

- Faut y retourner pour lui parler pour que je lui explique que j'ai eu une réaction puérile et que je regrette. Pour lui demander pardon.

- Ah non ! » brailla-t-elle en frappant vigoureusement du poing sur le bar, ce qui fit se retourner les gens assis aux tables voisines qui l'avaient entendue crier malgré la musique assourdissante.

« D'abord, demande jamais pardon ! Jamais, tu m'entends ? Y'a que les *p'tits slips* qui demandent pardon, nom de Dieu ! Et *pis*, c'est quand même lui qu'a eu c't'idée débile de t'emmener dans un bouge de luxe sans te prévenir qu'il faisait du *body business* et qu'il fallait pas que tu ondules de la toiture. Il croyait quoi ? Que t'allais le regarder se faire peloter sans rien moufter ? Non mais, Môssieur, et *pis* quoi encore ? »

A présent, elle gueulait carrément et les autres clients nous regardaient avec un mélange de hargne et de stupéfaction. Mais nous, on s'en foutait complètement.

« Moi, Môssieur Beau Gosse, tu lui dis, j'mange pas d'ce pain là ; j'ai ma dignité, moi, j'ai mon amour-propre ! C'est pas parce que j'te kiffe qui faut croire que j'ai juste envie de te beurrer le mille feuilles ; j'ai des sentiments, mon mignon ! Moi, je te vois avec mon cœur et pas avec ma queue, que tu lui dis. C'est ta beauté intérieure qui me fait *vaciller les méninges*. Ta belle gueule, c'est accessoire pour moi. Je suis au-dessus de ce genre de considérations anecdotiques que je laisse aux botoxés d'la tronche ! J'ai eu des amants somptueux, tu leur arrives même pas à la *chenille* ! Des princes iraniens, des rois du Maroc ! Un sultan d'*Haussmann* s'est tranché la gorge parce que je ne voulais pas rejoindre son harem, que tu lui dis !

 - Ça fait pas un peu trop ça ?

 - Tu t'en bats les babouches ! Il faut qu'il comprenne que c'est pas parce qu'il est *beau comme un aphte* qu'il peut tout se permettre, bordel ! Toi t'es autrement plus classieux avec ta gueule de Noureev ! Ça, c'est la vraie classe *number one* ! C'est pas de l'angelot fadasse de magazine à se tripoter ! S'il te veut, faudra qu'il te conquière, qu'il te séduise, qu'il t'apprivoise, qu'il se traîne à tes *ièp*… Tu lui dis que t'as tout de suite flairé l'arnaque et que tu l'as laissé s'amuser avec ses crottes de nez, que toi t'es pas là pour qu'on *te* mette *la misère* ! Et pis bordel, j'vois pas pourquoi tu veux aller dans c'te boite minable pour le voir !

 - Bah, comment veux-tu que je lui dise tous ces trucs sur les sultans du boulevard Haussmann, là !

 - T'es trop pas croyable, tu deviens Neuneu ma parole ! C'est le soleil qui t'a grillé un neurone ou t'as bu l'eau des nouilles ? Tiens, à la tienne, chéri !

 - Tchineu ! Alors, c'est comment que je fais ?

 - Bah t'as qu'à lui passer un coup de bigo au Gadjo !

 - Hi,hi,hi… Maieuuh, j'ai pas son numéro, j'te f'rai dire !

 - Comme je te l'ai déjà dit mon ami, tu as une veine de pendu de connaître Gloria. Car avec Gloria, tout va !!

 - Ça c'est laid, Gloria ! Hi,hi,hi ! Lait Gloria, pfffff… !

 - Ecoute mon p'tit bonhomme, moi je veux bien t'aider, mais faut te ressaisir, tu pars en vrille. Fais un effort tu veux ? Tu sais bien que Gloria a la solution. Jamais de problème. Que des solutions ! Alors toi, t'as pas son numéro, mais moi ; oui ! Santé ! E posibile otra botiglia per favore cameriere ? »

- Si, si, sùbito signorina ! »

Ah ben là, j'suis bluffé... Plus elle picole, plus elle cause bien les langues étrangères, la Gloria !

« T'as son numéro ? Et tu m'le disais pas ! Mais c'est génial ! Je l'appelle tout de suite, je lui dis que je ne me sentais pas bien et que *ch'uis* rentré dans ma maison pour faire un p'tit somme, et que *je me pardonne d'avoir été parti sans prévenir* ! Et **voilà** ! A la tienne ma sœur ! T'es démente Gloria, je t'aime !

- A la tienne Chouchou ! Oui, je sais, je suis démente mais j'en ai aussi dans la caboche et ce qui me sert de cervelle me dit : « Pied sur le frein, mon lapin ! » Primo : t'es bien trop détruite pour avoir une conversation censée. Deusio : y'a un problème.

- Un **problème** ? » vociférai-je dans le bar, « *Quelleu* problème je vous prie ? Avec Gloria : jamais de *problèmeu*, que des solutions !

- Ouais, mais là, y'en a un !

- *Jessuitoutouie* !

- Bah j'ai inscrit son numéro sur un papelard.

- Cool !

- Que j'ai fourré dans mon petit carnet rouge.

- *Moui....* Et après ?

- Et ben après j'ai rangé mon carnet rouge dans mon sac !

- C'est logique. J'aurais fait la même chose si j'avais *zété* à ta place.

- Et ben si t'avais été à ma place, t'aurais fait comme moi !

- C'est sûr !

- Et ben, t'aurais oublié ton sac quelque part et tu ne saurais pas où, et tu m'aurais foutu dans la mouise !

- Oh, pardon ma Gloria ! Je suis désolé. J'ai pas fait exprès tu sais.

- Mais oui, je sais, parce que tu es mon ami ; mon meilleur ami même, et c'est pour ça que je ne pourrais jamais t'en vouloir.

- Moi non plus je *pourra* jamais t'en vouloir. C'est toi que j'aime le plus, tu sais ! Tu es comme ma sœur ! Mieux que ma sœur : t'es ma jumelle ! »

Pendant que je lui sortais une longue et laborieuse tirade sur mon affection à son égard, le serveur vint nous demander de faire moins de bruit. Gloria monta alors sur ses grands chevaux et moi sur mes petits poneys. Elle nous a fait *la grande scène de l'acte deux*, et, après avoir mis un bazar indescriptible dans cet établissement où nous ne reviendrions plus, (et ça n'avait pas l'air de leur faire trop de peine) nous sortîmes dignement, sans trop tituber, et sans oublier d'emporter avec nous la troisième bouteille de champagne que nous n'avions pas terminée.

Je ne me souviens plus de la suite, mais je sais que nous sommes allés en boîte et que je me suis endormi sur une banquette. Quand je me suis réveillé, Gloria s'était branché un mec. Je lui ai dit que je rentrai, mais je ne sais pas si elle m'a entendu. Arrivé à l'hôtel, j'ai dû négocier avec le veilleur de nuit cette fois pour qu'il accepte de m'ouvrir la porte de la chambre, expliquant que c'était mon amie qui avait la clé et qu'elle était restée à la soirée. Il a fini par me laisser entrer et j'ai enfin pu me coucher (ou plutôt m'échouer) sur mon lit, tout habillé, les bras en croix, la bouche grande ouverte et le souffle sonore.

6

A mon réveil, j'avais un tomahawk planté dans le crâne. L'intensité de ma douleur cérébrale confirmait la médiocrité du breuvage ingurgité la veille. Certes, la boisson pétillait et il y avait bien des dorures sur l'étiquette, mais plus je sortais de mon sommeil éthylique, plus je doutais de l'appellation « champagne ». Au fur et à mesure que ma désolation neuronale s'intensifiait, je réalisais que la journée allait être épouvantable.

Ne pas bouger. Surtout, ne pas bouger.
Dormir. Dormir jusqu'à ce soir.

Un soleil étincelant inondait la pièce d'une luminosité cruelle se reflétant dans tous les murs pour finir en un rayon convergeant qui se concentrait sur mon visage, tel un laser, pour pénétrer ma boite crânienne. J'essayais de serrer les paupières de toutes mes forces. La lumière qui filtrait passait du orange au rouge, puis au violet si je fronçais les sourcils. Pourquoi n'avais-je pas fermé les volets en me couchant ?

Parce que tu serais tombé par dessus le balcon tellement t'étais murgé, Patate !

La fenêtre était grande ouverte et j'entendais tous les bruits qui montaient de la piscine pour s'intensifier au contact de mes tympans. Je pouvais distinguer chaque goutte d'eau qui éclaboussait la margelle, chaque son émis par les enfants qui vociféraient, auxquels venait s'ajouter l'assourdissant vacarme d'une multitude d'oiseaux qui piaillaient dans le palmier en face de ma chambre. Je me retournai et m'allongeai sur le ventre. C'était déjà mieux au niveau de la luminosité. Un oreiller sur la tête eut raison de l'intensité sonore qui se transforma peu à peu en un brouhaha lointain dans mon crâne brumeux. Je reprenais lentement conscience et me retraçais mes péripéties de la veille. Tout n'était pas clair, loin de là, surtout en ce qui concernait la fin de soirée. J'arrivais à remonter le fil de la journée jusqu'au bar. Après, c'était le trou noir. L'événement qui me paraissait le plus marquant, c'était d'avoir planté Maxence dans cette villa, nu au milieu de ces gens étranges. Je n'arrivais pas à savoir si j'avais bien fait ou si c'était une grave erreur. Son attitude de la veille était-elle vraiment choquante ? Cela n'avait pas eu l'air de choquer Gloria. En même temps, qu'est ce qui pourrait la choquer ? J'essayais d'y voir plus clair et de comprendre ce que je n'avais pas accepté mais j'avais un mal fou à suivre une idée. Mon esprit vagabondait à sa guise et des images de Maxence me revenaient, tantôt superbe sur la plage, tantôt vantard et prétentieux à la villa…. Je me rendormis doucement.

En me réveillant, je ne savais pas si j'avais dormi cinq minutes ou cinq heures. Poussé par une urgence urinaire, je me levai avec difficulté. Pendant mon sommeil, mes jambes s'étaient transformées en guimauve et mon crâne en compteur à gaz !

En passant devant la fenêtre, j'eus tout de même la présence d'esprit de fermer les volets. Je sortis donc sur le balcon en plissant les yeux pour ne pas être aveuglé par la luminosité, et, en attrapant le volet, jetai un coup d'œil en direction de la piscine espérant apercevoir celui qui accaparait l'ensemble de mes préoccupations. En vain. Les volets fermés plongèrent la chambre dans une obscurité plus adéquate à mon état comateux. Ma vessie soulagée, je me recouchai sans oser regarder l'ampleur du carnage dans le miroir.

Je décidai de ne pas penser à Maxence pour le moment puisque je n'en étais pas capable. Je ne sortirai pas de la journée. Je resterai dans mon lit, sans bouger, jusqu'à ce que mon mal de tête veuille bien lâcher son étreinte. Je sentais bien que si je mettais un pied dans la réalité, tout allait s'écrouler pour moi, et ça, je n'étais pas en état de le supporter pour le moment. Je m'occuperai du problème Maxence ultérieurement. Pour l'heure, je n'aspirai qu'à une chose : dormir !

Je n'eus pas le loisir de sombrer bien longtemps puisque le téléphone sonna. Je décrochai en regrettant immédiatement mon geste puisqu'une voix aiguë, nasillarde et confuse d'un niveau sonore si élevé que je crus avoir la tête dans un haut-parleur de quai de gare.

« Allooooooooo, Darrrling, c'est moi, mon cherrr ! »

C'est pas possible ; j'ai la Castafiore au bout du fil !

« Ne soyez pas surrrrprrrris, amourrrr, je ne serrrai pas de rrrretourrr avant quelques jourrrs. Je parrrs avec un homme charrrmant à Palerrrrme où l'on joue cet opérrra que j'aime tant, chérrri ! »

C'était cette folle de Gloria !

Mais qu'est-ce qu'elle avait à rouler les « r » comme ça ?

Et puis l'opéra ! Quel opéra ? Elle avait horreur de l'opéra !

« Mais hurle pas comme ça bordel !

- Ouiiii, moi aussi ça me fait plaisirrr de vous parrrler, pensez donc !

- Qu'est-ce que c'est que cette connerie, Gloria ? Tu t'es levé un mec, c'est ça ?

- Mais tout à fait, mon cherrr. Absolument divin, voyez-vous mon ami !

- Et pour une fois il ne t'a pas jeté le lendemain matin. Il est dingue ou il est encore bourré ?

- Nous en rrreparrlerrrons, cher ami, crroyez moi ! Mais je ne peux pas vous parrrler plus longtemps, figurrez vous que l'on m'attend séance tenante !

- Bon, mais tiens- moi au courant et sois prudente !

- Comptez sur moi, je penserrai à mettre un chapeau ! Au rrrevoir, mon ange ! »

Qu'elle est cloche cette Gloria !

Elle arrivait encore à me faire rire en dépit de mon tsunami encéphalique ! Qu'est-ce que c'était encore que ce plan débile ? Décidément, cette fille me surprendrait toujours. Qu'est-ce qu'elle imaginait ? Que le mec n'allait pas tout de suite saisir qu'elle était tout sauf chic !

Un opéra…

Mais qui fait autant de kilomètres pour aller assister à un opéra ? Soit, il était aussi dingue qu'elle, et ça je ne savais pas si c'était possible, soit il n'avait plus d'âge et elle espérait bien devenir son héritière… Connaissant l'engin, j'optai pour la deuxième hypothèse.

Je décrochai le téléphone, appelai le réceptionniste, et lui demandai de me faire monter deux bouteilles d'eau « subito », (il n'y avait pas de raison que je n'ai pas le droit d'utiliser le mot magique moi aussi). Je lui précisai de ne me passer aucune communication ; je ne voulais être dérangé sous aucun prétexte ! Je voulais profiter de l'absence de Gloria pour me reposer et récupérer. Je réglerai mes peines de cœur et percerai les secrets de *Castagloria* plus tard.

Alors que je me laissai envahir par la douceur d'un sommeil que j'espérais réparateur, on frappa discrètement. Je me drapai dans le drap du lit tel un empereur romain et ouvris la porte. On m'apportait mes bouteilles. De ma bouche desséchée s'échappa une haleine de coyote qui s'engouffra sournoisement dans les narines de la jeune fille qui portait un plateau qu'elle me tendit avant de s'éclipser rapidement sans demander son reste. J'en profitai pour accrocher à la poignée le fameux panonceau connu dans tous les hôtels du monde afin qu'on me laisse cuver en paix.

Lorsque j'ouvris à nouveau les yeux, il était plus de vingt heures et ma tempête cérébrale avait perdu de sa vigueur. A l'extérieur aussi c'était plus calme. La luminosité avait réduit et la piscine déserte à cette heure hurlait d'un silence assourdissant. L'urgence de sortir de cette pièce soudain lugubre me poussa à tenter une escapade jusqu'au restaurant de l'hôtel. Après m'être rafraîchi les idées sous le jet d'une douche glacée, je passai une grande chemise blanche ample et largement échancrée qui débordait sur un bermuda immaculé. Mon *rougeâge* (puisqu'il serait abusé d'appeler bronzage l'état de ma peau) tranchait avec la blancheur de ma tenue.

Assis à une petite table sous la pleine lune, j'étais seul en tête à tête avec la mer qui dansait juste pour moi dans sa robe aux reflets d'argent. En temps ordinaire cette image d'un romantisme absolu m'aurait touché, mais mon ventre criait famine et je n'avais qu'une idée en tête : engloutir de quoi éponger mes excès de la veille. Le serveur me proposa du vin, mais j'optai plutôt pour de *l'acqua frizzante*. Rassasié, je remontai dans ma chambre, exténué par cette journée harassante. En passant dans le hall, le réceptionniste m'appela. Le problème de clé me revint à l'esprit ; non seulement je n'avais pas prévu d'excuse mais j'étais à nouveau enfermé à l'extérieur de ma chambre ! Contrairement à mes attentes, il ne me parla pas de la clé mais m'informa qu'on avait déposé quelque chose pour moi et il me tendit mon sac de plage.

Oh my Goodness !
Ce doit être Maxence qui l'a rapporté !

« La personne qui a laissé ça n'a rien dit ?

- No signor. Il voulait qué jé vous appelle mais vous ne vouliez pas être dérangé, signor. »

Décidément, j'avais tout faux sur toute la ligne !

« Mais c'est quelqu'un de l'hôtel. Pouvez-vous me dire dans quelle chambre il est ?

- No signor. Il est parti cet après-midi, signor.

- Comment ça parti ? Mais où ?

- Jé l'ignore. Ma il n'est plou dans l'hôtel et ses amis non plou ! » Et on devinait aisément qu'il en était soulagé.

Je sortis la clé de mon sac et l'agita sous son nez pour lui prouver que je ne l'avais pas perdue comme il le prétendait la veille et je remontai dans mon antre en me traitant de tous les noms ; comment avais-je pu ne pas penser qu'il allait peut-être chercher à me joindre ?

Seul, assis sur mon lit comme un gamin puni, je me laissai envahir par une vague de tristesse. Elle partait de très loin, du centre de moi-même, de mon moi profond. Je me sentais misérable. Un sentiment fort et déchirant, d'une grande violence. Comme une ampoule de mélancolie qui viendrait de se briser en moi et qui déverserait son fiel dans mes veines pour se propager dans les moindres interstices de mon corps. Une impression troublante. J'avais envie de pleurer, pourtant aucune larme ne pointait à mes yeux. Cette sensation me rappelait ce que je ressentais adolescent dans le train qui me ramenait à la maison alors que je me remémorais mon dernier soir de vacances. Conscient que le lendemain j'allais abandonner derrière moi de fabuleux souvenirs, j'avais laissé la main du beau Julien s'aventurer dans mon pantalon. De caresses en baisers, j'avais vécu ma première relation sexuelle. Depuis, chaque année, le dernier samedi du mois d'août, tournant cruel qui sonne le glas des vacances, j'ai une pensée émue pour ces cœurs adolescents qui vont se briser en se séparant, remplis de la promesse sincère qu'ils s'écriront tous les jours et qu'ils se reverront aux prochaines vacances… Mais la vie est ainsi faite que ces jeunes amants ne se revoient plus et gardent jusqu'à la fin de leur dernier souffle un souvenir tendre de cette rencontre d'un été sur cette plage où ils n'ont jamais eu le courage de revenir…

Depuis ce charmant Julien, il n'y avait eu qu'un seul garçon qui m'avait fait battre le cœur avant qu'il ne se volatilise du jour au lendemain sans crier gare… Mon cœur déjà meurtri une première fois se remettrait-il d'un nouveau chaos sentimental ?

Je me couchai, morose, enserrant mon oreiller, comme un enfant malheureux qui serre son ours en peluche, et là, tout seul, dans le noir, je laissai évacuer mon trop plein de chagrin.

Le lendemain, cette tristesse ne m'avait pas quittée. Je décidai malgré tout d'aller au bord de la piscine comme je le faisais chaque jour depuis notre arrivée, conscient que cela ne changerait rien de rester à me morfondre dans ma chambre. J'attrapai mon sac de plage avec émotion ; jamais plus je le regarderai de la même manière celui-là. L'unique lien entre Maxence et moi…

En passant devant l'accueil, je demandai au responsable s'il avait un numéro et une adresse où je pourrais joindre le petit groupe de Français, ajoutant le qualificatif « bruyants » pour qu'il comprenne de qui je parlais. Mais malheureusement, il n'avait aucune coordonnée à me fournir et la note avait été payée en espèces par quelqu'un d'ici.

Je pensai immédiatement à Fabio. Je pouvais retourner à la villa lui demander comment contacter Maxence, mais la perspective de le revoir ne m'emballait pas du tout. J'étais parti comme un voleur alors qu'il m'avait accueilli comme l'un de ses amis. J'avais bu son champagne, mangé ses petits fours, je m'étais baigné dans sa piscine et je m'étais débiné sans un merci. Même si le lieu était peu conventionnel - c'est le moins qu'on puisse dire - je m'étais comporté comme un ingrat et j'avais honte de moi. Je laissais donc tomber l'idée d'aller le voir. En plus, je me dis que si Maxence ne m'avait laissé aucun message, c'est qu'il n'avait pas envie de me revoir. Il avait déjà eu l'élégance de me rapporter mon sac alors que moi je m'étais emmuré dans une attitude puérile et mesquine. J'avais été ridicule ; tant pis pour moi !

Je m'installai au bord de la piscine, mais ce lieu me rendait nostalgique. La veille encore, il était là…

Pfffff…
Je traînais un sacré blues moi.

Des images de notre *brévissime* histoire (si on peut appeler ça une histoire) me revenaient sans cesse à l'esprit. Je repensai à ce petit moment magique sur la plage, enlacés l'un à l'autre. Quelques minutes fantastiques qui marqueraient à jamais ma mémoire. Il était peut-être exagéré de dire que j'étais amoureux, mais ce qui était clair c'est que j'étais séduit, et d'ailleurs qui ne l'aurait pas été face à un garçon aussi charmant ? Si j'avais eu le loisir de mieux le connaître, peut-être me serais-je aperçu que je n'avais pas grand-chose en commun avec lui, qu'il était égoïste, arrogant, arriviste, que sais-je encore ? Avec le temps, son extrême beauté ne m'aurait plus suffi et j'aurais tourné la page. Mais là, ça avait été si bref que je ne garderai en mémoire que les meilleurs souvenirs, comme dans un rêve, comme ma petite histoire d'adolescent avec Julien…

Décidément, tu n'évolueras jamais, tu agis toujours comme un crétin arriéré et puérile. Toujours à juger les autres !« C'est mal de se balader à poil et gna gna gna… » La vérité c'est que t'es qu'un lâche ; t'as même pas les couilles de te lancer dans une vraie histoire… Tu fais dans ton froc dès qu'on s'approche de toi !

Quand j'étais enfant, il y avait une chanson qui passait à la radio et qui me faisait toujours venir les larmes aux yeux. Ça parlait d'une poupée de chiffon dans un magasin de jouets. La porte s'ouvrait, les gosses se ruaient dans la boutique pour se jeter sur leur jouet préféré mais aucun ne choisissait cette poupée qui restait seule sur son rayonnage à attendre son prince charmant... Cette image m'a hanté pendant des années. Moi non plus personne ne voulait de moi et je restais seul à attendre sagement comme un jouet dont personne ne veut...

Je m'apitoyais lamentablement sur mon sort. Je me traitais de tous les noms, me trouvais stupide, impardonnable. Je me disais que je finirais ma vie tout seul, sans personne à mes côtés, à part Gloria, peut-être. Voilà, nous allions finir ensemble, comme deux grosses éponges imbibées de Vodka que l'amour a définitivement oubliées...

C'est pas la fête, on dirait !

J'avais tellement le moral à zéro que l'idée de me saouler m'a traversé l'esprit, mais le souvenir de ma gueule de bois de la veille m'en a vite dissuadé. L'alcool, c'était définitivement terminé pour moi. Sauf avec Gloria, peut-être. De toute façon ce n'était pas possible de ne pas boire en présence de Gloria. Tiens d'ailleurs, je n'avais toujours pas de nouvelles de la *Gloriastafiore* ! Que pouvait-elle bien être en train de faire à cette heure avec son amant mélomane ? Elle exagérait tout de même, elle aurait pu me donner de ses nouvelles. Elle se tirait avec un mec que personne ne connaissait, et n'appelait pas pour me rassurer, juste au cas où je me serais inquiété. Bien qu'avec le temps j'avais appris à ne pas me faire de mouron pour elle. Avec tout ce qu'elle faisait dans la vie, avec tous les gens qu'elle croisait et tous les endroits glauques où elle traînait, on ne pouvait que constater qu'il ne lui arrivait jamais rien de grave. Elle devait avoir un ange gardien sacrément balaise ! Pas comme le mien. Moi qui étais plutôt du genre *hyper sage*, le jour où mon cœur s'emballait, mon poltron d'ange gardien à moi, il me faisait décamper en trombe ; vous parlez d'un ange à la noix ! C'était peut-être mieux comme ça après tout... Sans être fataliste, je me disais que si ça s'était passé comme ça, c'est qu'il y avait une raison. Il n'était pas pour moi, voilà tout. Mon ange gardien devait le savoir, lui, et c'était pour me protéger qu'il m'avait fait m'enfuir.

Je fis un petit tour sur la plage, et, histoire de remettre un peu d'huile sur le feu, je retournai à la petite crique où j'étais la veille, enlacé par mon bel amant, tel Cyparisse dans les bras d'Apollon. Il n'y avait personne. Aucune trace de mon idylle furtive. C'était triste comme la fin des vacances... Alors je suis retourné à l'hôtel.

Gloria était rentrée elle aussi. Elle était dans la chambre, avait posé nos valises sur le lit dans lesquelles elle jetait tout en vrac, ses affaires comme les miennes, sans distinction. Je lui en fis la remarque.

« On s'en branle, on crèche ensemble !

- Que se passe-t-il, ma douce ?

- On se casse ! Ça t'emmerde ? »

Je n'avais pas réfléchi à ça, mais finalement non, ça ne me dérangeait pas, au contraire ; si je restais là plus longtemps j'allais vraiment déprimer. Et puis, la pluie sied mieux au spleen...

« Non, je m'en fous, on peut se casser. Qu'est ce qui se passe ?

- Il est amoureux ce con ! Il m'adore ! C'est tout juste s'il ne m'a pas demandé de l'épouser !

- Mais tu avais l'air ravi hier.

- Je n'étais pas *ravière*, j'étais détruite ! C'est pas la même chose ! Il avait une came exceptionnelle ce type, alors moi j'l'ai suivi ! Logique non ? Il aurait pu m'emmener où il voulait le bougre avec une dope pareille ! D'ailleurs c'est ce qu'il a fait ; il m'a emmené à l'opéra ; qu'est ce qu'il y a de pire ? Et tu sais quoi ? Le plus dingue, c'est que j'ai adoré ! J'ai pleuré comme une madeleine, impossible de m'arrêter ! Tu vois qu'elle était top sa came !

- Tu me rassures ; j'ai cru que tu devenais sensible.

- Bon au lieu de jacasser, aide-moi plutôt à faire les valoches avant qu'il revienne me chercher ce détraqué du cortex. Moi j'appelle le pingouin de l'accueil qu'il nous débusque un tacot et qu'il prépare la note. »

Une heure plus tard, nous étions à l'aéroport de Catane où Gloria faisait des pieds et des mains pour trouver un avion pour Paris. Comme cela n'allait pas comme elle voulait, je l'entendais hurler du bout de l'aéroport où je l'attendais, près de nos bagages qui occupaient deux chariots. Elle ne semblait pas du tout admettre que la compagnie aérienne n'affrète pas un avion pour nous ramener alors qu'elle avait décidé de partir. Je crois qu'elle aurait été capable d'en voler un et de se mettre aux commandes pour quitter cette île. J'ai même cru qu'on allait rentrer en stop ! Deux heures plus tard, nous étions à Rome où nous avons attendu deux heures de plus dans un café d'aéroport qui ressemblait à un petit bistrot de village du fin fond de l'Italie. Après quelques Vodka et à des centaines de kilomètres de son prince charmant d'un soir, Gloria commençait à se détendre. Cependant, au guichet d'embarquement, elle agressa l'hôtesse qui n'allait pas assez vite à son goût, puis le douanier qui voulait fouiller dans son sac. Mais lorsque je lui dis qu'ils allaient nous garder pour une fouille approfondie si elle ne coopérait pas, elle se calma et souffla : « De toute façon il peut toujours fouiner ce merdeux, dans le sac, y'a plus rien ! » en reniflant d'une manière si peu discrète que le douanier aurait pu comprendre où se trouvait ce qu'il cherchait.

Dans l'avion, je fus surpris qu'elle me demande de lui prêter le livre que j'avais entamé quelques jours plus tôt et qui m'avait servi d'écran pour observer le beau Maxence et son p'tit slip blanc. Je ne l'avais pas ouvert depuis cet évènement n'ayant plus la tête à lire mais je l'avais mis dans mon sac au cas où l'envie me reviendrait, sans trop y croire ; ce livre était trop chargé de souvenirs. Ne pouvant pas fumer pendant le vol, elle voulait s'en servir comme support pour rouler les clopes qu'elle fumerait à l'arrivée. C'était sa nouvelle marotte depuis le matin ; elle fumait des roulées. Heureusement, ça ne dura pas plus d'une semaine… Je lui filai le bouquin et en profitai pour tenter de m'assoupir un peu ; ces deux derniers jours avaient été éprouvants et j'avais besoin de calme pour me retrouver et faire le point.

C'est l'hôtesse qui me réveilla lorsqu'elle proposa quelque chose à boire et que Gloria passa sa commande. Comme il n'y avait que des « bébés bouteilles » comme les surnomme Gloria, il en fallait un stock conséquent pour tenir le coup jusqu'à Roissy. Elle mélangea savamment *une bébé vodka* avec *une bébé champ'*. Puis elle se tourna vers moi, me lança un « tchin-tchin » de circonstance et vida son gobelet cul sec.

« Tiens, en parlant de *Tchin-Tchin,* il est quand même *craquouillou* ton joli cœur. T'as un bol de cocu sur ce coup là. Oh, pardon, c'est p'ête pas l'expression *qu'à des couettes* ! Remarque je savais que tout allait bien se passer entre vous ; c'était écrit !

- De quoi tu parles là ?

- Ben… Maxime !

- Connais pas de Maxime.

- Tu connais pas de Maxime ? Y'à un *keum* qui t'écrit des trucs genre hyper guimauve comme t'en raffoles et toi, tu le connais pas ?

- Alors là, t'es vraiment défoncée ; je ne comprends rien à ce que tu baragouines.

- Qu'est-ce qui te prend morveux ? Est-ce que j'ai une gueule de bar à gouines ? J'te parle de la couverture de Vogue qui t'a galoché, c'est quoi son nom ? Maxwell ? » me dit-elle en brandissant mon livre ouvert à la première page où je découvris quelques lignes manuscrites et signées de trois lettres : Max.

« Oh punaise ! File-moi ça ! » hurlai-je dans ses oreilles en me jetant sur le bouquin comme la vérole sur le bas clergé, faisant voler le paquet de chips et renversant au passage ce qui restait de champagne dans la mini bouteille.

« Mais c'est pas possible d'être aussi gourdasse ! Tu le fais exprès ou t'es fini à la pisse ?

- C'est Maxence ! Il m'a laissé un message !

- Tu parles d'un scoop ; ça fait des plombes que j'm'époumone à t'le dire. J'vous jure, quelle purge ce mec !

- Chut, laisse-moi lire ! »

Mon cher Do,

Je voulais te parler mais le concierge me dit que tu ne veux pas qu'on te dérange. Alors je prends l'initiative de te laisser un message sur ce livre qui t'a servi de bouclier pour ne pas te laisser approcher. Je ne sais pas ce qui s'est passé mais je suppose que je t'ai déçu. Tu dois avoir une piètre opinion de moi. Ne te fis pas aux apparences, elles sont souvent trompeuses

;-)

J'aurais aimé parler avec toi, t'expliquer.
Si tu veux bien m'écouter n'hésite pas à m'appeler.
J'espère que tu le feras.
Quoiqu'il advienne, je respecterai ta décision.
Je garde un merveilleux souvenir de ce moment sur la plage avec toi.
Je t'embrasse.

Max :->

Ces trois lettres étaient suivies d'un numéro de portable.

Je poussai un cri de joie qui fit se retourner les deux ou trois rangs qui nous précédaient, l'air furibond, prêts à m'étrangler, alors que Gloria chantait à tue-tête en roulant les « r » façon Dalida : « *C'est l'histoire d'un amourrr éterrrrnel et banal…* » !

J'étais sidéré mais « *excité comme une pute* », comme le fit remarquer mon amie qui époussetait mes épaules pleines de « *chipsticules* ». En effet, des petits morceaux de chips avaient jailli du paquet lors de mon éruption euphorique et étaient venus se loger sur mes cheveux et mes épaules telles des pellicules en chips ; des *chipsticules* quoi ! Elle profita de l'occasion pour réclamer deux nouvelles « *bébés bouteilles…* »

7

Slt ;-) je peux te tel ou c trop tard ? Biz Do

Avec plaisir ! ☺

« Bonsoir Maxence, c'est Do.

– Hey ! Le retour de l'homme invisible ; acte II, scène 1 !

– Ouais… Désolé. Je sais, j'ai pas été cool… »

Il ne répondit pas, me laissant patauger dans mon embarras.

« Mais il est tard, je te réveille peut-être. En fait, je viens juste de découvrir ton message et je ne pouvais pas attendre plus longtemps pour te parler.

– Rassure-toi, tu ne me réveilles pas. Ça me fait plaisir d'entendre ta voix.

– Je voulais m'excuser de m'être comporté comme un idiot et d'être parti comme ça. Je ne sais pas ce qui m'a pris. J'avais trop bu, je crois que j'ai eu peur. En tout cas je regrette vraiment.

– Ne t'excuse pas, c'est ma faute. Tu es quelqu'un de réservé et je n'aurais pas dû t'emmener avec nous sans te prévenir que les soirées chez Fabio sont un peu, comment dire, spéciales.

– Ouais, c'est vrai que je ne me suis pas senti à l'aise et j'ai préféré m'en aller. Je voulais t'avertir mais je n'ai pas osé te déranger. En fait, pour te dire la vérité, je n'ai pas compris ce que tu faisais avec ces gens.

- Oui, je comprends. A vrai dire c'est un peu long à expliquer et j'ai pas trop envie d'en parler là maintenant.

- Ah, pardon, tu n'es peut-être pas seul.

- C'est vrai que je ne suis pas seul, mais ce n'est pas la raison. »

Mon cœur se fendit en deux et un torrent glacé se déversa en moi.

« Je suis avec Sophie. Attends, je te la passe.

- Non, non ! Je veux pas vous déranger !

- …

- Allo ? Allo ?

- …

- Je n'entends rien !

- Pourtant elle grogne cette tigresse ! Tu ne l'entends pas ?

- Non. Comment ça elle grogne ? C'est qui ?

- C'est ma chatte. Là elle est allongée sur moi et m'enfonce ses griffes dans le torse ; ça fait super mal ! Elle ronronne tellement fort que je ne comprends pas que tu ne l'entendes pas.

- Ah ! Si en fait, je crois que je l'entends ! Tu m'as fait peur, j'ai cru que tu étais avec quelqu'un.

- Je te rassure, je suis libre comme l'air. Enfin, j'ai eu un petit copain, charmant, joli, timide, mais il m'a quitté après quelques heures, sans une explication, sans un mot…

- Oh je suis vraiment désolé, Maxence, je te promets, je ne sais pas quoi faire pour que tu me pardonnes.

- T'es prêt à tout pour te faire pardonner ?

- Oui, promis, tu peux me demander ce que tu voudras, je ferai n'importe quoi pour que tu m'excuses.

- Alors t'as une heure pour venir me rejoindre. »

Il balança son adresse ponctuée d'un « J'ai tout de suite su que j'allais vivre quelque chose d'extraordinaire avec toi » qui me fût fatal...

Il était plus de minuit, j'arrivais de Sicile après un détour interminable par Rome, puis par Roissy, d'où nous avions pris un taxi pour enfin rentrer dans notre appartement à Saint Sulpice et lui, il me demandait de ressortir pour aller jusqu'à Vincennes ! J'étais fourbu, ivre de Vodka et d'excitation. Il aurait été plus raisonnable de rester tranquille et de me coucher, mais pouvais-je reporter une telle invitation ? Un combat sans merci entre mon envie et ma peur se déroulait dans ma tête. Je savais que je n'avais pas le choix. C'était à prendre ou à laisser. Je n'aurais pas d'autre chance. Je ne voulais pas risquer de le perdre à nouveau, alors, quitte à m'endormir en chemin, je décochai un uppercut à mes angoisses et décrochai une victoire par K.O. en choisissant l'option de vivre plutôt que de rester sagement chez moi.

Je filai sous la douche et Gloria me prépara un cocktail pour me revigorer. J'essayai mille tenues pour tenter d'être un peu élégant, et, en désespoir de cause, optai pour un T-shirt, un vieux jeans et une paire de Converse hors d'âge. « Tu te fais un kiff vintage ? » me demanda Gloria en me tendant un TGV (Tequila - Gin - Vodka) alors qu'elle ingurgitait l'autre verre histoire de ne pas me laisser boire tout seul (c'est vulgaire !) et de se motiver elle aussi (mais on ne savait pas trop à quoi au juste). Puis j'enfourchai mon scooter et fonçai vers mon avenir.

Alors qu'intérieurement je bouillonnais d'excitation, la température extérieure, elle, était loin d'égaler celle du pays d'où je venais de débarquer et un vent glacé me pénétrait jusqu'aux os. Le choc thermique me faisait pleurer et tétanisait mes mains sur mon guidon. Plus je roulais, plus mon corps s'anesthésiait, tandis que mon esprit, lui, carburait à plein régime.

Je sentais monter une appréhension terrible à l'idée de le revoir et le doute commençait à s'immiscer dans mon esprit. Allais-je toujours lui plaire ? Il avait quitté un garçon à moitié nu dans une villa de rêve sous un soleil radieux et il allait retrouver un type rougeaud aux mains gelées, au nez humide et aux yeux larmoyants ! Le choc de cette apparition peu flatteuse serait il fatal à mon fantasme d'une histoire sentimentale sérieuse et constructive ? Au moins je serai fixé ; s'il voulait toujours de moi dans cet état, tous les espoirs étaient permis !

Il habitait un immeuble des années soixante-dix, à l'ombre du château. J'attachai mon scooter et tentai de me recoiffer tant bien que mal. Comme il ne m'avait pas donné son nom de famille, je l'appelai.

« En voyant l'heure tourner, j'ai cru que tu ne viendrais plus…

- Il est trop tard ? Tu **préfères** que je m'en aille ?

- Don't be silly ! Quatrième étage. Je t'ouvre. »

Et comme par magie, une porte s'ouvrit sur un nouveau chapitre de ma vie.

Je montai dans l'ascenseur, appuyai sur le bouton de l'étage indiqué et profitai du miroir pour évaluer l'ampleur des dégâts quand je m'aperçu que je m'étais sali les mains en attachant mon scooter et que je m'étais consciencieusement étalé du noir sur le visage façon commando en tenue de camouflage. Décidemment, j'avais tous les atouts de mon côté ! Avant d'avoir pu retoucher ma désastreuse apparence, l'ascenseur s'ouvrit sur un palier de cinq portes dont l'une était entre-ouverte. Je la poussai, entrai et la refermai derrière moi.

J'entendis : « Entre, je suis là. Tu verras, tu ne peux pas me rater ! »

Effectivement, un petit couloir menait vers l'unique pièce de l'appartement qui baignait dans une pénombre accueillante, bercée par le murmure d'une musique lancinante. Maxence était dans son lit, torse nu, les draps remontés jusqu'à la taille, arborant un sourire encourageant, les cheveux retenus par un bandeau noir qui lui donnait un air de corsaire à la fois impressionnant et irrésistiblement attirant. Il tendit les bras vers moi et me dit : « Viens ! »

Pendant que je me débarrassai de mon casque et ôtai mon blouson, je lui contai ma mésaventure et lui demandai si je pouvais aller me laver les mains et le visage, mais ce que je croyais être un inconvénient jouait en fait en ma faveur : ma maladresse l'amusait. Il me répondit que cela n'avait aucune importance et il m'invita à le rejoindre sur le lit sans plus tarder où il m'embrassa sans retenue, ni hésitation, comme un amant de longue date que l'on retrouve avec confiance et soulagement. Il me fît pivoter et bascula au dessus de moi. Le drap tomba laissant découvrir son corps nu. Ce n'était pourtant pas la première fois que je le voyais dans cette tenue mais cette vision enflamma mon désir. Il me déshabilla avec empressement. Je me laissai faire soumis au moindre de ses désirs, comme un esclave sous l'emprise de son maître. Puis il me serra contre lui. Je sentais sa peau brûlante contre mon corps. Je fus incapable de masquer plus longtemps mon émoi. De son côté, si sa bouche était avide de la mienne, son corps, lui, restait impassible. Nous restâmes ainsi la nuit entière à nous embrasser, collés l'un à l'autre, dans une chaleur torride et une émotion indescriptible, un bonheur absolu ! Mais rien d'autre ne se passa cette nuit là. Les autres non plus d'ailleurs…

Ce fût la première nuit d'une longue série. Elle reste gravée dans ma mémoire parce que c'est la première, mais toutes celles qui ont suivi pendant plus de huit ans ont été identiques. Maxence est d'une grande tendresse, aujourd'hui encore, alors que depuis toujours, je me raidis dès que l'on me touche, et ça, ça ne change pas… Ce mec a un véritable don pour vous mettre dans un état d'abandon total. Sa délicatesse vous émeut à vous faire planer, à un niveau tel, qu'une fois qu'on y a goûté, on ne peut plus s'en passer. C'est devenu ma drogue. D'une sensibilité prodigieuse, il vous amène avec virtuosité au plus profond de vous même pour vous faire lâcher prise et laisser jaillir un plaisir extraordinaire, comme une sublime et merveilleuse vague interne qui vous submerge, une offrande aux Dieux de l'amour… Mais il ne baise pas. Depuis huit ans, Maxence et moi n'avons jamais copulé. Il pratique l'amour psychique, pas l'amour physique… Nous prenons du plaisir dans les bras l'un de l'autre, nous nous embrassons des heures entières, mais jamais ni lui ni moi n'avons eu de véritable relation sexuelle. Après quelques mois passés dans ses bras où aucun acte sexuel ne se produisait, j'ai tenté de lui donner goût au sexe ; j'ai même pris du plaisir sans lui, mais je me sentais si honteux, comme si je faisais quelque chose de mal, de malsain, comme irrespectueux de son deuil sexuel que j'ai fini par m'abstenir. Avec le temps, j'ai perdu tout semblant d'érection et même toute libido. Quant à lui, je ne l'ai jamais vu bander. Paradoxalement, il nous est devenu impossible de nous passer l'un de l'autre. Un besoin viscéral de nous noyer dans la moiteur du corps de l'autre. C'est devenu une addiction dont nous sommes totalement dépendants et dont on ne veut à aucun prix se désintoxiquer. Maxence a trouvé en moi une faille égale à la sienne qui me rend indispensable à sa survie.

Maxence cache une brèche abyssale au fond de lui, depuis des années, que je suis le seul à ressentir, comprendre, respecter, accepter et partager. Ça nous rend indissociables et indestructibles tant que nous sommes tous les deux. Il reste debout parce qu'il s'appuis sur moi. Personne n'avait jamais eu besoin de moi comme ça. Son besoin de moi me rend fort. J'ai autant besoin de lui que lui de moi. Nous sommes comme les deux parties d'un seul et même être. Quand nous nous couchons, nos deux corps s'emboîtent pour n'en former qu'un, nos deux âmes s'unissent pour ne plus en faire qu'une.

Raconter comme ça, vous trouvez peut-être ça attendrissement. Dans la pratique, ce n'est pas aussi romantique. Maxence souffre d'un trouble de la personnalité qui influe sur son humeur. C'est de là que vient son comportement hors normes, excessif, qui m'attire et me désole.

Quand il avait 18 ans, il avait un amant plus âgé que lui, Armand, un écrivain, un homme brillant, érudit, dont les livres prônaient un monde idéal où l'amour et le respect étaient les lois qui régissaient les hommes. Ces ouvrages avaient changé la vision de Maxence sur la

Société, sur l'avenir, sur sa présence sur Terre. Ils avaient été comme un déclencheur, une révélation à une époque où il ne savait pas quelle voie emprunter. Il vivait dans une petite ville près de Biarritz et était dans une école où il estimait perdre son temps. Sa vie lui apparaissait sans surprise et sans avenir. Un jour, il est tombé sur un article qui annonçait la présence d'Armand pour une séance de dédicaces dans une librairie à une centaine de kilomètres de chez lui. Il n'a pas hésité ; sans prévenir qui que ce soit, il a sauté dans un train à la rencontre de celui qu'il considérait comme un guide spirituel.

Au moment où il a tendu son livre à Armand pour qu'il le lui dédicace, il s'est passé quelque chose de très fort entre eux. Maxence l'explique d'une manière si simple qu'il n'y a même pas à chercher une autre explication : ils ont su qu'ils étaient faits l'un pour l'autre. Il n'y avait aucun doute. Quand Armand a terminé sa séance de dédicace, il est retourné à sa voiture. Il n'a pas été surpris de voir le jeune Maxence appuyé contre sa DS ; au fond de lui il savait qu'il l'attendrait. Ils ne se sont plus quittés.

Ils étaient très amoureux et vivaient à toute allure comme si le temps leur était compté. C'est l'époque la plus heureuse de la vie de Maxence. Il a commencé à faire du théâtre, de la danse... Il a découvert un monde d'une grande richesse, rencontré des gens formidables qui lui trouvaient beaucoup de talent. Il baignait dans le bonheur. Pourtant, un soir, lors d'une soirée bien arrosée chez des amis, Maxence s'est laissé séduire par un jeune mec de son âge. Armand les a surpris. Il n'a rien dit, mais quand ils ont quitté la soirée, est ce un animal qui a traversé devant la voiture comme le dit la version officielle ou a-t-il voulu les tuer, on ne le saura jamais. Toujours est il que la DS est allée s'encastrer dans un chêne centenaire de la forêt de Rambouillet et Armand s'est arrêté de vivre. Maxence est un peu mort, lui aussi, cette nuit-là. Il s'en est tiré mais depuis, il n'est plus tout à fait lui-même. Je crois qu'il aurait préféré y rester. La culpabilité qui le ronge est si profonde qu'elle sort parfois avec une violence inouïe. Dans ces moments là, il est incapable de se contrôler. Il a besoin de se détruire et de détruire tous ceux qui l'entourent. C'est comme une bête furieuse qui surgit de lui et anéantit tout sur son passage ; lui, les autres, moi…

Le jour où il a perdu son amour il a aussi perdu toute libido. Je ne suis pas psychiatre mais j'ai vite fait le parallèle. Depuis cette nuit de tromperie qui s'est transformée en cauchemar, Maxence n'a jamais plus eu d'érection et il refuse de trouver un remède. Il prend ça comme une punition divine. S'il n'avait pas baisé avec ce jeune type ce soir là, Armand ne serait pas mort. Pour lui, c'est sa queue qui l'a tué. Alors il a rompu tout lien avec cet appendice.

Quand je l'ai connu, il posait pour des photographes et était gogo danseur dans des clubs, comme l'était déjà Anthony, mon premier amoureux ; mais ça c'est une autre histoire…

L'histoire se répète tant qu'on ne tord pas le cou
à ses vieux démons !

Il avait arrêté le théâtre et n'avait plus goût à rien depuis l'accident. La seule chose qu'il savait faire, c'était se défoncer, faire la fête et danser. Son seul atout, c'était sa beauté, la perfection de son visage, de ses formes… Alors il en a fait son fonds de commerce ; il abandonne son corps aux autres. Son âme, elle, erre dans les limbes brumeux des différentes drogues qu'il absorbe pour survivre. Il a besoin de cette aide, avec une fréquence variable suivant les périodes. L'été, à la faveur des beaux jours, il est plus serein et il ne touche pratiquement à rien, pendant de longues semaines. Mais quand l'hiver revient, son moral s'enfuit avec le soleil et là, il peut être défoncé en permanence, des jours durant, sans jamais redescendre. Le mois de décembre est particulièrement difficile. L'accident a eu lieu quelques jours avant Noël, et depuis, il passe toutes les fêtes le nez dans la poudreuse.

J'ai essayé de l'aider au début, mais j'ai compris que je ne pouvais rien faire pour lui pendant cette période que je passe seul à attendre son hypothétique venue. Depuis que j'ai rencontré Maxence, je n'ai jamais plus fêté Noël. Remarquez, ça ne m'a pas tellement gêné ; je détestais les fêtes de fin d'année bien avant de le connaître. Toutes ces images de famille heureuse me donnaient la nausée, moi qui ai passé tous mes vingt-cinq décembre seul avec ma grand-mère, découvrant un jouet flambant neuf envoyé par ma mère qui tombait toujours à côté de la plaque…

Maxence a été diagnostiqué « borderline », un trouble de la personnalité proche de la bipolarité. En fait, il est d'une sensibilité exacerbée qui le rend perpétuellement à fleur de peau. Il est sans filtre, sans nuance : il n'aime pas, il adore. Il n'est pas triste, il est désespéré. Il n'a pas mal, il souffre atrocement. Il n'est pas en colère, il est hors de lui. Il n'est pas gentil, il est adorable. Il est d'une humeur qui varie d'une minute à l'autre, capable de vous dire qu'il vous aime vingt fois par jour et si, au bout de la vingt et unième fois vous ne lui répondez pas que vous aussi vous l'aimez, la douleur qu'il ressent est si intense qu'il se met dans des états incontrôlables, devient d'une violence insoupçonnable, envers lui même le plus souvent. Dans ces moments là il serait capable de se jeter par la fenêtre. Il est totalement angoissé à l'idée de perdre les gens qu'il aime et en même temps, il les met à l'épreuve en permanence pour être constamment rassuré sur l'amour qu'ils lui portent. Totalement irrationnel, il est capable de vous faire les plus beaux cadeaux du monde qu'il va détruire immédiatement si vous avez fait preuve d'un enthousiasme qu'il juge insuffisant. Le plus difficile à gérer c'est son comportement impulsif dans tous les domaines : la prise de drogue, les dépenses irraisonnées, les fêtes interminables... Il a tenté plusieurs fois de mettre fin à sa vie. Alors, quand il disparaît pendant plusieurs jours, je tremble à l'idée de ce qu'il pourrait faire.

Aujourd'hui, Maxence se définit comme « artiste performer », c'est à dire qu'il utilise son corps comme une œuvre d'art qu'il exhibe sous toutes ses facettes devant les objectifs des photographes, ou celui des caméras, mais aussi dans des salles d'expos où il réalise des happenings. Il reste froid face à ce corps qui n'est plus vraiment le sien mais qu'il considère comme de la matière à modeler pour la faire évoluer et en faire une création à part entière. Exagérément bodybuildé, tatoué de la tête aux pieds, arborant de multiples piercings sur de nombreuses parties de son anatomie, même les plus intimes (s'il reste chez lui une partie « intime ») dont un répondant au nom royal de « prince Albert »… Objet de fantasmes pour certains, de rejet pour d'autres et avant tout pour lui même, le bel Apollon que j'ai rencontré il y a huit ans s'est transformé en sculpture humaine ; je ne peux pas dire que c'est une réelle surprise puisque c'est comme ça que je l'avais qualifié le premier jour où le l'ai rencontré chez Fabio. Disons qu'avec le temps ça s'est accentué.

Il me promet qu'il va changer, arrêter la drogue, les boîtes de nuit… Mais il ne change pas, n'arrête pas. Et moi, je passe mon temps à espérer que les choses évoluent. J'attends mais rien ne bouge. Nous avons toujours cette relation fusionnelle, nos âmes ne sont pas encore rassasiées l'une de l'autre. Je ne peux m'empêcher de continuer à l'aimer, malgré tout ce qu'il m'inflige, même si au fond je voudrais sortir de cette dépendance et recommencer à vivre. Mais le chemin à parcourir me semble tellement long et difficile que je n'essaye même pas et je reste chez moi à m'empiffrer de cochonneries toute la journée. Si Maxence a un besoin viscéral de moi, pathologique même, j'ai aussi besoin de savoir qu'il ne peut pas vivre sans moi. Nous sommes comme un vieux couple qui ne sait pas marcher sans béquilles. Des béquilles, voilà ce que nous sommes l'un pour l'autre. Nous sommes deux morts en sursis qui s'enferment dans l'illusion qu'un jour les choses vont changer.

Pour changer, les choses changent en effet, mais pas toujours dans le bon sens. Lui qui était si beau étant jeune, il n'est plus que l'ombre de ce qu'il était, sorte de performance artistique plus déconcertante qu'attirante. Quant à moi qui étais menu, « beau comme un cœur » comme me le disait mon amie, une copie de Rudolf Noureev aux cheveux longs, je pèse aujourd'hui plus de 100 kilos et je ne vois pas comment je pourrais les perdre... Je suis en dépression depuis plusieurs années suite à une « *altercation* » avec un élève au lycée. Ça faisait longtemps que je n'allais pas bien, même si je ne voulais pas l'admettre. Toutefois, un événement a mis le feu aux poudres et à partir de là, ça n'a plus été possible de faire l'autruche pour ne pas voir dans quel état psychologique je me trouvais. Je me faisais régulièrement traiter de « PD » dans les couloirs de l'établissement où j'enseignais sans que je ne réagisse. Pourtant, à chaque fois, c'était comme une lame de couteau qu'on m'enfonçait entre les côtes.

Quand je vois ces deux lettres taguées quelque part, sur un mur, une porte de chiotte, elles me sautent à la gueule et enfoncent leurs crocs dans ma chair à m'en faire hurler... Je me revois adolescent, quand je croyais que si l'on me traitait de « pédale » c'était parce que je faisais beaucoup de vélo... J'ai tellement de peine pour le jeune garçon que j'étais...

Ce que j'ai vécu comme une véritable agression, mais qui a été définie comme une simple « altercation » par le conseil de discipline, a été « la goutte qui a fait déborder le vase » comme on dit.

J'avais remarqué un élève que je croisais régulièrement dans la rue lorsqu'il attachait sa bicyclette devant l'école. Fin, élégant, avec une grâce naturelle qui le distinguait des autres sans qu'il ait besoin de forcer le trait. Son charisme attirait irrésistiblement l'attention ; ça me fascinait. Je m'imaginais déjà faisant sa connaissance. Lui, flatté de l'intérêt que je lui portais, se laisserait approcher en toute confiance, attiré par l'homme d'expérience que j'incarnais. Avec le temps, notre relation se serait transformée en amitié, puis en une sorte d'amour platonique inconditionnel. Ce scénario me plongeait dans un état de bien-être euphorisant. Je confesse qu'il m'arrivait souvent d'attendre dans ma voiture que ce jeune garçon arrive pour descendre de mon véhicule et entrer en même temps que lui dans le bâtiment. J'en profitais pour le dévorer du regard et me repaître de son image. Je m'étais laissé dire qu'il prenait des cours de danse classique et qu'il souhaitait en faire sa profession, ce qui le rendait encore plus séduisant. Dans l'hypothèse d'une conversation avec l'éphèbe, j'avais préparé quelques commentaires sur Pietragalla, Béjart et mon « jumeau » : Noureev. Je comptais sur ma soit-disant ressemblance avec ce dernier pour l'attirer et le séduire. Evidemment, lui ne m'avait pas remarqué ; on ne prête pas attention à une ombre… Aussi, le jour où j'ai entendu un élève proférer une injure homophobe à son encontre, une pulsion protectrice mêlée à l'opportunité rêvée d'être remarqué et admiré par cet ange solaire s'est emparée de moi et j'ai bondi sur le vaurien pour le traîner dans les bureaux de la direction. Mais celui-ci s'est rebellé et je me suis battu pour la première et seule fois de ma vie. Cela m'a valu un cocard à l'œil droit toutefois moins douloureux que l'indifférence du jeune danseur par qui je rêvais secrètement d'être aimé et qui ne m'a montré ni reconnaissance, ni intérêt ; j'étais et je resterai transparent à ses yeux !

Depuis ce jour, je ne suis pas retourné travailler. Un temps suspendu par l'Education Nationale pour avoir frappé un élève, je suis à présent en arrêt maladie pour dépression avec tendances agoraphobe et paranoïaque. Tout un programme à moi tout seul… Je sors rarement seul de chez moi et le peu de fois où cela arrive, c'est toujours une souffrance. Tout me paraît insurmontable. Tout m'effraie. Je me sens tellement fatigué et impuissant que je reste cloîtré à la maison à attendre que Maxence m'appelle ou vienne me voir. Finalement, la seule qui ne s'en tire pas trop mal, c'est Gloria. Toujours fidèle à elle-même : un apéro, une clope, un amant. Et le lendemain, elle recommence. A ce jour, elle est toujours en pleine forme ; ça dépend juste de l'heure à laquelle on la voit.

Il faut reconnaître que là, boudinée dans son ensemble en skaï fuchsia, endormie sur le canapé bleu et ronflant comme un bûcheron, elle n'est pas à son avantage, c'est le moins qu'on puisse dire… Mais elle vit, pleinement, intensément. Peut-être pas pour longtemps comme elle le prédit elle même, mais elle vit, elle. En ce qui me concerne, j'ai le sentiment de ne plus vraiment vivre. Avec le temps, Maxence s'est de plus en plus égaré, et moi, je me suis de plus en plus effacé…

8

Les ronflements de Gloria s'amplifient tant qu'ils deviennent insoutenables et m'obligent à quitter la pièce. En passant dans l'entrée, je remarque la lettre que je lui avais demandé de poster en urgence posée sur la console. Comme d'habitude, elle est passée devant mille fois sans la voir ; de toute façon, il pourrait y avoir un éléphant dans le couloir qu'elle passerait entre ses pattes sans même le remarquer. Je décide de prendre mon courage à deux mains et d'aller jusqu'à la Poste pour éviter une majoration pour retard de paiement, si ce n'est pas déjà trop tard. Bien que ça soit au bout de la rue, je suis incapable d'y aller à pied. Je ne sors qu'en voiture. C'est le seul moyen qu'il me reste d'avoir un contact avec l'extérieur. Je peux y passer des heures, faire des kilomètres sans but précis, juste pour regarder les gens, les rues, la vie… Je m'y sens en sécurité. Bien sûr, à peine monté, je verrouille toutes les portes et même s'il fait une chaleur à crever, je ne baisse jamais les vitres, à part sur les routes de campagne ou sur l'autoroute, là où personne ne peut me voir, ni me toucher ; en un mot, m'agresser.

Mon problème majeur, c'est de mettre de l'essence. Ça me demande une organisation rigoureuse. Lorsque je dois faire le plein, il me faut un temps fou pour choisir une station dans laquelle il n'y a personne et où l'on peut se servir seul avec une carte bancaire pour ne surtout pas entrer à l'intérieur de la boutique. Il m'arrive d'attendre que tout le monde soit parti, garé sur le bas-côté à quelques mètres de l'entrée de la station-service avant de m'y engager et d'oser descendre de voiture. Je choisis toujours la pompe la plus éloignée des autres. Le pire, c'est lorsqu'une voiture arrive alors que je mets du carburant et qu'elle vient se garer juste à côté de moi. Je suis totalement angoissé à l'idée découvrir qui va descendre. Mon cauchemar absolu, ce sont les jeunes qui sont plusieurs dans la voiture et qui rigolent, parce que je sais bien qu'ils se moquent de moi. Ou alors les gamins qui me dévisagent à travers la vitre en me montrant du doigt comme s'ils avaient vu Casimir. Quand ça arrive, je raccroche le pistolet immédiatement et je déguerpis, même si je n'ai mis que quelques litres, quitte à me garer de l'autre côté de la rue et à attendre que la station soit à nouveau déserte pour renouveler l'opération. Je préfère ne pas penser à la panne sinon je n'oserais plus conduire et ma liberté serait alors réduite à néant.

L'enveloppe dans une main, les clés de la Volvo dans l'autre, je me motive en me disant que je la glisserai juste dans la boîte qui est à l'extérieur du bâtiment et que je repartirai aussitôt. Je ne serai descendu de voiture que quelques secondes. Une minute au maximum. Les chiens sont dans le jardin et sont fous de joie en me voyant m'approcher de la voiture pensant qu'ils vont faire une balade. Je n'ai pas le cœur à les décevoir. J'ouvre le hayon du break et ils sautent à l'intérieur, surexcités de faire un petit tour.

C'est jour de marché et il y a d'innombrables véhicules garés n'importe où. C'est difficile de circuler et je ne peux pas m'arrêter juste devant la boîte comme je l'avais prévu. Je me stationne le mieux possible, prends une profonde respiration et sors de la Volvo pour me presser jusqu'à la Poste, le cœur battant et les yeux rivés sur le trottoir. La mission accomplie, je reviens rapidement à la voiture. Un instant de panique s'empare de moi à la vue d'un autre véhicule venu se garer à côté du mien durant la minute où je me suis absenté. Je comprends tout de suite qu'il n'y a pas suffisamment d'espace pour que je puisse accéder à ma portière. La conductrice indélicate attend au volant, la vitre baissée, elle fume, une oreillette de téléphone portable à l'oreille. Elle a la cinquantaine, les cheveux poivre et sel. Je ne sais pas pourquoi, mais constater qu'un autocollant de la SPA est collé sur la lunette arrière de sa voiture me rassure ; quelqu'un qui aime les animaux doit aussi aimer les Hommes, non ? Comme elle ne dit rien, je ne sais pas si elle est en ligne ou si elle écoute de la musique. Je rassemble mes forces et ce qui me reste de souffle et je lui demande :

« Excusez- moi, madame. Vous pourriez vous décaler un peu, s'il vous plaît ? Vous m'avez trop serré et je ne peux pas monter dans ma voiture.

- Y'a pas d'place, pis j'attends quelqu'un, y'en a pas pour longtemps. » Puis elle ajoute à l'attention de la personne qu'elle a au bout du fil : « Nan, un conard qui gueule parce qu'il peut pas monter dans sa bagnole. Il a qu'à maigrir ce gros lard ! Tu verrais l'engin… »

Un coup de massue vient de s'abattre sur ma nuque. Je suis effondré. J'hésite à dire un mot mais reste coi. J'aimerais lui rétorquer quelques insanités et lui foutre la honte, mais aucun son ne sort de ma bouche. Je sens le rouge me monter aux joues et mon esprit se vide totalement. La panique s'empare de moi. Tout commence à danser dans mon champ de vision. Il faut que je remonte d'urgence dans la voiture. Sans riposter, je fais le tour de la Volvo et m'assieds côté passager. Je verrouille la porte et reprends mon souffle. Mon cœur bat la chamade et je sens des gouttes de sueur perler à mon front. Il faut que je me calme et que je me casse d'ici avant de défaillir. J'enjambe avec difficulté la console centrale pour passer ma jambe gauche du côté conducteur, puis, m'agrippant au volant, je me hisse de toutes mes forces à ma place. Au passage, le levier de vitesses me broie ce que les garçons ont de plus sensibles (non, ce n'est pas le cœur !). La douleur est si violente que je manque de m'évanouir. Il me faut quelques minutes pour reprendre mes esprits et ma respiration. Après un moment, je tente de faire passer ma jambe droite côté conducteur quand la voiture qui m'empêchait de monter démarre et s'en va, me laissant là, empêtré entre le volant et le levier de vitesse, la rage au ventre, les bijoux de famille en déroute et une boule dans la gorge, prêt à fondre en larmes.

Je suis anéanti par la férocité de cette femme. Je lui demandais juste d'avoir un peu plus de respect pour les autres et elle m'a attaqué sur mon physique… Je ne comprends plus le monde qui m'entoure… Si Gloria avait été là, je ne vous explique même pas le carnage qu'elle aurait fait! Mais moi, comme d'habitude, je me suis dégonflé. Je n'ai pas osé faire de scandale et cela me ronge maintenant. La rage monte en moi, mais c'est trop tard.

Pourquoi est-ce que je n'arrive jamais à exprimer ma colère au moment voulu ? Le temps que je trouve quelque chose à répliquer à ce genre d'agression l'autre est déjà loin.

Après maintes contorsions, je réussis à m'installer au volant et je déguerpis avant que quelqu'un d'autre ne vienne se garer derrière moi et m'empêche de m'enfuir. Je ne pensais pas que cette virée à la Poste allait être une telle épreuve, sinon je ne serais jamais venu jusqu'ici et tant pis pour la majoration. J'aime encore mieux payer que de me faire humilier !

Je ne sais pas si c'est à cause de cette sale bonne femme ou parce que je me sens comme un handicapé de la vie ou encore si c'est de vous avoir parlé de Maxence mais j'ai un coup de blues moi. Ça me fait souvent ça quand je parle de lui…

Au début de notre histoire, je lui avais demandé s'il se prostituait, en raison de son attitude avec les invités dans la villa sicilienne. Il s'était un peu vexé et avait fini par me dire qu'il jouait la potiche pour faire plaisir à Fabio à qui il devait beaucoup. Ce dernier aimait bien provoquer et ça le faisait marrer qu'on dise qu'il y avait chez lui de jeunes et beaux garçons comme des statues grecques. Maxence était modèle et gogo danseur à l'époque, il exhibait son corps sans pudeur, il avait l'habitude d'être l'objet de toutes les attentions. Le processus d'auto destruction était déjà engagé. J'ai finis par apprendre que Fabio était de la famille d'Armand, un cousin éloigné ou quelque chose comme ça, et qu'il avait été le seul à le soutenir après l'accident, alors que toute la famille et les amis d'Armand s'étaient retournés contre Maxence, l'accusant d'être responsable de l'accident. Maxence en avait beaucoup souffert, lui qui avait tout perdu en perdant son amant. Non seulement Fabio l'avait défendu face à la meute mais il l'avait aussi aidé financièrement, l'avait hébergé et lui avait fait rencontrer des personnes influentes qui l'avaient épaulé pour qu'il s'en sorte. Maxence lui en était à jamais reconnaissant. Je crois pour ma part qu'il se sentait coupable et qu'il payait sa dette en payant de sa personne. Qui plus est, Fabio lui fournissait la drogue dont il ne pouvait plus se passer depuis l'accident. Une sorte de cercle vicieux avilissant qui le tirait encore un peu plus vers le bas.

Lui, il se drogue ; moi, je bouffe. Un suicide à petit feu, chacun dans son genre.

J'ai conscience que c'est son absence que j'essaye de compenser par la nourriture, mais plus je compense et plus il s'éloigne. Ça se mord la queue ! Il faudrait que je réussisse à sauver ma peau, mais je n'en reviens tellement pas d'avoir pu séduire un mec comme ça que je n'arrive pas à lâcher l'affaire. Je m'accroche à mes souvenirs comme un naufragé à une bouée de sauvetage, sans vouloir regarder la vérité en face et reconnaître que Max ne m'est d'aucun secours. Au contraire, il m'entraîne inexorablement vers le fond jusqu'à la noyade totale et définitive. Jusque là, je suffoque mais j'arrive encore à respirer. Alors, contre vents et marées, je continue...

J'ai une envie furieuse de lui parler tout à coup, comme à chaque fois que l'on me fait du mal. J'ai besoin de l'entendre, de sentir sa présence, de reformer notre bulle protectrice. Je me jette sur mon téléphone portable et compose son numéro. Je suis incapable de dire s'il sera réveillé, où il sera, avec qui... Il est mon compagnon depuis plus de huit ans et je ne sais rien de sa vie.

Mon sentiment d'abandon atteint son paroxysme lorsque je tombe sur sa boite vocale après quatre sonneries restées sans réponse. Je laisse un message expliquant que je me suis fait agresser, que je me sens mal, que je n'en peux plus, que je suis fatigué et que… Je voulais ajouter que j'avais besoin de lui mais à chaque fois que j'ai envie de lui dire ce genre de trucs, je trouve ça ridicule et je me tais. Faut que ça vienne de lui. C'est lui qui donne le top départ pour qu'on se dise les choses les plus adorables du monde. Si c'est moi qui lui fais une déclaration d'amour il trouve ça douteux et se demande ce que j'ai à me reprocher et ça peut vite tourner au cauchemar. Ou bien il me dit que je suis trop « collant », expression qu'employait déjà ma mère quand j'étais enfant et que je quémandais un peu de son affection… S'il savait comme cette phrase me blesse, comme un coup de poignard dans le plexus…

Je ne me fais pas d'illusion ; après ce genre de message il peut me rappeler dans la minute, ou alors, ça peut prendre plusieurs jours. Une semaine… Il est tellement imprévisible. Je sais qu'à sa façon il m'aime de manière irraisonnée et irrévocable. Mais notre relation est si compliquée… Ça serait peut-être plus simple si on vivait ensemble, il me l'a déjà proposé, mais il change d'avis le lendemain et moi je ne sais pas si c'est une bonne idée et si j'en ai envie. Vivre avec Gloria, c'est comme une soupape qui me permet de respirer, de reprendre mon souffle. Tout est facile avec elle, alors que tout est épuisant avec Maxence… Depuis huit ans, Gloria, qui continue d'appeler mon cher et tendre Maxwell, persiste à dire (même si elle ne le dit plus aussi fort qu'autrefois) que les cartes sont formelles : Maxwell et moi sommes faits l'un pour l'autre.

Ça va marcher entre nous, c'est incontestable ! Ça a bien marché en effet, mais c'est du passé.

J'ai beau me moquer d'elle, ses prédictions s'avèrent généralement exactes. Je crois qu'au fond, si je garde l'espoir qu'un jour notre histoire renaîtra de la léthargie dans laquelle elle s'abîme, c'est parce qu'elle, elle y croit dur comme fer.

En arrivant dans le jardin, je constate que la moto de Victor est là et ça me réconforte qu'il soit rentré. Je suis toujours soulagé de le voir, de savoir qu'il est là au cas où il y aurait un problème…

Nous avons acheté cette maison en bordure de Paris il y a un peu plus de trois ans. Gloria et moi avions compris qu'à part un improbable miracle, il était clair que personne ne voudrait de nous et que nous finirions nos vies ensemble, comme deux âmes sœurs, l'une alcoolique, l'autre boulimique. Il fallait bien se rendre à l'évidence ; même si elle avait de nombreux amants, tels des vampires apeurés par la l'aube, ils disparaissaient dès potron minet ; et même si l'on ne pouvait pas vraiment me qualifier de célibataire, dans les faits, je passais la majeure partie de mon temps en compagnie de mon chat et de ma « divine » copine plutôt que dans les bras de mon officiel.

J'en avais assez de vivre à Paris et, bien que notre petit appartement de Saint Sulpice soit confortable, j'étouffais dans cette ville dont je n'étais pas originaire et dans laquelle je restais juste pour être près de

Maxence. Et de ma mère, accessoirement… Je savais que si je partais, il le vivrait très mal et me menacerait de se tuer. Peut-être le ferait il réellement d'ailleurs. Mais n'était-il pas temps que je m'occupe enfin de moi ? Que je mette fin à cette relation destructrice et sans issue pour pouvoir m'en sortir ? Plusieurs fois, je l'avais menacé de retourner à Cannes espérant déclencher chez lui une envie de s'en sortir, de nous sauver. Mais cela déclenchait l'effet inverse. Maxence me poussait à m'en aller, trop fier pour me prier de rester, mais je n'avais jamais réussi à partir. Prendre une telle décision était au dessus de mes forces et il le savait.

De son côté, Gloria se désolait de me voir me morfondre. Un soir, elle rentra tôt, ce qui n'était pas dans ses habitudes. Comme je m'en étonnai, elle me dit :

« T'emballe pas mon p'tit chat, je ressors, mais je voulais absolument te parler de quelque chose de sérieux et ça pouvait pas attendre.

- Qu'est ce qui se passe de si urgent ? T'es en cloque ?

- Houlà malheureux, va pas m'porter le mauvais œil ! Nan, c'est pas un gnome, mais ça concerne l'avenir, notre avenir à tous les deux !

- Un avenir ? J'ai donc un avenir ; en voilà une bonne nouvelle ! Parle donc, ma bonne fée, j'ai hâte d'en savoir plus.

- J'ai trouvé la formule magique pour te rendre le sourire, fidèle compagnon. Figures toi que j'ai rencontré un vieux pote à moi, Victor. Un type extra. Genre néo-rock tendance baba, tu vois ?

- Pas bien, non… Et alors il va comment ton Paul Emile ?

- Victor j'te dis !

- C'est pas grave, laisse tomber… Et alors ?

- Eh bien figure-toi que Victor divorce.

- Ah, c'est moche…

- Mais non, c'est génial au contraire. *Gé-nial* ! Sa femme est une coincée *bessbège* casse-bonbons et ça fait des années qu'il la trompe. En fait, ils ont eu une Charlotte et du coup, ils se sont mariés. Mais Victor il s'en fout de *c'te meuf*. C'était sa gonzesse mais c'est tout. *De fil en anguille*, il s'est retrouvé papa, puis marié à cette poule pondeuse. Mais c'est pas son truc. Lui, il veut pas s'attacher, tu vois, il est libre Victor !

- Tiens, j'en connais un autre qui est libre, il s'appelle Max ! D'ailleurs on pourrait en faire une chanson. Ça f'rait : « Il est liiiibre, Max ! »

- *Camembert* ! J'te cause sérieux là !

- Ok ! Mais jusque-là tout ce que tu me racontes est plutôt sordide et je ne vois pas en quoi ça concerne « notre avenir » comme tu dis ?

- Ça vient mon lapin, mais si tu ne m'interrompais pas tout le temps aussi, t'aurais déjà tout *branlé*.

- *D'accod'ac*, je la ferme.

- Alors voilà : Victor a une super bicoque aux portes de Paris, à une vingtaine de minutes. C'est vachement classe, tu vois, genre manoir avec de la vigne vierge, une allée de platanes et la rase campagne a perte de vue ; le trip *gentleman-farmer* quoi.

- Ah ouais, à vingt minutes du périph', la pleine campagne, j'ai des doutes, mais bon.

- Et dans c'te propriété, y'a la maison de maître qui trône au milieu du domaine et à côté y'a des granges où Victor a installé son atelier.

- C'est un véritable château ce que tu me décris.

- Mouais, *grosso merdo*, genre château de Moulinsart, comme dans Tintin tu vois, avec des animaux, sauf qu'y'a plus d'animaux. Enfin j'sais pas. Et pis on s'en fout !

- Eh bien, jusque-là, il en a de la chance ton ami. Et nous qu'est ce qu'on vient faire dans cette histoire ?

- Ben il a *le cul entre deux chemises* parce qu'il l'aime bien sa baraque et il voudrait la garder mais il est obligé d'la vendre. Il doit donner des ronds à sa mégère pour des histoires de pension de j'sais pas quoi. Mais comme il a pas de tunes, il peut pas. Donc, y vend une partie de sa chaumière le bougre !

- Laisse moi deviner ; ce qui te trotte dans la tête, c'est qu'on aille habiter là-bas avec ton pote et qu'on élève des chèvres, c'est ça ?

- Ah ? Tu crois qu'on peut élever des chèvres ? C'est cool ; aime bien les chèvres moi, ch'ais pas pourquoi, ça m'fait trop marrer les chèvres... Bref, on a tout réglé avec Victor. Tu vas voir, c'est *chanmé* ! Alors voilà ; l'idée c'est que toi et moi, on rachète la maison et Victor, il s'installe dans les granges. *Top moumoute* ma caille, genre Monsieur le Duc et Madame la Baronne, imagine le *kiff* d'enfer ! C'est gigantesque, on peut prendre un étage chacun. Un château pour deux princesses ! La vraie vie, quoi. Génial ! J'y suis déjà allée une fois faire la fiesta.

- Et alors, c'est comment ? C'est « Gé-nial » ?

- Bah, en fait, j'm'en souviens plus.

- Ça c'est l'info qui tue.

- Mais réfléchis : toi t'en as marre de Paris, tu dis que notre appart' est trop petit, tu veux de la nature, des chiens, et patati et *patatra*...

- Et patati et patata !

- Si tu veux mon neveu, mais sache que moi ça va me prendre la tête vite fait *bien frais* si je m'éloigne de Paname. Ceci étant, et bien que tu sois vraiment d'une *chianli* épouvantable et le pire emmerdeur que je *connasse*, y'à que toi qui me supporte. Alors voilà : t'as plus qu'à craquer le *compte Lévi* que grand-maman t'a légué et à nous la vie de château !

- On dit un « Codévi ».

- Ok, génial. En tout cas, Victor est complètement partant. Il adore le concept.

- C'est bien, je suis content pour lui. Bah tiens, pas fou le mec ; il a trouvé deux pigeons pour qu'il puisse garder son taudis et culbuter une nouvelle conquête tous les soirs, tout en versant la pension de bobonne qui reste à torcher la gamine ; tu ne crois pas qu'il va les laisser filer ! Eh bien moi, sauf vot'respect m'dame la Baronne, je ne marche pas ! Je n'ai pas envie de vivre dans un baisodrome au milieu des pissenlits : c'est non !

- *Jette pas la peau de l'ours avec l'eau du bain!* T'es tellement parano que ça te vrille le ciboulot. Allez, viens boire un verre t'y verras plus clair !

- Ah non, Gloria ! C'est pas parce que tu vas me faire boire que je serai d'accord avec toi. C'est non et puis c'est tout !

- *Nom d'une pipe au Bois :* c'que t'es *casse nouilles* quand tu t'y mets. Pense à « Le Chat » ; ça lui ferait faire du sport de courser les souris à ce gras du bide !

- N'essaye pas de me prendre par les sentiments.

- Pense à Maxwell. Si tu t'éloignes, ça va le faire flipper et il va rappliquer « *la queue entre les jambes* »! Ça se dit ça ?

- Ouais, pour une fois t'as bon, mais je te trouve dégueulasse d'utiliser Maxence pour arriver à tes fins.

- Mais au contraire, je me sacrifie pour toi ! Moi je suis très bien ici, c'est toi qui veux partir. Je trouve l'endroit idéal pour que tu t'épanouisses enfin et que tu construises une vie saine, avec ton mec, et toi, tu percutes pas. Non mais j'hallucine. Y'a que moi qui suis lucide dans cette histoire, j'te jure. Fais moi confiance Do, je sens qu'il faut la prendre cette baraque. Ne me demande pas pourquoi ; je le sais, c'est tout.

   - T'es en plein délire ma pauvre amie ; il faudrait que je m'endette pendant des siècles sur une de tes intuitions ? Alors écoute-moi bien madame Irma : je n'irai jamais habiter dans ce lupanar. C'est non, un point c'est tout ! Et tu sais que je n'ai qu'une parole : quand je dis non, c'est non ! »

Trois mois après cette crise d'autorité, nous emménagions dans ce petit coin de paradis à une vingtaine de minutes de Paris. Ça, c'était vrai. En revanche, le soit-disant château, n'était en fait qu'une vieille ferme délabrée où tout était à refaire, mais il s'en dégageait une atmosphère zen et bienfaitrice, même si l'expression « rase campagne » que Gloria avait utilisée pour me vendre son idée était quelque peu galvaudée. Disons qu'il y avait en effet quelques terrains vagues qui entouraient la propriété pour se transformer d'un coup en zones commerciales laides et vulgaires où la surconsommation imposait son dictat.

Mais bon, c'est vrai que c'était assez génial. Ça m'a tout de suite plu. La première fois que j'y suis allé, j'ai eu le sentiment étrange de rentrer chez moi après une interminable errance. Gloria avait raison, cette maison était faite pour nous. Elle s'est même décidée à passer son permis de conduire, ce qui m'apporta la confirmation qu'elle ne l'avait pas lors de notre escapade sicilienne. Et au grand étonnement de tous, elle a réussi à l'avoir du premier coup ! On ne saura jamais comment elle s'est débrouillée, elle reste muette « *comme une taupe* » sur le sujet. Elle a ralenti sa consommation d'alcool pendant un temps, à la grande stupéfaction générale, mais quand elle a eu un peu plus confiance au volant, elle a repris son rythme habituel, ce qui, cette fois, n'a surpris personne. J'ai beau la mettre en garde, lui proposer de venir la chercher, elle n'en fait qu'à sa tête : « C'est pas mon karma d'avoir un accident de bagnole. » Face à ce genre d'argument, on ne peut pas combattre...

J'avais hérité d'une somme relativement importante à la mort de ma grand-mère et, contre toute attente, ma mère m'avait proposé ce qui me manquait pour acquérir ma partie de la maison. Avec cet argent je pense qu'elle essayait de réparer le trou abyssal que son absence a creusé en moi. Je me suis longuement posé la question si je devais accepter ce financement. Dans un premier temps, l'orgueil me faisait dire que je pouvais m'en sortir sans elle, que je n'avais pas besoin d'elle. Puis Gloria a décidé que je devais la faire payer, qu'elle me devait bien ça après tout, et même plus puisqu'elle continuait à me rejeter. J'ai donc considéré ce fric comme une sorte d'indemnisation pour mauvais traitement affectif.

Quant à Gloria, elle était bien plus riche que je ne le supposais. Je ne sais pas d'où elle a sorti son fric, mais en plus de payer cash la moitié de la maison, elle s'est offerte une Mini neuve qui, au bout de six mois, semblait plus vieille que ma Volvo de plus 20 ans.

« Faut pas être matérialiste, c'est mauvais pour le salut de ton âme, fais-moi confiance. Ça te détourne de l'essentiel ! » me dit-elle quand je lui parle de sa voiture.

« Et c'est quoi l'essentiel selon toi ?

- L'amour ! *What else ?* »

Nous avons divisé la maison de la manière suivante : tout le bas est en commun et, en haut de l'escalier qui partage la maison en deux parties quasiment égales, à droite, c'est chez elle, à gauche, c'est chez moi. Cette répartition nous permet d'avoir notre intimité tout en cohabitant, même si ma vie intime est réduite à sa plus simple expression.

Depuis que je ne travaille plus, les travaux de ce lieu que nous avons pris l'habitude d'appeler « *la ferme* » ont un peu avancé. Mais je crois que ça ne sera jamais vraiment fini et que la ferme restera en chantier *ad vitam aeternam*. En même temps, c'est comme ça qu'elle nous plaît et qu'on s'y sent bien. Notre maison est en perpétuelle construction ; comme nous.

C'est en la visitant la première fois que j'ai fait la connaissance de Victor. Victor, c'est le genre de personnage qui dégage ce truc indéfinissable et fort qui donne l'impression qu'il a toujours été là, à nos côtés. On sait immédiatement qu'il a un rôle à jouer dans notre vie et qu'il va en faire partie à tout jamais.

Comment décrire ce type indescriptible ?

Déjà, il faut savoir que Victor n'a pas d'âge. C'est un éternel adolescent. On lui donne entre 18 et 25 ans, alors qu'il a dépassé la quarantaine depuis belle lurette ; vous voyez le tableau. Il a beau être adulte, il n'est pas fini. En cours de construction, comme sa maison devenue la nôtre. C'est un grand escogriffe de presque deux mètres, brun, les cheveux continuellement en bataille. Je ne sais pas s'il s'est peigné ne serait-ce qu'une fois depuis les dix dernières années, mais j'ai ma petite idée là-dessus. Ce que Gloria décrit par « un genre néo-rock tendance baba » signifie en fait qu'il porte un jeans, un T-shirt, des santiags et un blouson en cuir tous les jours de l'année, été comme hiver. Je dis bien « tous les jours », parce que la nuit, ça dépend. Il peut mettre une mini-jupe, une robe longue ou un body en cuir avec des cuissardes montant au ras des fesses et mettant son paquet en valeur ! En plus, il est tellement bien foutu que tout lui va ; y'a pas de justice… Parce que la particularité de Victor, c'est qu'il fait un nombre incroyable de métiers ; il est à la fois sculpteur, peintre, décorateur, mécanicien (spécialiste Triumph, attention, il tient à cette précision !), musicien et, cerise sur le gâteau, il est transformiste dans un petit cabaret. Ce type atypique est surtout un être magnifique qui illumine par sa douceur et sa gentillesse. Mais c'est un queutard ! Avec son air candide de jeune premier et ses robes longues, les femmes ne se méfient pas de lui et elles tombent comme des mouches. Je n'ai jamais vu pareil séducteur ! Ça défile dans la grange, croyez-moi. Pour garder sa liberté, au matin, lorsqu'une pauvre proie s'éveille dans son lit, encore toute étourdie par ce qu'elle vient de vivre, il use d'un stratagème immoral que je condamne, en vain ; il affirme qu'en fait il est gay, que je suis son mec et que si je m'aperçois qu'une fille a dormi là, je vais taper un scandale. Surtout que je suis mentalement déséquilibré et d'une violence inouïe. Sans compter que je suis capable de me suicider et que se sera un peu à cause d'elle. Il ajoute qu'il voudrait bien me quitter mais qu'il est coincé. Il reconnaît avoir cédé à une pulsion irrésistible en croisant la jeune femme en question tant elle est envoûtante, car c'est un homme après tout, et il a cru qu'elle pourrait l'aider à changer. Mais c'est trop dangereux et il vaut mieux pour elle qu'elle s'en aille et qu'elle l'oubli, même si lui ne l'oubliera jamais tout à fait … Le pire, c'est que ça marche ! A peine la donzelle est-elle partie qu'il a déjà oublié son prénom. Le lui avait il seulement demandé ? Puis, heureux d'être à nouveau peinard, il se replonge dans ses occupations, se réjouissant de m'avoir comme *coloc'* !

Nul n'est parfait…

Je gare la Volvo sous la grange et fais descendre les chiens qui filent directement à la porte de la maison. Comme elle est fermée, le petit donne des coups de pattes pour que quelqu'un l'entende et vienne leur ouvrir pendant que le gros signale leur présence par un « *wouaf* ! » tonitruant toutes les vingt secondes. Une collaboration efficace et bien rodée ! Finalement, la porte s'ouvre et ils font une fête monumentale à l'âme charitable qui a bien voulu leur ouvrir.

9

L'âme charitable qui laisse entrer les chiens, c'est Charlotte, la fille de Victor, qui vit avec nous le week-end. Victor et son ex-femme ont trouvé cet arrangement ; la maman s'occupe de sa fille toute la semaine et le week-end, c'est lui qui prend le relais, ce qui permet à *l'ex* de rejoindre son amoureux qui habite en Bretagne. Finalement, chacun s'y retrouve. Charlotte également puisqu'elle adore venir ici. C'est un bol de liberté pour elle. Elle peut faire tout ce qu'elle veut. En matière d'éducation, Victor est...

Comment dire ?

Qu'y a-t-il au-dessus de laxiste ?

Dans la mesure où il a déjà du mal à se gérer lui-même, ça parait évident qu'il est incapable de s'occuper de qui que ce soit d'autre... Du coup, il met en avant que selon « ses principes pédagogiques » (c'est le terme qu'il ose employer !) il faut laisser une entière liberté aux enfants pour qu'ils s'épanouissent pleinement ; une explication qui le dédouane de toute responsabilité et qui lui permet d'avoir la paix, et c'est là son vrai principe de vie.

Charlotte en a profité pour faire toutes sortes de bêtises au début, comme pour se venger du divorce de ses parents et montrer que cela la rendait malheureuse, mais maintenant qu'elle a plus de 6 ans et qu'elle a trouvé un certain équilibre dans cette maison de fous, elle commence à s'assagir et devient de plus en plus intéressante dans ses réflexions sur le monde des grandes personnes dans lequel elle ne comprend pas tout mais où elle fait preuve de beaucoup de bon sens, bien plus que bon nombre d'adultes de ma connaissance…

Elle est belle à croquer. Très grande pour son âge, brune aux cheveux longs avec de grands yeux bleus dissimulés derrière des lunettes Chanel à monture rouge, le tout dans un style avant-gardiste « *grungy-chic* » minutieusement élaboré par tata Gloria qui lui donne l'allure d'une petite *hippie-bobo-gothique* qui détone à côté des petites filles de son âge. Je crois que Charlotte s'en fout un peu ; elle laisse Gloria jouer à la poupée avec elle et lui offrir tout ce qu'elle, elle n'a pas eu quand elle était enfant. Phénomène classique. En réalité, Charlotte est beaucoup plus simple et pragmatique que nous trois qui survivons dans un équilibre précaire…

Nous nous entendons à merveille, Charlotte et moi. Il faut dire que je suis celui qui s'occupe d'elle d'un point de vue pratique. Son père est plus préoccupé par sa peinture, sa musique ou sa moto que par les repas de sa fille. Quant à Gloria, elle serait capable de lui offrir des cacahouètes et un grand verre de scotch pour son 4 heures ! Alors, celui qui veille sur elle, qui lui concocte des repas équilibrés, qui lui prépare un goûter digne de ce nom et lui raconte une histoire avant qu'elle s'endorme, c'est moi. Mais je ne m'en plains pas. Non seulement cette petite fille est adorable, mais en plus, je vois en elle l'enfant que je n'aurai jamais. Charlotte est un concentré de nos quatre personnalités, un savoureux mélange de ses parents, de Gloria et de moi… Je ne sais pas s'il faut s'en féliciter ou s'en inquiéter… Quelle femme deviendra-t-elle avec un tel héritage ?

« Do ! » s'écrit-elle en accourant vers moi, sachant très bien que si les chiens sont devant la porte, c'est que je ne suis pas loin. Elle connaît mes habitudes par cœur depuis le temps qu'on vit ensemble, elle et moi. Sa chambre est même dans ma partie de la maison. Je lui ai aménagé une petite pièce avec une grande fenêtre qui donne sur le jardin d'où elle peut voir les oiseaux venir voler les cerises en été, et les mêmes voraces qui viennent en hiver sur le rebord de sa fenêtre pour picorer le pain qu'elle émiette à leur intention.

Victor et moi avions rapidement décidé qu'elle serait plus au calme de mon côté. D'abord, chez lui c'est franchement sale ; la sciure de bois a remplacé le carrelage et il n'y a pas un endroit de libre dans ce qui lui sert d'habitation ; une grande mezzanine qui surplombe son atelier. On ne peut pas poser quoique ce soit sans être obligé de pousser le fourbi qui traîne un peu partout, ou entasser les uns sur les autres les objets divers et variés qui envahissent l'espace. Sans parler des cendriers qui dégueulent de mégots, ni des gaz d'échappement de sa moto ou de celles des copains quand ils font les réglages de je ne sais quoi… Une petite fille ne pouvait pas vivre dans ces conditions. J'ai donc proposé à Victor qu'on l'installe chez moi. Il a approuvé cette idée parce qu'en plus, ça lui permet de recevoir sans être gêné par la présence de sa fille. Même si Charlotte croise parfois ses conquêtes le matin, elle ne les a jamais surpris en plein coït ; c'est un moindre mal.

Avec ma vie sexuelle en friche, Charlotte peut donc dormir tranquille dans sa petite chambre qui jouxte la mienne. Même si je sais que ce sera éphémère, je suis heureux d'être devenu comme un deuxième papa pour cette fillette. L'amour qu'elle me donne est extraordinaire. Je ne crois pas que quelqu'un puisse vous aimer autant qu'un enfant. C'est incomparable ce que l'on ressent quand on est aimé comme ça, sans jugement, sans condition, de la manière la plus pure et la plus infinie qui soit. Tout devient possible. On se sent investi d'une mission incroyable et on n'a pas peur d'échouer, on y va, fort et sûr de soi. C'est bien le seul moment où je me sens invulnérable… J'en suis le premier surpris mais s'occuper d'un gamin, ce n'est pas si compliqué que ça finalement. C'est assez instinctif. On a peur quand on ne connaît pas, mais dès qu'on est avec un enfant, ça coule de source.

Jusqu'à présent, avant qu'elle ne s'endorme, je lui racontais une histoire que j'imaginais au fur et à mesure, mais de plus en plus souvent, elle ne veut plus d'histoires inventées ; elle veut que nous parlions de la vie réelle. Alors elle me pose des questions, sur son papa, sa maman, sur Gloria, et souvent sur Maxence qui l'intrigue avec tous ces dessins sur sa peau. Elle sait que c'est mon amoureux et ça ne lui pose aucun problème. Les enfants n'ont pas cette intolérance vis-à-vis de l'homosexualité. C'est l'éducation et la Société qui rendent les gens étriqués dans leur conception de l'amour qualifié de « normal » ou « d'immoral », pour ne pas dire « d'anormal » … Par nature, l'enfant vit dans l'innocence et tant qu'il voit de l'amour autour de lui, il ne juge pas mal des compositions familiales hors normes. J'affirme même qu'elles l'aident à se construire, sans œillères, sans jugement négatif sur la différence, mais au contraire en comprenant que c'est une force, une richesse.

Ce qui la tourmente, c'est que Maxence n'est pas souvent là et que ça me rend triste. Parce qu'avant tout, c'est moi qui l'intéresse. Elle veut tout savoir de moi ; ce que je pense, ce que je fais, comment j'étais quand j'étais petit, ce que je voudrais faire quand je serais un grand. Ah oui, il faut savoir que pour Charlotte, je ne suis pas comme les autres. Dans sa tête, il y a les grands, c'est-à-dire les adultes, il y a aussi les petits, c'est-à-dire les autres enfants comme elle, et il y a moi. Moi, elle sait que je ne suis plus un petit, mais elle ne me voit pas tout à fait comme un grand. Alors je suis un « moyen », et en tant que « moyen » j'ai un avenir. Je peux par conséquent rêver à ce que je vais faire quand je serai passé dans le clan des grands !

Elle n'a pas tout à fait tort. C'est vrai que je suis dans une phase de transit, comme en attente de quelque chose qui me ferait sortir de ma torpeur pour entrer dans une nouvelle étape de mon existence...

On discute souvent de mon avenir, elle et moi, comme si elle s'inquiétait pour moi, comme une maman qui veille sur son fils. Si petite, elle a déjà cette bienveillance maternelle. Enfin, certaines mères en sont dépourvues... Pour me rassurer, elle me dit souvent que Maxence a beaucoup de choses à faire, mais qu'elle est certaine qu'un de ces jours il viendra habiter à la maison et qu'on sera vachement bien tous ensemble : elle, moi, Maxence, papa, maman et Philippe le copain de sa mère, Gloria, et les chiens : « Merlin et Waloo ». La maison du bonheur en quelque sorte...

Si j'avais un marteau...

Charlotte est ma plus petite amie, mais c'est la plus grande dans mon cœur et je ferai n'importe quoi pour cette fillette, elle me donne de la force et de l'assurance comme personne. Je m'enivre de ces moments de bonheur car je sais qu'elle va grandir, que les choses vont changer et qu'un jour elle finira par me balancer : « T'as rien à me dire ; t'es pas mon père ! »

Charlotte se jette dans mes bras. Elle est de plus en plus lourde et je commence à avoir du mal à la porter maintenant.

« Je suis arrivée !

– Ben oui, je vois. Coucou ma Charlotte aux pommes ! Mais quelle heure il est, dis donc ? Tu es en avance ou c'est moi qui n'ai pas vu l'heure passer ?

– Je suis en avance ! Tu sais pourquoi ?

– Non, je ne sais pas.

– Parce que je suis venue avec la moto de papa !

– Comment ça avec la moto ?

– Oui, je me suis assise devant papa et j'ai mis mes mains sur le volant de la moto ! Mais c'est papa qui conduisait bien sûr, moi je suis encore trop petite. Mais papa m'a dit que j'avais beaucoup le sens de l'équilibre et que plus tard je serai une très bonne motarde, et c'est papa qui m'achètera ma moto, et elle sera rouge !

– Oui, bah, on verra ça en temps et en heure. Pour le moment tes pieds ne touchent pas encore par terre, alors on a encore le temps de penser à la couleur de ta moto, tu crois pas ? Et pourquoi est-ce que c'est pas maman qui t'a accompagnée ?

– Elle est partie très tôt ce matin, et c'est la voisine qui m'a emmenée à l'école, et papa il est venu me chercher, et tu sais quoi ?

- Non, je ne sais pas, dis-moi.
- Viens, je vais te montrer ! »

Elle saute de mes bras et part en courant dans le living. Je referme la porte derrière moi et la suis. J'entends Gloria qui parle à tue-tête et Victor qui se marre tellement, qu'il tousse à s'en décrocher la plèvre. Ils sont tous les deux vautrés dans le canapé bleu, la clope au bec et une bouteille de vodka coincée entre deux coussins. Gloria a les jambes en l'air et semble être en train de mimer ses exploits sexuels de la veille. J'hallucine !

« Et *l'aut'* là, qui se trompait de trou ! Alors j'y dis : t'es pas dedans là ! Et lui : si, si, t'inquiète, c'est cool ! Et moi : bah non, c'est pas cool mec ! Tu veux m'enculer ou quoi ?
- Gloria ! » m'écrié-je en désignant la petite.

Victor n'en peut plus ! Il est à deux doigts de vomir sa vodka et de mourir étouffé.

« Regarde Do ! » me dit Charlotte en me montrant un casque de moto miniature indifférente aux pitreries habituelles de tata Gloria.

« Mais qu'est-ce que c'est que ça ? Il a rétréci au lavage ou quoi ? »

Elle éclate de rire.

« Mais non, tu fais le bête ! C'est mon casque que papa il m'a acheté ! Il est beau hein ! T'as vu il est rouge, comme ma moto que j'aurai !
- Il est très beau ma chérie et tu as beaucoup de chance. »

Tu parles d'une chance d'avoir un père inconscient qui emmène une gamine de 6 ans sur une moto et qui se bidonne à se faire pipi dessus à l'énumération des délires éthyliques d'une pseudo tata censée donner l'exemple… Si tu t'en sors petite, ça fera taire les mauvaises langues qui prônent une éducation classique, comme celle que j'ai reçu, moi qui suis dépressif, ou celle de Gloria qui, elle, est alcoolique ou encore à Maxence, avec un papa et une maman « bien comme il faut » et qui est le plus atteint de nous tous !

En tout cas, ce qu'on peut reconnaître, c'est qu'il y a de la vie dans cette maison, et même si c'est un peu n'importe quoi, il fait bon vivre ici. Je prends parfois conscience de la chance que j'ai d'être entouré de ceux que j'aime, même s'il en manque souvent un. Je profite toujours à fond de ces moments d'allégresse pressentant que cela ne durera pas.

Je m'assieds dans le sofa qui fait face au canapé bleu et regarde Gloria faire son numéro. Charlotte qui ne comprend pas tout rit aux éclats parce que tout le monde est joyeux et que ça l'a rend heureuse tout ce bonheur autour d'elle. C'est une drôle de famille, mais elle, elle ne connaît que celle-là et elle est heureuse au milieu de cette smala excentrique constituée d'une soiffarde, d'un queutard, d'une œuvre d'art ambulante et d'un *homo* obèse et dépressif ! Quatre grands enfants au fond…

Nous sommes tellement captivés par les descriptions précises de Gloria, qu'elle accompagne de gestes au cas où nous n'aurions pas bien compris, que ni moi, ni eux, ni même les chiens, n'entendons frapper à la porte. Ce n'est que lorsqu'il parle, arrivé au beau milieu du salon, que les chiens se mettent à aboyer et que nous sursautons, surpris que quelqu'un débarque sans que personne ne le remarque. On peut dormir tranquille avec de tels chiens de garde !

« Eh bien, il y a de l'ambiance ici ! On ne s'ennuie pas à ce que je vois ! »

Maxence !
Maxence est venu !

Mais qu'est ce qui se passe ce soir ?
C'est mon anniversaire ?
Ou bien ma dernière heure est arrivée et tous les gens que j'aime se sont réunis pour accompagner mon dernier souffle ?

« Chéri ! Oh quelle jolie surprise ! C'est bon de te voir ! »
Et là, *crac* : roulage de pelle dans le genre de ceux des séries débiles qui passent en boucle à la télé…
« Comment ça va ? » me demande-t-il.
« Ça va. Je suis content de te voir.
- Ton message m'a inquiété.
- J'ai eu un petit coup de mou, mais maintenant que tu es là, ça va super bien ! »

J'en reviens pas !
Il s'est inquiété pour moi ! Surtout que je ne me sentais pas si mal que ça. Je me suis souvent senti bien plus misérable, à en crever, et dans ces moments-là il ne s'inquiétait pas !

Qu'est ce qui lui arrive ?
Il a besoin de quelque chose ?

Il s'assoit avec nous. Je vais lui chercher un verre. Il retire son blouson et Charlotte file immédiatement sur ses genoux pour lui montrer son mini casque rouge. Je les regarde de la cuisine, le verre de Maxence à la main, un sourire béat au coin des lèvres. En fait, il ne m'en faut pas plus pour être heureux ; ne touchez à rien !

« Alors, j'ai pas le droit de boire quelque chose moi ? » dit Maxence en me regardant immobile dans la cuisine le verre à la main.

« T'es folle ou quoi ma poule ? » beugle Gloria. « Jamais de gosier sec dans c'te maison, ça porte malheur nom d'une pipe ! Tiens y'a ton *chéri-chéri* qui t'apporte un godet ! Viens donc que j'te rallume la chaudière ! » lui lance-t-elle sachant pourtant que Maxence ne boit jamais d'alcool, ce qu'elle a beaucoup de mal à intégrer… J'apporte une bouteille de jus de fruit pour lui et la petite alors que Gloria, en hôtesse bienveillante et attentive, verse dans les trois autres verres une copieuse rasade de vodka, en renversant un peu partout sur la table et sur le sol. Elle décide alors de finir la bouteille en déclarant : « C'qu'est dans mon verre s'ra pas par terre ! »

Je tente un timide : « Tu restes dîner avec nous ? » à l'attention de Maxence bien que je connaisse la réponse à l'avance.

« Bah oui, si tu m'invites.

- Je n'ai pas besoin de t'inviter, tu es ici chez toi.

- Alors dans ce cas, je resterais bien dormir aussi. »

Là, je crois finalement que ma dernière heure a vraiment sonné et que je vais y passer ! Vous préviendrez ma mère ; ce genre de scoop ça peut l'intéresser…

Il me décroche un petit sourire et je croise le regard de Gloria qui me fait un clin d'œil. Je n'ajoute rien de peur de casser la magie de cet instant. Charlotte, enthousiaste, crie « Ouais, trop bien si tu dors là ! » et c'est exactement ce que j'ai envie de crier moi aussi ! Je m'assois contre lui et l'embrasse furtivement comme pour le remercier d'être là et de rester. En fin de compte, il est encore très beau quand il est heureux… De toute façon, quoique j'en dise, et quoiqu'il arrive, à mes yeux, il est et restera le plus beau, même quand il aura 99 ans…

Je prépare le dîner pour tout mon petit monde avec l'aide précieuse de mon assistante de six ans « presque et demi » qui surveille tous mes faits et gestes, tout comme les quatre yeux de Waloo et Merlin, au cas où une miette tomberait sur le sol où elle ne resterait pas longtemps, immédiatement engloutie par ces deux gros aspirateurs à bouffe qui, cependant, ont un certain civisme entre eux : c'est chacun son tour, sauf si l'un d'eux a le malheur de regarder ailleurs au moment où quelque chose tombe et qu'il ne le remarque pas, ce qui n'arrive jamais tant ils sont hypnotisés par le mouvement de mes mains. Ils ne sont pas voleurs, mais il ne faudrait pas laisser traîner du jambon ou du chocolat à portée de museaux ! Un été, nous avions organisé un barbecue à la maison avec des amis de Gloria. Bien entendu, l'apéro s'était éternisé. Lorsque Victor s'était décidé à allumer le feu j'étais allé chercher dans la cuisine les plats de saucisses et autres merguez que j'avais préparés à l'avance et dont je ne me souciais plus, profitant de cette agréable soirée en bonne compagnie. C'était sans compter sur l'agilité des chiens qui avaient réussi à monter sur la table et, voyant que nous étions plus intéressés par de petites cacahuètes que par de bons morceaux de viande. Sans doute par souci de ne pas gâcher cette succulente nourriture, ils s'étaient donné pour mission de tout dévorer, ayant soin de bien nettoyer les plats pour que je n'ai pas à faire la vaisselle ! Cette soirée s'était alors transformée en *GPP : Garden-Pasta-Party*, un nouveau concept qui ravissait Gloria qui trouvait ça *so chic* de manger des « nouilles » au coin d'un feu de braise dans le jardin, entourée d'amis, de bons vins et de deux gros tonneaux poilus pleins comme des cochons. Contrarié sur le moment, j'ai fini par trouver ça drôle moi aussi, et en tout cas, cette soirée-là, on s'en souvient !

Depuis, je garde un œil sur eux quand ils se baladent à proximité de la cuisine. Quand Charlotte était plus petite, je restais près d'elle, car dès que j'avais le dos tourné, elle qui mettait habituellement un temps infini pour manger était soudainement prise d'une fringale incroyable qui lui faisait finir son assiette en quelques secondes ! Waloo et Merlin avaient l'air de deux innocents, assis de chaque côté de la petite. Il ne leur manquait plus qu'une auréole au-dessus de la tête !

Nous dînons tous ensemble comme une famille unie. Il y a beaucoup d'amour ce soir. On est tous très heureux d'être là. Une petite pause dans l'existence qui nous inonde le cœur d'un bien-être réparateur. Et si c'était tout simplement ça le bonheur ? Pourquoi chercher ailleurs ce qui est sous mon nez ? Et pourquoi diable ai-je toujours le sentiment au fond de moi que tout ceci ne tient qu'à un fil, que le bonheur est éphémère et que tout finira mal de toute façon ?

Je vais coucher Charlotte et lorsque je l'embrasse pour lui souhaiter bonne nuit, elle me chuchote : « Tu vois, je te l'avais bien dit que Maxence il viendrait habiter à la maison ! Fais-moi confiance, tu verras, y'a pas de problème, tout va bien. » Si ça pouvait être aussi simple…

Je ne sais pas s'il est venu pour vivre ici, mais ça fait du bien de savoir qu'il est là. Ce qu'elle ne sait pas, c'est que je ne tiens pas vraiment à ce qu'il soit ici à temps plein. Elle ne comprendrait pas comment on peut aimer quelqu'un et ne pas avoir envie de l'avoir quotidiennement près de soi. Pour être franc, je ne sais pas trop bien non plus ce qui me motive à refuser d'habiter avec lui. Depuis toujours je me dis que si nous vivions ensemble, notre histoire prendrait fin. Il n'est pas facile à gérer, et moi, certains jours, je vais tellement mal que je ne suis pas présentable, incapable d'échanger avec le monde extérieur, avec les autres, même avec mes proches. Alors je me dis que pour sauvegarder mon couple, il vaut mieux que chacun ait sa vie de son côté.

Je ne sais pas si j'ai raison de penser comme ça. Je tiens les gens que j'aime à distance, comme pour m'habituer à leur absence puisque tôt au tard ils m'abandonneront, inévitablement, comme l'ont fait mes parents, Anthony, Nanny… Je crois que je me fais du mal tout seul, et que je prends même un certain plaisir à m'enfermer dans cet isolement mortifère… Je ne sais pas pourquoi je fais ça, c'est plus fort que moi. Et puis, il n'a jamais fait la démarche de venir vivre avec moi. S'il débarquait avec ses valises, je serais bien incapable de le mettre dehors. Mais ce n'est jamais arrivé, alors j'attends.

Une fois la petite couchée, Maxence et moi décidons de faire de même avant que Gloria ne soit définitivement plus étanche et qu'elle décrète de nous traîner en boîte, ce qui ne devrait pas tarder car elle est déjà debout sur le canapé, une bouteille à la main en guise de micro dans lequel elle vocifère à pleins poumons :

« Mes copains m'appellent Cirrhooooseuuu !
Pourquoi 6 ?
Pourquoi pas 8 !!!! »

Alors qu'une petite fille dort dans la chambre d'à côté, nous nous blottissons l'un contre l'autre et nous embrassons langoureusement, en nous caressant doucement, sans faire de bruit pour ne pas la réveiller, comme le feraient des parents que nous ne sommes pourtant pas. Cette nuit est douce et sensuelle. Nous nous connaissons par cœur et nos corps sont bien l'un avec l'autre, comme deux âmes sœurs, deux cellules qui n'en forment plus qu'une, deux jumeaux qui deviennent une seule et même personne une fois réunis.

Parfois je me laisse aller à la folie de croire que tout est encore possible...

10

Le lendemain, aux petites heures du matin, à peine réveillé, je regarde Maxence dormir. Cela ne nous était pas arrivé depuis longtemps de passer la nuit ensemble. Il est encore pas mal, si sensuel comme ça, endormi à mes côtés. Il ne cherche pas à séduire pour une fois, il est naturel, abandonné, sans défense. Lui qui fait tout pour rester jeune et séduisant, c'est quand il ne fait rien que sa beauté saute aux yeux. A ce moment précis il n'appartient qu'à moi.

Je n'aurais jamais dû l'avoir ce mec ; il était trop beau pour moi. Il dégageait quelque chose de si fort, je n'étais pas à la hauteur, même lorsque j'étais plus jeune. Et pourtant, c'est avec moi qu'il est resté depuis toutes ces années, et c'est même avec moi qu'il a vécu le plus longtemps. Il a fallu adapter nos manières de vivre pour que cela puisse nous convenir à tous les deux. J'avoue que j'ai plus fait l'impasse sur mon idéal de vie que lui sur le sien. Mais il était si attendrissant que ça méritait bien quelques sacrifices.

Je reconnais qu'il ne s'agit pas de « quelques » sacrifices mais d'une multitude, mais ne dit-on pas que « quand on aime on ne compte pas » ? Et moi je l'aime comme un dingue ce type qui ne me respecte pas toujours mais qui finit inévitablement par revenir vers moi quand il est un peu trop perdu. C'est sa manière à lui de m'aimer. Adepte des répliques de films il me balance des phrases du genre « aime moi moins mais aime-moi longtemps » et moi ça me suffit pour replonger et passer l'éponge sur ces soirées que je passe seul à l'attendre

Quand je sens son corps contre mon corps, sa respiration calée sur la mienne, j'ai l'impression de ne faire qu'un, une seule et même personne, et là enfin, je vis. Je me serre contre son corps musclé et chaud, je colle mes lèvres sur sa nuque et laisse courir le bout de ma langue sur sa peau, comme le font les enfants qui sucent un roudoudou bien serré dans le creux de leur main. Moi, mon roudoudou, c'est lui. J'aime le goût de sa peau. Je finis par me rendormir, bien calé contre mon amoureux, moi qui ai du mal à dormir avec quelqu'un à présent, comme un vieux célibataire que je deviens au fur et à mesure qu'il m'oublie.

Je me réveille une heure plus tard et décide de me lever pour préparer le petit déjeuner de la petite en prenant garde de ne pas éveiller le grand qui dort comme un bébé dans mon lit. Il a l'air tellement bien, à l'abri, tranquille, enfin. J'aimerais avoir la recette magique pour préserver cette sérénité qui se lit sur son visage, lui qui semble continuellement perdu dès qu'il reprend conscience. Il n'y a que dans ses rêves qu'il semble tranquille.

De qui rêve-t-il ?
D'Armand ?

Tu crois quand même pas que c'est de toi et de tes 100 kg !

Je passe par la salle de bain attenante à ma chambre, puis je descends et laisse sortir les chiens dans le jardin. Il est neuf heures et personne n'est encore debout. Je sais que Charlotte ne va pas tarder. Elle doit déjà être réveillée mais elle attend d'entendre du bruit pour se lever. Les gamins ne dorment jamais très tard le week-end alors qu'il est impossible de les lever durant la semaine quand ils doivent aller à l'école. Moi aussi je suis un peu comme ça alors que ça fait un bail que je ne vais plus à l'école…

Je reste admiratif de Marie-Jo, la maman de Charlotte, qui assume sa fille au quotidien, toute la semaine, en plus de son boulot d'infirmière dans un hôpital au cœur de Paris. Elle s'occupe très bien de la petite et Victor a eu de la chance de tomber sur cette femme qui, en dépit du mal qu'il lui a fait lorsqu'ils se sont séparés, lui a foutu une paix royale et a accepté toutes ses conditions. Pour lui, c'est plutôt tranquille : Marie-Jo s'occupe de sa fille toute la semaine et moi je prends le relais le week-end ! Je ne proteste pas, au contraire, je me réjouis de la chance que j'ai de voir grandir une petite princesse à mes côtés. Victor, pour sa part, apprend à sa gamine à faire de la moto, c'est un autre type d'éducation… C'est un papa d'un genre un peu spécial, soit, mais c'est un super papa qui adore sa fille ; jusque-là rien de surprenant, j'en conviens, pourtant, moi, je n'ai pas eu cette chance, alors ça m'interpelle, forcément. Si j'assume le quotidien de Charlotte d'un point de vue pragmatique, son père lui assure un avenir fait de créativité, d'imaginaire, de fantastique, le tout agrémenté de musique, de peinture, et, accessoirement, de mécanique… Tout ce dont elle aura besoin plus tard quand elle sera devenue une femme et que, grâce à lui, elle aura conservé ses yeux d'enfant pour regarder le monde avec humour et légèreté. C'est un cadeau inestimable que lui fait Victor.

Quand elle s'intéresse à la mécanique, son père, fier, lui prédit un avenir de championne de course ! Quand elle rentre pleine de peinture affichant son œuvre encore fraîche, le même dit avec des trémolos dans la voix qu'elle sera une grande artiste ! Quoi qu'elle fasse, de toute façon, elle sera extraordinaire… Il le dit sans prétention, juste parce qu'il en est dingue et qu'il espère qu'elle lui ressemblera un peu quand elle sera grande, comme tous les papas du monde j'imagine, enfin, presque tous…

Le tien, il serait à nouveau mort de rire s'il voyait c'que t'es devenu : rien ! Il l'avait senti en te donnant ce prénom stupide !

Moi, je ne sais pas si Charlotte sera une grande championne, une artiste peintre, une guitariste célèbre ou bien aventurière, trapéziste ou caissière ; mais ce que je sais, c'est que son père restera son meilleur ami parce que c'est un papa extravagant et un peu fou qui la vaccine contre l'étroitesse d'esprit. Victor lui prépare un brillant avenir puisque grâce à lui, Charlotte ne sera jamais médiocre. Elle ira toujours là où les choses brillent, là où ça l'intéresse, ne portera pas de jugement hâtif, et ne se contentera jamais de quelque chose qui ne la rend pas heureuse. Cette quête complique un peu la vie mais ça la rend tellement plus excitante que c'est un cadeau précieux quand on a compris comment s'en servir. Et elle, elle a déjà tout compris !

Justement, la voilà qui descend l'escalier et c'est comme un rayon de soleil qui inonde la pièce ! Elle me voit et elle sourit déjà. Comme c'est agréable quelqu'un de bonne humeur dès le matin, je peux vous le dire, moi qui vis depuis douze ans avec un monstre grincheux et grognon au réveil ; une plage horaire qui oscille entre 10 et 14 heures ! J'ai rarement vu Gloria se lever avant, et lorsque c'est arrivé, j'ai préféré fuir. Les seules fois où nous nous croisons avant 10 heures, c'est quand elle, elle rentre et que moi, je me lève. Il existe un décalage horaire entre Gloria et les habitants de l'hémisphère dans laquelle elle se trouve ; elle vit à l'heure de l'autre partie du monde. Lorsqu'elle voyage et qu'elle se retrouve de l'autre côté de la Terre, nous avons enfin les mêmes horaires elle et moi, sauf que moi je suis resté à Paris et qu'elle, elle continue à être décalée par rapport à ceux qui l'entourent.

Charlotte vient vers moi. Je me penche pour l'embrasser. Elle passe ses bras autour de mon cou et veut que je la porte, ce qui n'est pas recommandé pour mon dos fatigué qui souffre déjà de ma surcharge pondérale. Je cède et la prends dans mes bras ; elle adore ça, c'est son côté bébé, un des rares qui lui restent.

« Tu sais à quoi j'ai pensé ? » me dit-elle.

« Non, à quoi as-tu pensé ma Charlotte aux pommes ?

- Je me disais que, comme Maxence il est là, ça lui ferait sûrement plaisir de manger des croissants. C'est bon les croissants. Alors j'ai pensé qu'on pourrait aller acheter des croissants tout chauds pour Maxence pour qu'il se sente vraiment bien ici et comme ça il n'aura plus envie de s'en aller. »

Moi je trouve épatant qu'une fillette de cet âge pense aux autres, à ceux qu'elle aime, et qu'elle échafaude des scénarios pour tenter de les rendre heureux. Se dire que faire plaisir à Maxence lui donnerait envie de rester et que, par conséquent, cela me rendrait heureux, est une belle preuve de générosité. Ça m'enchante qu'elle prenne soin des autres. Je trouve que les enfants ont une réelle pureté d'âme avant d'être pollués par le monde égocentrique et cupide qu'ont créé les adultes. Nous devrions nous en inspirer et regarder régulièrement le monde à travers les yeux de l'enfance, ça nous éviterait de devenir des monstres arrogants, sans scrupules, avides de fric et de pouvoir, et qui pourtant, au fond d'eux mêmes, demeurent si malheureux. Je ne voudrais pas retourner en arrière mais j'aimerais tellement retrouver cette légèreté et l'amour de la vie que j'avais enfant. J'avais tout l'avenir devant moi et tout m'apparaissait possible, alors qu'aujourd'hui je me sens coincé, vieux, épuisé, sans plus de rêves, sans but ni illusion...

La perspective d'aller chez le boulanger ne m'emballe pas. Pourtant, étrangement, lorsque je suis avec Charlotte, je me sens plus en confiance, comme si j'avais une mission ; celle de prendre soin d'elle, de la protéger, et cela développe en moi une sorte d'instinct animal qui me rend invincible, et je peux sortir sans trop de craintes, attitude que je n'arrive pas à développer pour moi-même...

J'accepte sa proposition :

« Ça, c'est une super idée, ma grande. Va vite t'habiller et on file à la boulangerie acheter des croissants et du bon pain frais !

- Ouais ! Et *p't'ête* qu'on achètera des bonbons pour mon papa ?

- Ouais, *p't'ête*. Et toi, t'en mangeras pas ?

- Bah si, un peu, ceux que papa il aime pas.

- Ouais, c'est ça ! Aller file, crapule, va te préparer, moi je t'attends dehors, dans la voiture, mais si tu n'es pas là dans cinq minutes ; je pars sans toi !

- Oh non, dis, c'est pas juste ! C'est mon idée, t'as pas le droit d'y aller sans moi ! Tu m'attends, je ne serai pas longue, tu verras je vais faire très vite ! Tu m'attends hein ?

- Ok, *d'ac* ! Mais tu te dépêches.

- Oui, oui ! » crie-t-elle en courant à toute vitesse vers l'escalier qu'elle gravit à toute allure.

Comme les deux chiens ont eux aussi une irrésistible envie d'aller faire un tour à la boulangerie, je les prends avec moi et c'est « en famille », les chiens dans le coffre, Charlotte sur la banquette arrière, entre les deux sièges avant pour continuer à me faire la conversation, et moi au volant du break, que nous allons faire cette grande sortie jusqu'au centre-ville, à moins de cinq kilomètres...

Évidemment, avec Charlotte, tout prend plus de temps, car il faut s'arrêter partout pour regarder ce qu'il y a dans les vitrines, qu'elle me montre chez le marchand de journaux une revue qui parle de son chanteur préféré ou le petit collier qu'a une de ses copines à l'école et qui est vachement joli... C'est comme ça que, de fil en aiguille, partis pour acheter des croissants et du pain, nous finissons dans des conversations interminables et que notre balade de dix minutes se transforme en une promenade d'une heure.

De retour dans la cour, je remarque immédiatement que le scooter de Maxence n'est plus là. Un frisson remonte le long de mon échine et une douloureuse vague glacée transperce mon cœur. Ma tristesse s'imprime physiquement sur mon corps. Je dois avoir changé de physionomie car Charlotte me fait un léger sourire et baisse les yeux. Elle comprend ma déception mais a l'intelligence de ne rien dire.

Nous descendons de la voiture, j'ouvre le hayon pour faire descendre les chiens et elle me dit :

« Ce que je te propose, c'est qu'on prenne un petit-déjeuner vite fait et après on peut se regarder le DVD que j'ai apporté. C'est vachement bien. Ça parle d'une éponge qui vit sous la mer. Ça te dit ? »

Perspicace, elle a compris que Maxence est parti, elle n'en parle plus, et comme elle sait que je suis contrarié, elle trouve une occupation pour me changer les idées ; une vraie *petite meilleure amie* ! Elle me donne la main pour aller jusqu'à la maison et tente de me réconforter comme elle peut : « On va bien s'amuser tu vas voir ! » Par chance, nous sommes là l'un pour l'autre pendant que sa mère est avec son amant, son père dans le fond de son lit avec Dieu sait qui et que mon amoureux est reparti Dieu sait où…

Dans l'après-midi, Gloria décide d'aller voir un film, ce qui me laisse pantois ; elle n'a pas remis les pieds dans un cinéma depuis « *The Rocky Horror Picture Show* » il y a plus de trente ans ! Bien que surpris par cette nouvelle lubie, j'accepte sa proposition ; ça fait tellement plaisir à la petite. Quant à moi, tant que je suis accompagné et dans l'obscurité, ça va, je suis rassuré.

Nous allons voir un Walt Disney pour Charlotte, mais celle-ci, comme moi et comme les trois quarts des spectateurs, garde les yeux rivés sur Gloria qui éclate de rire à gorge déployée à chaque scène qu'elle trouve drôle (et elle est la seule), et qui fond en larmes au moindre passage triste. Petits et grands restent bouche bée, impressionnés, mais pas par le film projeté !

En sortant, les paupières gonflées et le mouchoir à la main, elle n'arrête plus de pleurer en répétant sans cesse : « Que je suis conne, purin de peau de zob ! Mais qu'est-ce que j'suis conne à chialer comme ça ! » Ce qui me conforte dans l'idée que cette femme intrépide cache au fond d'elle une enfant égarée. La petite Charlotte essaye de la rassurer en lui disant que « c'était pour de faux », mais rien n'y fait ; Gloria *Cœur d'Artichaut* se vide de toutes les larmes qu'elle a engrangées depuis des lustres. Une vraie fontaine ! Comme si ce film venait d'ouvrir une vanne sur un douloureux souvenir d'enfance jamais cicatrisé.

Heureusement, moi je sais parler à cette âme sensible, et nous nous retrouvons dans un bar mexicain qui l'aide à se remettre de ses émotions à p'tits coups de *Tequila Rapido* ! Mais après quelques verres, croyant que la crise est passée, j'ai le malheur de reparler du film et elle sombre à nouveau, noyée au milieu de ses larmes *tequilanisées* ! Du coup on rentre illico et elle va se coucher à la même heure que Charlotte, ce qui n'était pas arrivé depuis… Ce qui n'est d'ailleurs jamais arrivé auparavant !

Je ne sais pas si c'est parce que je suis allé voir un Walt Disney, mais je pense à Lulu, mon ami d'enfance quand j'habitais encore à Cannes, à l'époque où on me surnommait

Squelettor à l'école tellement j'étais maigre. Qu'est ce que ça pouvait m'agacer qu'on m'appelle comme ça, mais je subissais sans jamais me rebiffer, j'attendais que ça leur passe. Malheureusement, ça ne leur est pas passé, ça s'est juste transformé en *Ectoplasme* arrivé au collège, ce qui ne me faisait pas plus plaisir... Le soir venu, Lulu et moi, on escaladait la fenêtre de ma chambre pour accéder à un petit muret qui menait sur le toit de l'immeuble où nous habitions. On s'asseyait dos à un conduit de cheminée face à la mer et on se racontait tous nos petits soucis, serrés l'un contre l'autre comme les deux héros du film que nous venons de voir cet après midi au cinéma. Je crois que c'est à cause de lui que j'aime les garçons. Parce qu'on dormait souvent dans le même lit, lui et moi, et on s'est souvent tripotés sous les draps en se roulant des pelles à s'en décrocher la mâchoire pendant des nuits entières. Lucien est sans doute le garçon que j'ai le plus embrassé de ma vie. Personne ne le sait. C'est notre secret. On n'en a jamais reparlé, comme si on en avait honte, alors que, finalement, je trouve ça marrant d'avoir conservé comme meilleur ami celui que j'embrassais et que je caressais quand nous étions minots. On devait déjà savoir que ça ne se faisait pas de jouer avec le zizi de son copain ni de lui rouler des pelles puisque nous ne le faisions que la nuit, sous les draps, lorsque Lulu dormait avec moi chez ma grand-mère, ce qui arrivait plusieurs fois par semaine car sa mère travaillait de nuit et son père, qui bossait en Italie, ne rentrait qu'un week-end sur deux. Quand il arrivait, on tirait tous les deux la tronche parce qu'on savait que nous ne passerions pas la nuit blottis dans les bras l'un de l'autre, mais seuls, chacun dans notre lit respectif, sans pouvoir fermer l'œil avant le lever du jour.

Une fois, quelqu'un avait dit qu'il serait peut-être mieux d'installer un lit pour Lulu dans ma chambre pour que nous soyons plus à notre aise et nous avions crié en même temps un « Non ! » déchirant, comme si l'on avait voulu nous séparer pour toujours. Les adultes avaient trouvé ça tellement touchant qu'ils nous avaient laissé un nouveau sursis. Nous savions que nos nuits étaient comptées et nous en avons profité jusqu'au bout. Et puis un jour, le papa de Lucien est revenu définitivement et nous n'avons plus dormi ensemble. Nous ne nous sommes jamais plus embrassés et jamais plus touchés. Je garde de cette époque un souvenir attendri et comme un goût sucré sur la langue. Il m'arrive de me dire que c'était peut-être lui « l'homme de ma vie... »

Aujourd'hui, il passe son temps le nez collé à l'écran de son ordinateur, connecté en permanence sur internet. Depuis que sa dernière copine l'a quitté, il y a deux ans de ça, il reste enfermé dans un monde virtuel et fait le serment qu'il restera célibataire car il n'est pas fait pour vivre avec quelqu'un. Il a peut-être raison. Si ça se trouve je suis comme lui. Après tout, nous avons été élevés ensemble Lucien et moi, il est possible que nous soyons bien plus similaires que je ne le crois. Moi aussi je suis presque célibataire, enfin, sur le plan sexuel. Mais je ne suis pas seul ; je vis avec une femme (si, si ! Gloria est une femme !), une petite fille et son papa lunaire. Au fond, il n'y a guère que Maxence qui manque à l'appel.

11

En parlant de « l'homme de ma vie », dixit *Madame Irmagloria*, je n'en entends plus parler pendant plusieurs jours. J'ai beau être habitué à ses crises d'isolement et de replis sur lui même qui reviennent régulièrement, je m'inquiète toujours ; on ne sait jamais ce qui peut lui passer par la tête. Ce qui me rassure c'est qu'il a l'air d'être relativement bien dans sa peau en ce moment, mais je reste sur mes gardes parce que cette année, Maxence va avoir l'âge qu'avait Armand lorsqu'il est mort dans cet accident de voiture et je ne sais pas comment il peut réagir. La moindre émotion prend chez lui des proportions disproportionnées et on ne peut pas prévoir comment il va vivre le fait de devenir plus vieux qu'Armand. La culpabilité d'être responsable du décès de son amant pèse toujours sur lui. Il refuse catégoriquement de conduire une voiture par exemple, parce que dans son esprit, une voiture tue. Il ne se déplace qu'en scooter, été comme hiver, alors qu'un deux roues peut être tout aussi meurtrier qu'une auto, mais ça, ça fait partie des sujets qu'il est impossible d'aborder ; il reste campé sur ses positions et ce n'est pas négociable. Alors c'est toujours moi qui conduit, même quand il serait plus raisonnable qu'il prenne le volant puisqu'il ne boit pas d'alcool. Il préfère prendre « la place du mort » comme si, au fond, il souhaitait rejoindre Armand de la manière dont il a perdu la vie.

Chacun de mes appels est redirigé sur sa boite vocale, ce qui n'est pas bon signe. Je lui laisse de nombreux messages mais *il fait le mort* ; expression qui prend une résonance inquiétante parce que j'ai toujours peur qu'il le soit justement, même si Gloria m'assure que je me fais des idées noires et tente de me rassurer en me disant que s'il avait véritablement envie de mourir ça serait déjà fait. Je ne sais pas si c'est rassurant mais elle n'a sans doute pas tout à fait tort puisque c'est plus un appel à l'aide qu'il lance quand il se fait mal à lui même ou quand il disparaît, pour que ceux qui l'aiment le lui prouvent en s'inquiétant, en laissant des messages, en débarquant chez lui à l'improviste pour voir si tout va bien, ce que j'ai arrêté de faire parce que je n'en peux plus et que ce petit jeu était devenu trop malsain. C'est sa manière de fonctionner. Je sais qu'il est comme ça, mais je n'arrive pas à m'y habituer.

Je suis à deux doigts d'appeler tous les hôpitaux de Paris et de la banlieue quand Maxence me rappelle enfin :

« Tu aurais pu m'appeler plus tôt, ça fait des jours que j'essaye de te joindre ! J'étais très inquiet !

- Ah oui, désolé, je viens d'avoir tes messages, mais je n'étais pas là et mon portable passait pas, j'ai pas le forfait international.

- T'étais où ?

- Je suis parti à New York avec un copain.

- Quoi ? Qu'est-ce que t'es allé faire à New York ? Et c'est qui ce copain ?

- C'est un musicien franco-américain. Un avant-gardiste, super intelligent, qui dénonce l'absurdité de nos sociétés occidentales. On s'est dit que ça collerait bien de m'exposer pendant ses concerts. On a fait ça trois soirs de suite, c'était formidable ! Le public a adoré le concept. Et toi, t'as fait quoi ?

- Oh moi, je m'amuse à me faire un sang d'encre pendant que tu t'éclates avec tes p'tits copains aux States !

- Ne commence pas Do.

- Et il ne t'est pas venu à l'idée de m'inviter à venir avec toi ?

- Je ne pouvais pas t'emmener, ça s'est décidé comme ça, sur un coup de tête. Tu sais ce genre d'opportunités faut pas les rater. J'allais pas lui dire que je venais avec bobonne et toute la smala. En plus tu ne veux jamais bouger, alors je vois pas pourquoi tu dis ça. C'est dingue ; je viens de rentrer, j'écoute tes messages, je te rappelle immédiatement et toi, tu me fais une scène ; t'es vraiment *relou* j'te jure...

- Je ne te fais pas une scène, j'en ai juste ras le bol d'attendre et de m'inquiéter pour un type qui se barre de chez moi sans un mot et qui s'envole le soir même à New York et me rappelle six jours après, la gueule enfarinée, en trouvant ça normal ! Alors ok, très bien, puisque tout va bien, que tu n'es pas mort, alors on se rappelle dans six jours ! Salut ! » Et je lui raccroche au nez.

Petit con !

Je suis si furieux que je me mets à pleurer. Non mais je suis vraiment débile, c'est pas possible de voir ça ! On dirait Gloria lorsqu'on est sorti du cinéma et qu'elle répétait sans cesse : « Que je suis conne ! » Eh bien moi aussi je suis conne ! Non mais franchement, si vous pouviez me voir, assis à la table de la cuisine à chialer comme un gosse pour un détraqué qui me mène par le bout du nez depuis huit ans...

Je te jure qu'il y a de quoi se marrer !

En plus, je suis sûr qu'il est parti avec un mec genre *musicos déglingos* et toute la panoplie qui va avec, du pétard à la coke en passant par l'*ecsta*.

Putain, y'en a marre de ces conneries !

On avait passé une nuit si romantique tous les deux. Je l'avais regardé dormir en me délectant du spectacle. J'étais même allé lui chercher des croissants, accompagné d'une douce petite fille, pour lui donner envie de rester encore un peu. Et lui, il a préféré se barrer à l'autre bout du monde avec un ringard dopé à la testostérone et aux amphétamines, juste pour la gloire et quelques lignes blanches !

C'est typique du paradoxe ambulant qu'est Maxence. Un ange diabolique. Les deux cohabitent dans la même enveloppe corporelle. Il peut être adorable, et c'est pour ça que je reste, mais quand son démon intérieur se réveille, il est capable du pire. Je sais que c'est moi qu'il aime, il me l'a dit mille fois et je le crois, mais ça ne me suffit pas ; moi je ne veux pas qu'on m'aime comme ça !

Il faut absolument que je me sorte de ce piège qui me tue à petit feu et que je refasse ma vie s'il n'est pas trop tard. J'ai déjà perdu trop de temps. Mon corps est difforme, mais ce n'est pas encore désespéré, je peux me reprendre en main et retrouver forme humaine. J'avais du succès avant de rencontrer Maxence.

Ouais, avec des vieux mythos-schizos-maniacos-dépressifs !

Mouais… C'est pas faux…

Et puis ça fait si longtemps que je n'ai pas eu de rapports que je ne sais même pas si je serais encore capable de coucher avec quelqu'un. Je me sens enfermé dans cette relation comme dans une prison… Le pire c'est que j'arrive même à lui donner raison. C'est carrément plus glamour de partir à New York pour vivre une expérience déjantée que de rester avec un *Bibendum* cloîtré entre quatre murs…

J'ai beau lui avoir balancé qu'il aurait pu m'inviter à l'accompagner, il sait très bien que je bluffe ; même s'il me l'avait proposé, je ne serais pas parti. Ça fait une éternité que je n'ai pas mis les pieds ni à New York, ni ailleurs. Ça fait si longtemps que je ne voyage plus. Je reconnais que je ne suis pas très marrant. Il a raison, je suis devenu « *relou* » !

Voilà, c'est tout moi ça ; je suis furax, et j'ai de bonnes raisons de l'être, et je lui trouve malgré tout des excuses. Ça m'insupporte d'être comme ça, si soumis, si mou, si… lâche. Surtout que ce n'est pas la première fois que ça arrive et c'est toujours pareil ; au bout d'un moment, l'intensité de ma colère retombe jusqu'à s'éteindre complètement et je finis par l'excuser de sa conduite inexcusable. C'est plus fort que moi…

Je ne compte plus le nombre de fois où je me suis senti humilié par son attitude. Comme lorsqu'il passe à côté de moi sans me voir, en sortant d'un magasin ou d'une expo par exemple, alors que je suis sur le pas de la porte et que je l'attends depuis une demi-heure en menaçant de m'en aller. Evidemment, je ne pars pas, et il le sait. Alors il prend tout son temps, par provocation ou pour accentuer son emprise, montrer qu'il a tout pouvoir sur moi. Quand il se décide enfin à sortir, il passe à quelques centimètres de moi sans me voir. Il n'y a que moi sur le seuil, mais il ne me voit pas. Dans ces moments-là, c'est comme si je n'existais pas, comme si j'étais déjà mort, que je n'étais plus qu'un fantôme et qu'il passait à travers mon corps… C'est plus que blessant, c'est dégradant. Parfois je me demande si ce n'est pas la raison pour laquelle je grossis ; pour qu'il me voit !

Un jour, nous avions rendez-vous devant le café Mabillon. Je venais de l'avoir au téléphone et il savait que je l'attendais, comme convenu. Quand je l'ai vu arriver, je suis allé vers lui. Ses yeux ont croisé les miens, mais il ne s'est pas arrêté. Il m'a regardé, mais il ne m'a pas vu ! J'ai dû l'appeler pour qu'il se retourne et me voit enfin… Lorsqu'il me fait ça, la douleur est aussi forte que s'il me poignardait. Il n'y a rien de pire que d'aller vers l'être aimé et qu'il ne vous reconnaisse pas. C'est un sentiment d'abandon insupportable. L'impression d'être… inexistant. Ma mère faisait pareil derrière l'écran de la télé ; moi, je la regardais avec attention, elle aussi me semblait-il, son regard était braqué sur moi mais elle ne me voyait pas.

Une autre fois, c'était à trois heures du matin au milieu de sa rue. Maxence était monté chez lui pour poser les achats que nous avions fait l'après-midi. Tout était pour lui, évidemment, moi il y a longtemps que j'achète sur internet ; je suis incapable de rentrer dans un magasin et d'essayer un vêtement. La plupart du temps, j'hérite des fringues que Gloria récupère dans des shootings ou dans des ventes privées. Rien n'est vraiment à ma taille, mais je m'en fous. Je mets n'importe quoi. Ça aussi, ça fait longtemps que je n'y prête plus attention. Avant, on faisait les boutiques avec Maxence, à New York justement. Il y a longtemps… Bref, ce soir-là, il devait prendre quelques affaires et se raser intégralement le corps parce que, le lendemain, il avait rendez-vous avec un photographe pour une séance de prises de vues en pleine nature. Il m'avait demandé de l'accompagner parce que c'était à une centaine de kilomètres de Paris, mais je n'avais pas l'autorisation de rester. Là encore il fallait que je dégage, sans doute parce que je lui faisais honte. Dans cette rue, au milieu de la nuit, c'était la même chose : j'avais le droit de l'attendre, mais pas celui de monter sous prétexte qu'il n'y avait pas de place pour se garer. Mais la vérité c'est qu'il a toujours eu horreur que je débarque chez lui à l'improviste. Je ne sais pas ce qu'il ne veut pas que je voie, mais depuis le temps qu'on se connaît, me dire que son appartement est en désordre, c'est vraiment bidon comme excuse. Néanmoins, je respecte ses instructions et je ne monte pas sans y être autorisé, même si ça aussi, ça participe à mon mal être, à mon sentiment d'être mis sur la touche.

Cette nuit-là, après l'avoir attendu plus d'une heure dans la Volvo, perdant patience, je suis sorti de la voiture, bien décidé à monter. Au moment où je me dirigeai vers l'entrée de l'immeuble, je l'ai vu sortir, regarder à droite puis à gauche sans voir cet homme au milieu de la rue avec son chien en laisse. Il a sorti son téléphone portable. Je me suis dit : « Non, ce n'est pas possible, il ne va pas oser ! » Quelques secondes après, ça a vibré dans ma poche. Je me suis approché de lui et j'ai dit :

« C'est moi que tu appelles ?

- Oh ! Tu m'as fait peur ! Bah oui, j'ai cru que tu étais parti.

- Mais, Maxence, j'étais là, au milieu de la rue avec Waloo, et toi, encore une fois, tu ne m'as pas vu...

- J'avais la tête ailleurs, c'est pas grave. Tu sais bien que je suis préoccupé avant un *shooting*. Tu le sais non ? Tu veux me contrarier en faisant des histoires ? Tu veux vraiment que j'ai une sale gueule demain matin ? C'est ça que tu cherches à faire ? Vraiment Do, si c'est pour que tu me prennes la tête toute la nuit parce que je pensais à autre chose, j'aime encore mieux rester chez moi, tant pis ; demain je me lèverai à l'aube pour aller prendre un train et j'aurai une tronche pourrie mais j'aime encore mieux ça qu'une scène. Pas ce soir, je t'en prie ! Tu préfères que je reste chez moi ?

- Non, pas du tout, c'est pas ce que je voulais dire !

- Alors tais-toi et partons. Je dois me lever tôt demain et ça y est, je suis énervé. Tu as le chic, j'te jure ! »

Voilà comment, invariablement, il commence par me faire mal et comment il retourne la situation en me culpabilisant. Et moi, je finis par reconnaître qu'il a raison, que ce n'est pas si grave, et qu'il ne faut pas le contrarier sinon les photos vont être ratées par ma faute et qu'il va m'en vouloir. Alors je me trouve stupide de faire des histoires pour si peu de choses. Pourtant, une fois encore, il ne m'avait pas vu. Ça fait un bail qu'il ne me voit plus.

Je ne sais pas ce qui me fait le plus mal. Quand il me ment ? Quand il retourne les situations à son avantage ? Quand je lui trouve toujours des excuses ?

Et si je ne l'excusais plus ? C'est peut-être ce qu'il cherche après tout. Il faudrait que je me fâche une bonne fois et que je ne le rappelle pas, qu'il croit que c'est terminé entre nous pour qu'il prenne conscience que je suis important dans sa vie et qu'il prête plus attention à moi. Mais oui ! Voilà ce qu'il faut que je fasse ; l'ignorer le plus longtemps possible et voir s'il essaye de recoller les morceaux. Si ça lui fait ni chaud ni froid, c'est qu'il n'en a plus rien à foutre et dans ce cas, ce n'est pas la peine que je m'accroche désespérément à lui. Et puis c'est peut-être moi qui vais m'apercevoir que Maxence n'est pas indispensable à ma vie…

S'il n'appelle pas c'est qu'il est avec le musicien américain !

Comme si je cherchais à me faire encore plus de mal, je décide de me rendre dans sa rue pour voir s'il y a quelqu'un chez lui. Par l'escalier de l'immeuble d'en face on peut voir les fenêtres de son appartement. Il y a même un voisin qui l'espionne. Maxence le sait mais ça lui plaît d'imaginer ce type qui le reluque en se masturbant planqué derrière ses rideaux.

Je saute dans la Volvo et je file à Vincennes. Heureusement, un accès de lucidité me permet d'ouvrir les yeux et de me rendre compte que je fais n'importe quoi. Je me suis vu en train de regarder par la fenêtre d'en face, comme un vieux pervers, et découvrir qu'il était dans les bras de son américain. Je l'imaginais soupirer pour un autre, le caresser, l'embrasser… Et moi, accroché à la rampe, ridicule et seul au milieu de cet escalier glacial, observant l'homme que j'aime jouir de l'affection d'un autre.

Mon cœur se tord de douleur.

Arrivé dans sa rue, je n'ose pas descendre. Je reste là, bêtement, assis derrière mon volant le regard dans le vide. Abandonné. Perdu. Je me sens lamentable dans le rôle du mari trompé qui vient espionner en douce plutôt que d'agir et de quitter celui qui le rend malheureux à en mourir. Certains de ses comportements et certaines de ses paroles me font aussi mal qu'un coup de poing dans la gueule. C'est intolérable de me laisser traiter comme ça. Comment est-ce que je peux accepter ça ? Pourquoi est-ce que je tolère cette situation ?

Au fond, je sais que je ne méritais pas d'avoir un mec aussi beau et que je dois payer pour ça. Alors même si je suis conscient qu'il me maltraite, je me laisse faire, c'est plus fort que moi. Il ne le fait pas exprès. Il est malheureux.

Je sens qu'un énorme coup de blues va m'écraser de tout son poids si je reste là et je décide d'appeler Gloria, histoire de reprendre un peu le dessus, sachant que si je me laisse aller, mon cafard va me submerger et m'anéantir pour plusieurs jours. Le seul remède que j'ai depuis des années contre *les coups de Calgon*, c'est Gloria. Elle finit toujours par me faire rigoler et par me démontrer qu'il faut rire de tout… de peur d'être obligé d'en pleurer.

12

« Ouais ! »

Quand Gloria décroche, au lieu d'employer un « Allo » usuel, voire un « Oui, allo » plus doux, ou bien encore un « Oui, allo, j'écoute » qui invite à la conversation ; elle, elle aboie un « Ouais » tonitruant qui donne l'impression qu'on l'emmerde et qui fait regretter de lui avoir passé un coup de fil.

D'habitude, si je l'appelle c'est que j'ai vraiment quelque chose d'urgent à lui dire, sinon j'évite. Mais là, je n'ai pas grand-chose à raconter si ce n'est que je ne me sens pas au top, un brin mélancolique, avec cette habituelle boule d'angoisse au creux de l'estomac devant le constat que ma vie ne sert à rien. Il faut bien avouer que le bilan n'est pas brillant : j'ai 35 ans, je ne fais rien, je n'ai jamais rien fait, et je n'ai aucune motivation pour faire quoique ce soit. Aucun but, aucun objectif, aucun rêve, bref, aucun avenir… Je suis complètement inutile.

On appelle ça un looser !

Qu'est-ce que je laisserai derrière moi le jour où je partirai ? Y aura-t-il quelqu'un pour lire un joli texte le jour de mon enterrement et dire combien je vais lui manquer ? De mon vivant, il n'y a déjà pas grand monde pour me dire que je compte un peu pour lui, alors quand je serai mort…

« Bon alors, t'accouches ?

- C'est bon de t'entendre Gloria. Je t'ai déjà dit que tu comptes beaucoup pour moi et tu me manquerais atrocement si tu n'étais plus là ?

- T'es bourré ?

- Non, pas du tout. Je pense réellement ce que je viens de te dire.

- Mon toubib a téléphoné et je vais *clamser*, c'est ça ?

- Mais non !

- Alors qu'est-ce qu'y'à ? Qu'est-ce que t'as ? Qu'est-ce que tu veux ?

- J'veux rien, je te dis juste que je tiens à toi, c'est tout. C'est quand même dingue qu'on ne puisse pas dire aux gens qu'on les aime, comme ça, gratuitement, sans rien attendre de spécial !

- *Purin d'ortie !* T'es en pleine déprime toi. Qu'est-ce que qu'y t'arrive ? C'est Maxwell ?

- Voilà ; je te dis des trucs sympas et toi tu le vis comme s'il s'agissait d'une insulte !

- Oh là, oh là, j'les connais tes salades. Tu m'appelles pour me dire que je compte pour toi et que je te manquerais si je crevais ; alors moi j'te dis : soit tu as eu mon toubib et je suis condamnée, soit tu déprimes à mort et tu vas faire des conneries ! Et comme j'ai pas de médecin parce que j'en ai rien à foutre de leurs menaces comme quoi je vais y passer (comme si eux ils étaient immortels !), conclusion : t'as le moral dans les chaussettes ! Donc, radine tes fesses par ici ; ce soir j'ai un vernissage, j't'embarque ! Et discute pas, c'est pas négociable. Et pis là, j'ai pas le temps. Ch'uis avec un Californien qui pige rien et qui me casse les noix. Tu le verrais avec sa face au carré en train de me sourire d'un air ahuri pendant que j'te cause ; j'en peux plus ! Nan mais quel ringard, j'te jure… Hey, prête moi ta *life* j'ai une soirée *lose* ! En plus tu devineras jamais son blase : le même que le mari de la poupée blondasse qu'on offre aux petites filles pour leur apprendre à s'habiller en putes, si tu vois de qui je parle…

  - Euh, la pétasse c'est Barbie, c'est ça ?

  - Exact.

  - Me dis pas que ton prince charmant s'appelle Ken !

  - *Bimbo* ! En plein dans le mille, Emile. Bon, magne-toi la rondelle, j'vais lui dire que c'est une urgence et qu'on se verra *whenever wherever* et on va aller boire un verre, ça me fera du bien à moi aussi : ch'uis sèche comme l'archiduchesse ! » Et comme toujours, elle raccroche sans plus de mondanités.

Voilà pourquoi je ne peux plus me passer d'elle. Elle a l'air de se foutre de tout et pourtant elle sent les choses mieux que personne. Elle est en avance sur son temps. Elle a compris des trucs que le commun des mortels va mettre deux générations à entrevoir. Je n'ai pas eu besoin d'expliquer quoique ce soit ; elle sait déjà, comme une extralucide qui lirait dans mes pensées. Qui me connaît aussi bien que Gloria ? On a souvent plaisanté là-dessus, mais ça va finir par être vrai ; on terminera notre vie ensemble, comme deux vieux croûtons, nous remémorant ses histoires de cul et mes problèmes de cœur qu'on connaît déjà sur le bout des doigts, mais on se les racontera à nouveau pour pas oublier et pour se marrer encore un peu pendant qu'on est toujours vivants. Je sais qu'elle a pas mal de défauts, mais elle a l'art d'embellir la vie avec ses coups d'accélérateur et ses histoires abracadabrantes. Et même si elle est du genre *mytho*, ça fait du bien de rêver et de rigoler…

Ce qui m'amuse moins c'est l'idée de me retrouver avec des gens dans un vernissage. Je dois même dire que ça m'angoisse totalement. Pour ne rien arranger, je suis parti comme ça, sur un coup de tête et je n'avais pas prévu de voir qui que ce soit. Je suis habillé comme l'as de pique avec un pull informe, sans rien en dessous, un pantalon avec des taches de peinture et des tongs style camouflage siglées *Dolce & Gabbana* que Gloria a piqué après un défilé en Italie. J'ai beau savoir qu'il ne faut pas que je reste seul ce soir et que ça me fera du bien de voir de nouvelles têtes, c'est au dessus de mes forces, je peux pas aller dans une soirée comme ça, sans préparation. Faut que je me fasse à l'idée. En même temps je sais qu'elle a dit que ce n'était pas négociable et je connais Gloria quand elle a une idée en tête.

Et puis qui dit vernissage dit peintre, forcément. J'ai un petit faible pour les peintres. Certains craquent sur les musiciens, d'autres sur les poètes ou les pompiers ; moi, ce sont les peintres ! J'aurai adoré en rencontrer un qui aurait fait des croquis de moi posant nu sur un sofa, une grappe de raisin à la main. Il aurait trouvé mes formes magnifiques et il les aurait reproduites sur d'immenses toiles façon Botero...

Un coup de klaxon me faire sortir de ma rêverie. Un type attend que je m'en aille pour se garer à ma place. Je lui fais un signe pour qu'il comprenne que je ne pars pas et du coup, je me fais engueuler ! Il passe en m'insultant cet abruti ! C'est tout de même incroyable de voir ça ! Inévitablement, je le vis comme une agression et mon cœur s'emballe. La peur s'empare de moi et mes jambes commencent à flageoler. Bien sûr, voilà que je transpire et que mon souffle s'accélère. Il faut que j'attende un moment avant de prendre le volant ; je ne peux pas conduire comme ça. Tout ça à cause d'un pauvre type à qui je n'ai rien demandé !

Décidément je ne me sens plus capable de vivre à l'extérieur. Dès qu'il y a des gens, je panique. Sur la route, quand j'ai quelqu'un derrière moi qui me suit d'un peu trop près, je me mets à accélérer pour ne pas le gêner, quitte à largement dépasser la limitation de vitesse ou à rater ma sortie m'obligeant à revenir ensuite sur mes pas…

Paradoxalement, je gère assez bien les encombrements. Il est rare que je m'énerve dans un embouteillage. Je dois même dire que le fait d'être coincé au milieu des autres me rassure un peu. C'est le seul moment où j'ai l'impression de faire partie d'un groupe. Moi qui suis si différent, lorsque je suis au milieu des automobilistes, je me sens comme tout le monde et j'ai l'impression de partager quelque chose avec les autres, tout en gardant une certaine distance qui m'est vitale. Je mets de la musique, déclenche la *clim* et me cale bien dans mon siège, toutes les portes fermées à clés, et je regarde les conducteurs qui s'impatientent, qui râlent, qui klaxonnent. Je suis comme au spectacle. J'adore ça ! Il m'arrive même de klaxonner pour faire comme eux, sachant pertinemment que cela ne changera strictement rien, sauf à les énerver encore un peu plus eux qui sont excédés par cette attente imprévue dans leur planning qui va leur faire rater le jeu débile qu'ils ont l'habitude de regarder à la télé le soir en rentrant chez eux pour échapper aux discussions avec leur femme ou leurs mômes. Ça me fait bien rire l'image de la famille parfaite ; quand on regarde le quotidien de la plupart des gens, franchement, ça ne donne pas envie de leur ressembler !

Au bout d'un quart d'heure, mon téléphone vibre. Je décroche et entend la douce voix de Gloria qui vocifère des insanités parce que je ne suis toujours pas là et que j'ai pas intérêt de lui faire faux bond parce qu'elle sent que je cherche une excuse « à la con » (je cite), pour me défiler, et qu'il vaut mieux pour moi que j'accélère le mouvement avant « qu'elle se foute en rogne » (je cite toujours).

« Mais je suis sapé comme l'as de pique, Gloria. Je peux pas sortir habillé comme ça dans un endroit où tout le monde sera à la mode !
- Fais pas *ièche* : la mode, ça se suit pas, ça s'anticipe ! Rapplique ! » Et elle me raccroche au nez un poil furax.

Ok, ok ! Ça vient...

Ça fait cinq fois que le gars qui m'a engueulé passe à côté de moi au volant de sa bagnole en attendant qu'une place se libère. Dans mon rétro, je vois pointer le nez de son capot rouge à l'angle de la rue. J'attends qu'il me dépasse en me jetant, pour la sixième fois, un regard noir, et je lui emboîte le pas, laissant ma place à une autre voiture qui prend cette rue pour la première fois.

Oh, que c'est énervant ça !

Caché derrière mes lunettes de soleil, je fais mine de regarder la route, mais en fait je jubile. Il est furax le type, il tape sur son volant, il rage et je ne sais pas ce qui le retient de descendre pour me casser la gueule ! La peur, peut-être… Je ne fais pas exception à la règle. Je n'aurais jamais osé agir ainsi si je n'avais pas été à l'abri, enfermé dans ma Volvo, moi qui m'excuse quand quelqu'un me marche sur le pied ! Mais au volant, on se sent invulnérable.

Lorsque je rejoins Gloria, elle est hystérique :

« Mais qu'est-ce que tu glandes, bordel ? T'es même pas garé ? Non mais je rêve, c'est un cauchemar aujourd'hui, vous vous êtes donné *l'homo pour me faire devenir chèvre*, c'est pas possible. Bon, on va aller au parking de l'agence, j'connais le *keum* d'la *sécu*. J'vais me débrouiller pour qu'il te laisse garer ton tank. T'es super *relou* toi aujourd'hui, tu le sais ça ?

- Ouais, il paraît, j'suis au courant…

- T'es tendu comme un string ! T'as tes *ragnagnas* ou quoi ?

- Non mais tu sais je suis pas sûr pour ce vernissage. Regarde comment je suis fringué…

- T'es très beau, on dirait Bob l'éponge ! » Venant de Gloria, c'est un compliment. Elle voue un véritable culte à ce personnage qu'elle trouve irrésistible. Une passion qu'elle partage avec Charlotte.

Effectivement, elle a l'air de bien connaître le gardien si l'on considère qu'appeler quelqu'un « *ma couille* » signifie qu'on le compte dans le cercle de ses intimes. Je me gare juste à côté du poste de sécurité et nous marchons en direction du vernissage d'une de ses amies peintre, sachant que pour Gloria, tous les peintres sont ses amis.

Dès que nous entrons, une espèce d'ostrogoth de sexe indéfini, *folle comme un sac à main,* se jette sur elle en hurlant « *Daaaaaarrrrrlingggggggg !!!!!!* » et l'embrasse sur la bouche, en restant scotché à ses lèvres comme une bernique à un rocher breton à marée basse.

« *Ma c'est à cette heure-ci qué t'arrrrives ma chatte ! Y'aurrra bientôt plou assez dé champagne et plou rien à manger de correct !*

- Ça c'est le problème quand t'arrives en retard dans une soirée : tu te tapes toutes les pistaches fermées...

- Ouais c'est ça toi, fais de l'humour. Décidément, c'est pas ma journée. Pas d'ma faute, y'a un Ken sorti de sa *life in plastic* qui m'a pris la tête pendant des plombes et j'ai attendu *Mâdâme Casse Burnes* pendant un siècle ! Alors, si t'as une réclamation, tu sais à qui t'adresser ! »

La « *Mâdâme* » en question, c'est moi !

« *Ouuuh, mais ça valait lé coup d'attendrrre il a des yeux souperrbes et yadore les forrmes yénérreuses ! Tou me prrésentes où yé lui saute déssous d'aborrd et on ferra connaissance aprrès ?*

- T'excite pas trop, plus coincé, tu pleures ! Je te présente Do, mon meilleur ami ; c'est le type le plus ringard de la Terre mais tu sais comment je suis avec les cas désespérés : une vraie *mère tes raisins !* »

C'est sa manière à elle de dire qu'elle vous aime...

« Do, cette folle à lier, c'est la Fée Lation ! Une artiste ratée qui se prend pour une grande amie à moi depuis qu'on s'est foutus minables dans une boîte à Pigalle !

- *Faut dirre qu'on a fini à poil sourr lé piano y qué Glorria a foutu sa coulotte surr la tête du pianiste qui est tombé dans les vapes, le pauvrr' !*

Tou vois comme elle est frraîche sa morue ! Et encorre, c'était au temps où on était jeunes et belles !

- J'me rappelle pas que ça te soit arrivé un jour d'être jeune et belle !

- *En tout cas yé souis ravie de voirr qué Glorria connaît quelqu'un d'un peu respectable. Yé souis enchaaaannnté de fairre ta connaissance Do.*

- Moi également, Madame…euh, Nation.

- *Madamnation? Oh, j'adooooore le concept ! Il est irrésistible ton ami Glorria ! I love this guy !*

- Eh bien te voilà son nouveau meilleur ami ! Tu vas voir, tu vas vite regretter de ne pas être resté chez toi à te suicider !

- *Oh, mais écoutez là, la mauvaise ! Laisse-la crracher son venin et viens avec moi : Fée va s'occouper dé toi avant qué cette soiffarrde n'arrive au bouffet et n'engloutisse ma rréserrve dé champagne ! Aprrès yé lui montrerrai cé qué yé fais, si ça l'intérresse la petite. Ouuh, qu'elle est timide ! »*

Comme je vous l'ai dit, je déteste cette manie de parler des garçons au féminin sous prétexte qu'ils sont *pédés*, et je déteste encore plus qu'on parle de moi comme si je n'étais pas là ou que je ne comprenais pas ce qu'on me dit ! Bref je la déteste déjà !

Pendant que la *Fée Soncinoche* le fait, effectivement, son cinoche, je regarde les gens autour de moi et je me sens totalement décalé au milieu de ces *fashion-victims*. Ce n'est pas ce soir que je vais faire la connaissance d'un joli peintre un peu *crassepouille*, blond aux yeux bleus, les cheveux en bataille, des taches de peinture sur ses fringues et la tête dans les étoiles…

Je constate une nouvelle fois que le monde de Gloria et le mien n'ont vraiment rien à voir, enfin si on considère que je fais partie d'un quelconque monde. Pourtant, c'est avec moi qu'elle a choisi de vivre, comme si elle avait besoin de se ressourcer quand elle rentre, de fuir cette hystérie dans laquelle elle évolue sans jamais se perdre, apparemment. C'est la même chose en ce qui concerne Maxence qui vit dans la *branchitude* des soirées parisiennes et qui reste malgré tout avec moi. J'ai du mal à me l'expliquer, mais il faut bien que je reconnaisse qu'ils doivent tous les deux trouver chez moi quelque chose qui leur plaît.

Ton côté chien-chien qui suit sans broncher peut-être…

La *Fée Clochette* n'en finit pas de me raconter des tas de trucs que je n'écoute pas, mais de toute façon, je n'ai qu'à opiner, ça lui suffit. Cela me permet de boire du champagne un peu trop chaud à mon goût, ce qui est vraiment dommage parce qu'il serait fantastique s'il était frais. Je me détends un peu. Finalement, ma tenue se fond plutôt bien dans le décor au milieu de ces *bobos branchouilles* qui ne veulent ressembler à personne mais qui finissent par avoir tous le même style hors mode. Je passe même pour un original. Comme quoi, je me suis inquiété pour rien.

Quand Gloria vient nous rejoindre après avoir dit bonjour à au moins deux cents personnes, elle me fait un clin d'œil et me dit :

« Fais pas mine de l'écouter : primo, je sais quand tu fais semblant, deusio : personne ne l'écoute jamais, mais elle s'en fout ! Je crois qu'elle non plus, elle ne s'écoute pas. C'est sa bouche qui fait du bruit, qui dit des mots qui forment des phrases, mais on ne sait pas si tout ça à un sens ! Un jour, faudra que j'écoute pour voir si son bla-bla veut dire *quèque* chose.

- Bah, ça va, elle est gentille.

- « Gentil n'a qu'un œil ! » comme on dit chez nous.

- *Ben, moi, yé vais té dire oune trouc et yé sais que cé coup-ci tou vas les ouvrrirr toutes grrandes tes feuilles dé chou : dévine qui vient cé soirr ?*

- Ta mère en string ?

- *Quand yé vé té dire qui c'est, tou va pas en revenir ! Ma fais pas oune attaque carrdiaque lé your dé mon verrnissage ! Yé'té prréviens ma vieille, moi yé té trraîne parr les chfeux jousqu'aux poubelles, y yé m'occuperrai dé toi quand les yournalistes et les photogrraphes serront parrtis. Tou vas pas mé piquer la vedette ! Ce soirr, c'est moi la starrr !*

- Alors c'est *qui qui vient* ? Madonna ? Louis de Funès ? Lova Moore ?

- *Non, mieux qué ça : Alkan ! Alkan Polaris ! »*

Je connais Gloria depuis longtemps, et comme vous vous en doutez, ce n'est pas le genre de fille qu'on arrive à déstabiliser. A part un tremblement de terre, je ne vois pas ce qui pourrait l'ébranler, sauf peut-être un bar vide, et encore, elle sait prendre sur elle pour se traîner jusqu'à une station-service, quitte à boire de la bière chaude. Mais là, pour la première fois, je la vois blêmir, et avec toute la *Terra cota* qu'elle met pour se ravaler la façade, c'est une vraie performance ! Elle repose sa coupe sans y toucher, et ça aussi, c'est une première.

« Ça té la coupe ma vieille, hein ! Tou té rend compte : el gran Alkan Polaris en perrsonne qui

vient à mon verrnissage ! Y'étais soûrr qué tou serais verrte de yaloussie ! »

Elle est verte, ça, il n'y a pas de doute, mais moi je vois bien que ce n'est pas de jalousie. Je ne sais pas ce que je lis dans son regard, c'est la première fois que je lui vois cette expression et ça me fait froid dans le dos.

« Ça ne va pas Gloria ? »

« Je ne sais pas ce que j'ai, je ne me sens pas bien tout à coup. Excusez-moi. »

Et elle part aux toilettes.

Qui est ce fameux Alkan Polaris qui la met dans un état pareil ?

Je pose la question à la *Fée Dépipe* qui m'explique que c'est un grand collectionneur, critique et marchand d'art, d'origine Turc, et qu'être reconnu par Alkan ouvre beaucoup de portes dans le monde de l'art contemporain.

« Et Gloria le connaît ?

- *Ma qui né connaît pas Alkan Polaris, chérri ?*

- Ben, moi par exemple.

- *Parce qué c'est pas ton trrip, mon chou, ma quand t'es dans le business, you know this name : Alkan ! Le nom qu'il faut connaîtrre ! Faut sorrtirr tes poubelles le dimanche soirr, angelo mio !*

- Non mais je voulais dire : est-ce que Gloria le connaît personnellement ?

- *Y'espère qué no, por qué si elle le connaît et qu'elle né mé l'a yamais présenté, yé la découpe en pétites morceaux et yé la sers sour canapé à mon prrochain verrnissage ! »*

Casse-toi vite fait, elle est maléfique cette fée !

Je me dirige vers les toilettes pour retrouver Gloria. Je rentre du côté des filles et je la trouve face au miroir, les yeux dans ses yeux.

« Qu'est-ce qui se passe ma grande ?

- *Nadal* ! Ça va, juste un p'tit étourdissement, c'est tout. J'ai rien becté aujourd'hui, ça doit être ça. Te bile pas, j'vais m'enfiler quelques toasts et ça ira.

- T'es sûre que ça va ?

- ÇA VA ! »

Je n'insiste pas, ce n'est pas la peine, elle ne me dira rien de plus pour le moment, mais je me doute qu'il y a quelque chose avec ce fameux Alkan et je finirai bien par savoir ce qui s'est passé.

Nous retournons près du buffet où Gloria parle avec tout le monde. Elle est étrangement calme, et surtout, surtout, elle ne touche pas une goutte d'alcool !

Au bout d'une demie heure environ, elle me dit :

« Je suis fatiguée, on met les voiles. »

Moi, je suis scié, mais évidemment je ne fais aucun commentaire. Elle s'excuse auprès de la *Fée N'importe Nawouac* et trouve une excuse bidon pour qu'on s'en aille. Je crois que c'est moi qui sert d'alibi.

Après avoir parlementé pendant dix minutes, au moment où nous allions sortir, ce qui devait arriver… Alkan Polaris entre, accompagné d'une femme, très jeune et très belle, ainsi que d'un grand type hyper bien foutu, crâne rasé, un peu racaille mais très sexy. Alkan est un homme qui doit avoir largement dépassé la soixantaine, mais admirablement bien conservé. Il n'essaye pas de cacher son âge, mais on sent qu'il s'entretient et qu'il a les moyens de se faire dorloter par des masseurs, des esthéticiennes et autres profs de gym particuliers. Il est très grand, les cheveux poivre et sel, la peau mate, les traits marqués, le regard noir. Bel homme. Il devait être canon lorsqu'il était plus jeune. Il dégage quelque chose de puissant. Beaucoup de charisme. Très forte personnalité. Sans se la jouer, il en impose immédiatement.

Comme par un mauvais coup du sort, nous nous retrouvons face à face. Il regarde Gloria droit dans les yeux et dit avec un accent très prononcé :

« Bonsoir Gloria.

- Bonsoir Alkan.

- Qu'elle agréable surprise de te voir. Tu es resplendissante. » Et il se penche pour lui faire le baise main.

« Je te présente Robert de Spongeville, mon ami.

- Enchanté ! » me dit-il en me serrant la main fermement pour me montrer que c'est lui le chef. Il ne prend pas la peine de nous présenter les gens qui l'accompagnent. Je me demande pourquoi Gloria m'a présenté sous ce nom inspiré de son dessin animé préféré. Elle est de plus en plus mystérieuse, et moi, de plus en plus dérouté.

Elle parle deux minutes des œuvres exposées puis elle lui dit que nous allions partir. Alkan trouve ça très regrettable et, évidemment, pose la question inévitable :

« Ce n'est pas moi qui te fais fuir au moins ?

- Pas du tout, d'ailleurs je ne savais même pas que tu allais venir, mais comme tu as vu quand tu es entré, nous allions partir. Bob a une urgence, nous devons y aller.

- Rien de grave au moins ? » me demande-t-il avec son accent oriental en plongeant son regard noir dans le mien, si profondément qu'il semble sonder mon âme. Un frisson me parcourt l'échine.

« Non, pas encore, mais ça pourrait le devenir. Les affaires… » dis-je d'un air évasif, tentant de me rendre plus important que je ne le suis.

« Alors je ne vous retiens pas plus longtemps. Mais appelle-moi, Gloria, il faut absolument qu'on déjeune ensemble. J'ai de très belles pièces à te montrer. Je suis à Paris toute la semaine. »

Nous sortons et marchons en silence jusqu'au parking. Je vais voir le gardien afin qu'il ouvre la barrière pour me laisser sortir la Volvo. Il crie à Gloria :

« Alors c'était pas bien que tu pars comme une voleuse ?

– A chier ! Elle fait vraiment de la merde cette connasse et l'ambiance est *craignos* ! On se tire dans une soirée mieux fréquentée ! »

Elle monte dans la voiture et je lui demande :

« On va où ?

– On rentre.

– Mais ? Et cette soirée dont tu viens de parler ?

– On rentre j'te dis ! »

13

Sans ajouter un mot, je prends la direction de la maison. Ce n'est pas le moment de la chatouiller, elle a les nerfs à vif. Elle est dans un tel état qu'elle est capable de me décocher une droite si j'insiste ! Alors je conduis et je la boucle. Il fait nuit, ça roule bien. Je regarde les monuments éclairés. J'aime bien rouler dans Paris la nuit, cette ville est magnifique !

En arrivant porte Maillot, elle me dit : « On se fait un tour de *périph* ? »

C'est le soir des premières décidément. Ça, elle ne me l'avait jamais fait non plus ! Je dois avouer que l'idée ne m'enchante pas trop, mais si ça peut la détendre, je suis prêt à tout. J'aurais préféré descendre les Champs ou me faire les quais, mais bon, le périphérique, c'est bien aussi ; c'est un peu glauque mais c'est conceptuel. En avant pour un tour gratis !

Je roule à 70, me méfiant des radars qui rôdent un peu partout, mais ça n'a pas l'air de gêner certains véhicules qui me doublent à toute vitesse. Je sais qu'elle va finir par m'expliquer. Je ne dois surtout pas poser de question. Je dois juste attendre que ça sorte. Il est évident qu'elle connaît très bien ce type. Et étant donné la réaction qu'elle a eue en le voyant, ils ont même dû avoir une liaison. Elle lui en veut encore, c'est clair, alors j'en conclu que c'est lui qui l'a plaquée, certainement pour une minette comme celle qui l'accompagnait ce soir. Etant donné l'état dans lequel elle est, ça a dû être une histoire importante pour elle !

« Arrête.

- Quoi ? Qu'est-ce qu'y a ? T'es malade ? Mais je peux pas m'arrêter là. J'vais sortir si tu veux.

- C'est pas la bagnole qu'y faut arrêter, c'est toi ! Arrête de gamberger et d'imaginer des scénarios. Tu trouveras pas.

- J'imagine rien du tout.

- Tu parles, Charles, me prends pas pour une quiche, ok ?

- C'est normal que je m'inquiète pour toi, non ?

- T'inquiète pas ma poule, il est pas né celui qui pourra m'atteindre, et surtout pas cette ordure.

- Qui ça ? Ce Alkan Polaroïd ?

- Ouais, t'as raison, y'a pas photo, c'est un véritable enculé celui-là !

- Je ne te demande pas si tu le connais.

- Un peu mon neveu que je le connais ; c'est mon père. »

Là, je regrette de ne pas m'être fait flasher, parce que même si la photo m'aurait coûté un peu cher, j'aurais bien voulu voir ma tronche ! Au spectacle on appelle ça « un coup de théâtre » et on se dit que c'est tellement énorme que cela ne peut arriver que sur une scène après avoir germé dans l'esprit torturé d'un dramaturge dépressif. Mais en fait, c'est dans la vraie vie que les choses les plus hallucinantes se produisent.

« Comment ça : c'est ton père ?

- Bah, j'peux pas être plus claire : ce bâtard sautait ma mère avant ma naissance... Et avant de me sauter moi ! »

Je pense que je vais rouler à 140 pour être sûr d'avoir une photo de la gueule que je fais, parce qu'au train où vont les choses, je crois que cette conversation va s'avérer surréaliste et que ça vaut la peine d'immortaliser ma trombine par un p'tit cliché policier. C'est pas dit que j'en refasse une pareille un jour ! Que ces radars servent à quelque chose pour une fois.

Je n'ose pas poser de question. Si elle a commencé à parler, c'est qu'elle est prête à me raconter l'histoire entière et le moindre faux pas peut la bloquer. Je regarde la jauge à essence : c'est bon, je peux assurer une dizaine de tours à l'aise. C'est parti mon kiki ! J'aurais dû faire des sandwiches car je sens que la soirée va être longue.

Ça met un peu de temps à venir, et puis, d'une voix atone, elle lâche le morceau : « C'était un vieil ami de papa. Je l'ai toujours connu. Il venait souvent à la maison. Il avait toujours des voitures luxueuses, des montres superbes, une imposante chevalière en or tape-à-l'œil gravée à ses initiales : AP. Il voyageait continuellement. Il était très beau. Ma sœur et moi, on était dingues de lui. Je ne l'ai jamais vu comme quelqu'un de l'âge de papa. Il n'avait pas d'âge. Il était un peu comme ces acteurs de cinéma qui ne vieillissent jamais et dont les femmes raffolent éternellement. Il était charmant, si prévenant, aussi bien avec maman qu'avec ma sœur et moi. Il venait toujours avec des fleurs, apportait une bonne bouteille ou des cigares et des cadeaux pour nous. Il était un rayon de soleil dans notre existence. Quand il venait, nous savions que nous allions passer une bonne journée. Quand il repartait, ma sœur et moi on pleurait presque, et on restait tristes pendant plusieurs jours. En fait, on en était toutes les deux amoureuses. Mais c'est ma sœur qui l'a eu en premier. Enfin, en premier… Disons qu'entre elle et moi, il l'a d'abord choisie elle. »

Elle fait une pause puis elle reprend.

« Je les ai surpris un jour où je suis rentrée plus tôt à la maison. Personne ne devait être là. En entrant, j'ai entendu du bruit. Alors, tout doucement, je suis allée voir ce qui se passait. J'ai entrebâillé la porte de la chambre de ma sœur qui n'était pas fermée, et je les ai vus, nus, en train de faire l'amour. J'avais 14 ans à l'époque, et ma sœur en avait à peine plus de 16. »

« Bizarrement, je n'ai pas été choquée. Je suis restée à les regarder sans qu'ils s'aperçoivent de ma présence, jusqu'au bout, jusqu'à ce qu'ils jouissent tous les deux dans un râle de plaisir. J'étais fascinée. C'était la première fois que je voyais quelqu'un faire l'amour. En fait, j'ai trouvé ça beau. Mais j'étais jalouse de ma sœur ; j'aurais voulu être à sa place. »

« Ils n'ont pas su que je les avais regardés. Je suis repartie sur la pointe des pieds et je suis ressortie pour ne rentrer que le soir, à l'heure prévue, comme si je rentrais de l'école. J'ai essayé de lui tirer les vers du nez en lui demandant ce qu'elle avait fait de sa journée et lui disant qu'elle était belle, en la provoquant : « Mais qu'est-ce que t'as : t'es amoureuse ou quoi ? ». Mais ma sœur ne m'a rien dit. Alors, je me suis promis que moi aussi je l'aurai : il me ferait l'amour et moi aussi je jouirai dans un râle de plaisir ! »

« Je n'ai pas attendu longtemps. Je n'ai même pas eu besoin de trop l'allumer, le vieux salaud, pour qu'il me saute à l'arrière de sa bagnole américaine, dans un sous-bois, un après-midi d'hiver. Moi qui pensais crier de plaisir, c'était plus parce qu'il me faisait mal et que j'avais peur que je gémissais. »

« De cette première fois ratée, la seule chose dont je me souviens, c'est le cuir froid dans mon dos et le va et vient de son corps lourd sur mon corps frêle qui frottait contre cette vacherie de banquette qui me labourait la peau à m'en faire hurler de douleur. »

« Ça a duré des mois. Tant que je ne savais pas s'il baisait toujours ma sœur, je le laissais me sauter. Je voulais être la seule. Je ne dis pas que ça me plaisait, mais je m'y étais faite et ça ne me dérangeait pas. Je le regardais s'exciter au-dessus de mon corps et se retirer au moment de jouir, un peu absente, comme si j'étais spectatrice. Il ne me faisait pas mal mais je ne prenais pas de plaisir non plus. J'avais juste le sentiment d'être une vraie femme, et ça, ça me plaisait. »

« Et puis un jour, j'ai surpris une conversation qu'il avait avec maman et j'ai compris qu'il avait aussi été son amant. Au début, je n'ai pas voulu y croire. C'était impensable. Et pourtant, ça paraissait logique que le même homme puisse séduire les trois femmes de la maison quand on y pense. Alors je me suis mise à fouiner partout. A chaque fois que je me retrouvais seule à la maison, je fouillais dans toutes les affaires de ma mère, à la recherche d'un indice. »

« C'est un vendredi après-midi que j'ai trouvé. J'avais prétexté être malade pour pouvoir rester à la maison. J'étais toute seule et je m'étais donné comme mission d'inspecter la cave. Ça m'a pris des heures. Toutes les dix minutes, j'allais à tâtons jusqu'à l'interrupteur du couloir et je revenais vite dans la cave pour profiter au maximum de ces quelques minutes d'éclairage sur le passé de ma mère. Je ne m'attendais pas à ce que j'ai trouvé. »

« Dans une boîte à chaussures planquée au milieu des vieilles robes de ma mère au fond d'une malle, je suis tombée sur un paquet de lettres attachées par une ficelle. J'ai défait le nœud. Ces lettres étaient adressées à Alkan, mais elles n'avaient jamais été envoyées, comme si, inconsciemment, elle souhaitait qu'on découvre un jour son secret. J'ai pris le paquet de lettres, j'ai remis la malle et les cartons en place, et je me suis débinée, certaine d'avoir trouvé ce que je cherchais. »

« Planquée dans la cabane que nous avait construit papa, j'ai lu cette correspondance unilatérale écrite de la main de maman. Elle lui déclarait son amour, avouait qu'elle n'aimait que lui, qu'elle restait avec mon père parce qu'elle avait deux filles à élever, mais que dès que nous serions grandes, elle partirait au bout du monde avec lui. Puis, dans une des lettres, elle parlait de moi, de mon caractère trempé, de mon insolence, de ma joie de vivre mêlée de mélancolie. Puis elle a écrit :

« C'est bien ta fille ! Plus elle grandit, plus elle te ressemble. Ça me paraît si flagrant que je suis toujours étonnée que personne ne s'en soit encore aperçu. Quand je la regarde, c'est toi que je vois. Elle a tes yeux, ton sourire, ta générosité... »

« C'est là que j'ai compris que je me faisais sauter par mon père biologique, sans que nous le sachions, ni lui, ni moi... »

Maintenant qu'elle le dit, c'est vrai qu'elle a les mêmes yeux que ce type, ce même regard noir à vous glacer le sang quand elle est furieuse. Je suis abasourdi devant cette révélation qui vient de me faire comprendre toute la folie de cette fille que je croyais simplement excentrique alors qu'elle était irrémédiablement détruite à l'intérieur sans que je ne m'en sois jamais rendu compte.

Gloria reste muette un long moment puis elle reprend.

« C'est à partir de ce moment-là que j'ai commencé à faire des fugues. Je me suis tellement enfuie que mes parents ont fini par me mettre dans un pensionnat de jeunes filles dans lequel je suis restée jusqu'à ma majorité. Le jour de mes dix huit ans, je me suis tirée et je suis venue directement à Paris. Je n'ai jamais revu mes vieux. Ni eux, ni ma sœur qui vit maintenant en Israël. Je sais que papa est mort. Je ne suis pas allée à son enterrement. Ma mère vit avec un autre homme, dans le sud de la France, vers Carcassonne je crois. Ironie du sort : le seul que j'ai revu plusieurs fois parce qu'on travaille dans la même branche, c'est Alkan, qui pense que je lui en veux parce qu'il me sautait alors que je n'étais qu'une fillette. Ce qu'il ne sait pas, c'est qu'il est mon père biologique. Mais pour moi, mon père restera papa qui est mort sans savoir que sa femme n'était qu'une salope et son meilleur ami un sale enfoiré. Et c'est mieux comme ça. »

Au bout d'un moment, je ne sais pas précisément combien de minutes tellement je suis sonné et que le temps semble s'être suspendu, elle dit : « Je voudrais bien rentrer maintenant. » J'entends l'info mais je mets un moment à réagir tant j'ai de questions et d'images qui se bousculent dans la tête.
Je crois que mon cerveau vient de *bugger*.

Nous ne disons plus un mot jusqu'à la maison. Il n'y a plus rien à dire. Elle a vidé son sac et une chape de

plomb vient de me tomber sur la tête. Il faut que je prenne
du recul pour analyser cette encombrante révélation, qui
est aussi une preuve d'amour et de confiance qu'il ne faut
pas gâcher par une parole malheureuse. Avant qu'elle
n'entre dans ses appartements, je la prends dans mes bras
un instant et lui chuchote à l'oreille : « Je t'aime. »

Elle répond : « Je sais », me souhaite « bonne nuit » et
va se coucher.

14

Je ne sais pas quoi faire de ce lourd secret. Je n'en ai pas fermé l'œil de la nuit. Après m'être tourné et retourné mille fois dans mon lit sans trouver le sommeil, aux premières lueurs du jour, je décide de me lever et de me concocter un super petit-déjeuner avec pancakes, sirop d'érable, jus d'orange et kiwi, genre p'tit-dèj continental digne des plus grands hôtels auquel je ne touche pas. En revanche, je bois des litres de café, ce qui ne devrait pas arranger l'état de nervosité dans lequel je me trouve. Je crois que ce qui me rend si nerveux, c'est que je n'ai pas envie de la croiser ce matin, comme si ce qu'elle m'a raconté hier avait modifié notre relation. La vérité c'est que je ne sais pas comment réagir. J'ai peur d'être maladroit, de m'empêtrer dans des réflexions que je voudrais réconfortantes et qui ne seraient qu'affligeantes de banalité. Alors je choisis l'option de m'enfuir, comme le ferait n'importe quel mec… Homos ou hétéros, même combat les gars : *courage, fuyons* !

Avant de quitter lâchement la maison, un peu honteux, je lui laisse un mot sur la table en lui proposant de se faire un *resto* en amoureux ce soir, histoire de me rattraper et surtout de me sentir un peu moins mal à l'aise face à cette désertion dont je ne suis pas fier. Ça me laisse la journée pour mettre mes idées au clair et lui dire quelque chose pour la *booster*. Quelque chose d'intelligent et de tendre. Quelque chose qui la soulagerait et qui lui donnerait raison de s'être confiée à moi. Qu'elle réalise qu'à partir de maintenant son secret sera moins lourd à porter puisque nous le porterons à deux… Je n'aurai droit qu'à une seule chance, il ne faut pas que je me trompe. Il faut que je trouve les bons mots, la bonne attitude… Ne pas changer, surtout. Rester naturel, il n'y a pas de raison, ça ne change rien entre nous… Mais que pourrais je bien lui dire pour la réconforter ?

Ah, le bon ami que voilà ! Tip-top. « Secret moins lourd à porter… » Tu me fais marrer. Elle n'a pas fini sa phrase que tu t'es déjà tiré. C'est toi qu'est lourd à porter ! Un vrai boulet ! Un fardeau doublé d'un poltron !

Des tas d'images me viennent et me perturbent. Je décide de ne plus y penser jusqu'à ce soir et allume la radio pour écouter les infos histoire de me changer les idées. Evidemment, trente secondes après, mon esprit est à nouveau assailli de questions en tous genres. J'essaye d'imaginer ce qu'a pu ressentir cette jeune fille face à cette première relation sexuelle avec un homme beaucoup plus âgé qu'elle dont elle apprend plus tard qu'il est son père. Un inceste involontaire aussi ravageur qu'un séisme.

Cette rage de vivre à toute vitesse, cette façon de brûler la vie par tous les bouts, cette manière de gérer les hommes, ses affaires, ses relations, en un mot tout ce qui fait que Gloria est quelqu'un d'exceptionnel n'est en fait qu'un moyen de survivre à une déchirure de petite fille. Un instinct de survie.

La journée est longue, très longue. Le temps semble s'être arrêté. Je ne sais pas où aller. Je roule sans objectif, file vers la campagne en espérant trouver de l'apaisement en contemplant la nature, les arbres… J'ai besoin de respirer, de souffler, de reprendre pied. C'est la tempête dans ma tête.

En milieu d'après midi, je prends conscience que mon attitude est ridicule et inexcusable ; j'agis comme si je lui en voulais de s'être dévoilée à moi, comme si elle m'avait montré l'envers du décor et que je constatais que Gloria n'est pas ce bloc de granit sur lequel je pensais pouvoir m'appuyer toute ma vie sans faire l'effort de m'occuper un peu d'elle. J'agis comme un égoïste avec elle, je profite de sa force sans me poser de question. Je me sens vraiment minable.

Je l'appelle.

Son portable sonne mais elle ne me répond pas. Je laisse plusieurs messages en lui demandant de me rappeler mais elle ne le fait pas. J'appelle Victor qui me dit que la Mini n'est pas là, ce qui ne veut rien dire puisque nous sommes rentrés avec ma voiture hier soir. Il va vérifier dans la maison, mais Gloria n'y est pas. J'essaye à son bureau mais ils n'ont pas de nouvelles et ça n'a pas l'air de les étonner ; Gloria n'est pas du genre à tenir les autres informés de son emploi du temps. Je commence à m'inquiéter ; et si revoir ce type et s'épancher comme elle l'a fait lui avait ôté sa force de vie… Non, pas Gloria, ce n'est pas son genre. Je réalise que je ne sais plus très bien ce que c'est « son genre ». Qui est-elle vraiment ? J'ai vécu à côté d'elle sans jamais avoir cherché à comprendre pourquoi elle ne voyait plus sa famille depuis des années. Elle m'avait dit que c'étaient « des cons » et je n'ai pas insisté, je n'ai pas essayé d'en savoir plus. En fait, elle a une sœur et une mère qu'elle refuse de voir. Il me paraît évident aujourd'hui qu'elle doit en souffrir depuis des années. Tout me paraît évident à présent : son alcoolisme, son attitude castratrice, sa grande gueule pour ne pas se laisser approcher de trop près, ses provocations, son entourage exclusivement homosexuel à l'exception de Victor, hétéro d'un genre particulier qui se transforme en femme fatale la nuit venue... Je sais pourtant qu'elle peut être fragile parfois, alors pourquoi ne me suis-je jamais posé plus de questions à son sujet ? J'ose me prétendre son ami alors que je fermais les yeux sur sa vie en lui prenant la tête avec mes petits bobos et mes problèmes de cœur ! J'ai honte de moi. Cela dit, ça doit lui convenir puisque nous sommes amis depuis longtemps, que nous vivons ensemble, partons en vacances tous les deux, comme un vieux couple qui ne se pose pas de questions de peur d'obtenir des réponses. Elle veut sans doute qu'on lui foute la paix et oublier cette partie de sa vie.

Ce n'est pas flatteur pour moi et je n'en suis pas fier mais je dois bien reconnaître qu'à force de pleurer sur mon sort je suis devenu égocentrique. Je ne m'intéresse pas aux autres, même pas à ceux que je prétends aimer. Et je fais sans doute la même chose avec Maxence. Je n'essaye pas de le comprendre, de me mettre à sa place. Comme avec ma mère d'ailleurs ; je me suis braqué sans chercher à comprendre ce qu'elle pouvait ressentir, sans me demander pourquoi elle avait agi comme ça avec moi, pourquoi mon père s'était tiré, nous avait laissé, l'avait quittée ? Je n'ai jamais cherché à comprendre, comme un enfant vexé, un adulte blessé, un con centré sur lui même.

Cette constatation me plonge dans une réflexion cruelle, mais qui m'aide à admettre qu'il est temps de me poser les bonnes questions, d'ouvrir les yeux pour voir « la poutre dans mon œil plutôt que regarder la brindille dans celui des autres » ; vieux reste d'une éducation *Catho* que je renie pourtant avec virulence mais qui m'a marqué, la preuve. C'est bizarre comme ces trucs là ressurgissent d'on ne sait où à des moments où on ne s'y attend pas. Comme quoi on n'oublie rien, tout est enregistré dans notre cerveau, relié à notre fondement profond...

Ce n'est pas le tout de prendre conscience que je suis exclusivement tourné sur moi même, sans être à l'écoute des autres. Je ne peux décemment pas conserver cette attitude. Je dois réagir. Mais comment ? Et que faire maintenant que je connais la faille qui déchire mon amie ?

Il me semble que le mieux, dans un premier temps, c'est d'agir comme d'habitude. Ne rien changer. Elle sait que je sais. Si elle veut qu'on en parle, elle saura bien amener le sujet. Je dois rester naturel. C'est ce qu'elle aime en moi. Je ne dois pas changer. Enfin, pas tout de suite...

Je lui envoie un sms :

> *Ouss ke T encor pa C S pèce de trainé ? Pa AC 2 batterie pour appeler tous les bars de paris. Tel moi ou je diffuse des photos de toi en string sur Facebook.*

En fin d'après-midi, en guise de réponse, je reçois un : *VTFF* (comprenez « va te faire foutre ») qui me rassure.

En rentrant, je suis étonné de voir sa voiture dans la cour. Gloria est rarement là aussi tôt. Cela m'inquiète et je monte au premier étage frapper à sa porte.

« Ouais !

- C'est moi !

- Sans blague ? J'croyais qu'c'était George Mickael !

- Ça va ?

- Toujours !

- Je peux entrer ?

- Bah qu'est-ce que t'attends ? Tu veux pas que j'déroule le tapis rouge non plus ? »

Les cheveux en ordre de bataille, la clope au bec, elle est au milieu de la pièce qui lui sert à la fois de salon, de bureau, d'atelier, de labo photo, de dressing… d'un peu tout en fait. Elle porte un tailleur vert fluo qui tranche avec le style plutôt strict et chic, des escarpins vermeils avec des talons d'au moins quatorze centimètres de haut. Féminine jusqu'au bout de sa french manucure dans le pur style *Gloriarissime*, c'est à dire inimitable et absolument importable par quelqu'un d'autre qu'elle, il faut bien le reconnaître. Des fringues éparpillées jonchent le sol et les meubles. Une valise contenant quatre strings est grande ouverte entre les bras du fauteuil Voltaire.

Elle m'observe du coin de l'œil. Je m'approche doucement, un peu décontenancé, non pas par sa tenue ni par le désordre habituel de l'endroit, mais par la présence de ce bagage. Je réfléchis aussi vite que mon cerveau me le permet pour me rappeler quand elle est partie en voyage la dernière fois, car il est tout à fait envisageable que la valise n'ait pas bougé depuis son retour. Mais, à première vue, ça fait quand même un bail, et comme elle est vide j'en déduis qu'elle part.

« T'as pas un peu maigri ? me lance-t-elle.

- Tu crois ?

- Ben ouais, j'ai l'impression que t'as un peu perdu. T'as fait quelque chose de spécial ?

- Ben, j'essaye d'arrêter de bâfrer à longueur de journée.

- Tu devrais te prendre en main, mon cœur. Tu sais qu'tu s'rais beau mec avec quelques kilos en moins. Quand on s'est connus t'étais tout *keus*.

- J'étais tout jeune aussi.

- Bah, t'es peut-être périmé mon vieux, mais pas moi, alors garde tes mauvaises ondes pour toi, tu veux ? Viens pas me porter l'œil moi qui suis encore jeune et fraîche avec une expérience acquise sur le tas que les gamines m'envient dans leurs p'tites culottes de pucelles ! J't'assure, t'as quelque chose de changé. T'es amoureux ? Vas y, crache le morceau : c'est qui ?

- Alors là t'as craqué ! J'ai rien à raconter. J'suis pas plus amoureux que d'habitude. T'hallucines ma pauvre, t'es défoncée ou quoi ?

- Passablement, mais ça me rend très lucide et je sais ce que je dis ! Alors tu peux faire ton cachottier, je vois dans ton âme qu'il va t'arriver quelque chose, et dans pas longtemps...

- Mais arrête de faire ta *relou* : y'a rien de spécial j'te dis ! C'est bon, lâche l'affaire !

- Ok. Je la ferme. De toute façon j'te tirerai bien les *verres à pieds* quand tu t'y attendras le moins.

- C'est quoi cette valise ?

- Vuitton ; quat'mille.

- C'est pas ce que je te demande ; tu t'en vas ?

- Ouais, ras le bol de toi : j'me casse ! J'te quitte. J'en peux plus de tes mensonges, de tes coucheries, de tes chaussettes *dégueues* que tu laisses traîner dans le frigo. Je sais que tu ne m'aimes plus et que tu ne restes avec moi que pour hériter de mon immense fortune. Mais c'est fini, Kévin, tu m'en as trop fait, je n'en puis plus, je suis trop lasse... »

Et elle se laisse tomber dans le canapé comme si nous étions dans une sitcom à deux balles, dispersant la cendre de sa clope sur son tailleur fluo.

« *Purin* ! Tu **vois le** *cendar* ?

- C'est le mug avec du **café moisi** et un kilo de mégots à l'intérieur que t'appelles le *cendar* ?

- Yes ! Give it to me.

- Tu vas où ?

- J'vais faire la belle à Bruxelles !

- Combien de temps ?

- Dix. Peut-être plus. Ce week-end, y'a « la Démence », *trop d'la balle* ! Peux pas rater ça !

- Qu'est-ce que tu vas faire là-bas toute la semaine ?

- Bouffer des frites ! A ton avis, qu'est-ce que je peux bien aller glander dans ce trou en plein mois de mai ? La dernière fois que j'y suis allée, il faisait tellement froid que j'en pète encore des flocons de neige !

- C'est pour ton Américain, là, le mari de Barbie ?

- Yes sir ! Y veut un reportage sur lui en Europe. Je pars avec lui ce soir, on fait des photos demain dans une galerie, pis il a une interview à la télé et le soir on va dans une réception chez l'ambassadeur des Etats Unis ou un truc *comme asse* et ainsi de suite toute la semaine. Après, on recommence ailleurs. En Italie j'crois, c'est pas encore *décédé*, et pis ça va dépendre si je le supporte. Il est trop *chelou* ce *keum*, j'te jure. Comme il paye un max je crois que je vais prendre sur moi, mais faut pas qu'y commence à me tripoter ou je lui en colle une !

- Mais tu pars ce soir ?

- Affirmatif, in five minutes.

- Mais, t'es prête là ?

- Bah ouais, ça se voit pas ? »

Elle me désigne dans un coin de la pièce un sac noir dans lequel elle emporte des appareils photos, des objectifs, son Mac, du maquillage et tout ce dont elle a besoin pour travailler quand elle part en déplacement. Pour Gloria, c'est la seule chose qui compte. A partir du moment où son sac de travail est prêt, elle est prête.

« Et ta valise ?

- Oh, ça ? C'est bon, c'est prêt en deux secondes. Bah tiens, au lieu de me faire perdre mon temps, là, t'as qu'à descendre nous préparer un p'tit drink on the rocks, et moi je finis *vite fait bien frais* ! » Ce qu'elle appelle « finir sa valise » c'est ajouter tout ce qui va avec quatre strings…

J'obéis. Avant de sortir de la pièce je lui dis :

« On dîne pas ensemble alors ?

- Négatif mon lapin, désolée, ce sera pour une autre fois. Pourquoi, tu voulais me dire un truc ? C'que t'as derrière la tête par exemple ?

- Non, c'est juste comme ça… Tu sais Gloria, je voulais te dire…

- Te bile pas Coco, ça fait vingt ans que je vis avec cette histoire, alors tu sais, j'ai appris à gérer. *No Souci* ! Bon, magne-toi le *derch'* parce que je vais avoir fini avant que tu aies le temps d'aller chercher les glaçons ! »

Je descends nous préparer deux Martinis rouges et, effectivement, j'ai à peine eu le temps de revenir dans le salon avec les glaçons, qu'elle est déjà en haut de l'escalier, son sac de travail sur une épaule, son sac à main rouge assorti à ses pompes sur l'autre, traînant derrière elle, comme à son habitude, son énorme valise à qui elle fait dévaler les marches sans prendre la peine de la soulever. Elle laisse tout son barda au milieu de l'entrée, allume une clope et se jette sur le verre que je lui tends sans attendre que les glaçons aient pu avoir un quelconque effet.

« Aller, un dernier pour la route et j'y vais !

- Tu veux que je t'accompagne ?

- Non c'est bon, j'me débrouille comme une grande fifille ! »

Je lui resserre un coup. On trinque à l'amitié, puis elle vide son verre cul sec, laissant les glaçons intacts ; j'aurais même pu les remettre au *congél* !

Je porte sa valise Vuitton qui pèse au moins 100 kilos jusqu'à sa voiture.

« Mais qu'est ce que t'as là dedans : des cailloux ?

- J'ai piqué l'argenterie si jamais j'avais besoin de fric. On sait jamais avec les Belges ! »

Comme je n'arrive pas à la mettre dans le coffre qui est déjà plein, avec notamment sa mallette d'urgence contenant une robe de soirée, une paire de Louboutin, deux coupes et une bouteille de *champ'* « *au cas zou* », elle me dit :

« Attend, on va la mettre à l'arrière.

- Mais elle ne va jamais rentrer, regarde, ça force de partout.

- Mais si ça rentre ! »

Alors elle fout un grand coup de hanche dans la valise qui arrache le joint de la portière, et, effectivement, ça rentre...

« Tu vois bien, elle est démente c'te caisse !

- Comme toi, Gloria, comme toi...

- Ça c'est gentil mon p'tit bouchon. Ça me touche beaucoup c'que tu'm'dis là. Aime bien. Viens que j'te fasse un bec avant de m'envoler vers de nouvelles aventures à bords de mon engin intergalactique !

- Sois prudente sur la route quand même.

- No problémo ! J't'ai déjà dit que c'est pas dans mon karma d'avoir un accident de bagnole ! Toi par contre, fais gaffe mon grand… Aller : hasta la vista baby ! »

Et elle démarre en trombe, en chantant « *You make me feel* » en duo avec Jimmy Somerville qui s'époumone dans le poste de radio, me laissant seul au milieu de la cour dans la chaleur de cette soirée printanière. J'entends la musique s'éloigner, jusqu'au moment où je n'entends plus rien. Je me sens désorienté, perdu, ne sachant pas quoi faire de ma carcasse encombrante, des questions plein la tête. Je ne sais pas si son histoire de boulot à Bruxelles est vraie ou si elle est partie pour fuir la discussion, mais en tout cas, je suis rassuré de retrouver ma Gloria telle que je l'ai toujours connue : rayonnante, forte et imprévisible !

Je vais voir si Victor est là pour qu'il vienne dîner avec moi, mais il n'y a personne. Je suis bel et bien seul. Enfin, presque. J'ai sur les talons les deux chiens qui m'aiment de plus en plus à mesure que l'heure de manger approche. Je vais fermer le grand portail à clé, ce qu'on fait rarement, mais je ne sais pas pourquoi, ce soir, ça me rassure. Je me sens triste, fatigué, esseulé, abandonné. C'est plutôt normal qu'on laisse tomber un type comme moi, égoïste, dépressif, moche… Je les comprends ; si je pouvais moi aussi je fuirais loin de moi.

Comme on pouvait s'en douter, je me prends un sacré coup de blues sur le coin du nez. Je me demande où je vais, à quoi je sers, ce que j'ai fait de ma vie… Bref, la rengaine habituelle.

Y'a des soirs comme ça, on sait que ça va venir, et en effet, ça vient ; le cafard s'installe et rien ne va pouvoir le déloger. D'ailleurs, on n'en a pas vraiment envie. On sait qu'on va faire son Caliméro et geindre que la vie est « *vraiment trop injuste* », qu'on est « *tout seul* », que « *personne ne nous aime* » et on va tout laisser sortir. Même si au milieu de tout ce malheur on est conscient qu'on est loin d'être les plus malheureux, ça fait parfois du bien de pleurer sur son sort.

Il faut que je reprenne ma vie en main, je ne peux plus continuer comme ça, il faut que ça change, que je change. D'abord, arrêter de bouffer, faire du sport, trouver du travail, et puis recommencer à sortir, voir des pièces de théâtre, des concerts, des gens… Enfin, vivre quoi. Je me sens si fatigué que je doute de réussir à faire ne serait ce que la moitié de ce que les gens « normaux » arrivent à faire.

15

J'ai tenu bon et ça a payé puisqu'au bout de dix jours de silence total, Maxence débarque à la maison. Pourtant, moi qui espérais sa venue, voir le scooter entrer dans la cour me glace le sang. J'ai un mauvais pressentiment.

Ça ne fait pourtant pas si longtemps qu'on s'est vu, néanmoins, je trouve qu'il a quelque chose de changé. Est-ce à cause de cette petite barbe de trois jours, toute blonde, qui ne lui va pas mal et qui lui donne un look de baroudeur assez viril ou parce qu'il est habillé comme un ado coiffé d'un bandana bleu ciel assorti à un marcel imprimé d'un dessin Manga qui laisse ressortir ses muscles, un *baggy* en toile blanche taille basse d'où dépasse un caleçon D&G et des tongs en cuir arborant un petit crocodile vert ? Je ne saurais le dire, mais il n'est pas comme d'habitude. Il est bronzé, souriant et indéniablement sexy. Une vraie couverture de magazine ! Un vrai danger ambulant…

Je le trouve superbe, mais il n'empêche que quelque chose a changé et je crois que ça vient de moi; je le regarde comme un étranger.

« Salut !

- Salut.

- J'te dérange pas ?

- Non. Entre. »

Il s'approche et au moment où il passe près de moi, nous hésitons à nous embrasser, ne sachant plus très bien si nous sommes toujours un couple. Finalement aucun de nous n'ose se lancer et nous ne nous touchons pas.

La touffeur moite et orageuse de cette fin d'après midi nous pousse à nous installer sur la terrasse du jardin pour boire un thé glacé que j'avais concocté quelques heures auparavant, comme si j'avais senti que j'allai avoir de la visite. Le salon de jardin est encombré d'objets hétéroclites qui vont du pot de fleur au vieux piston de moto, en passant par une truelle, une poupée Barbie sans culotte et une bottine Prada ; un petit échantillon représentatif des habitants de cette maison. Nous nous asseyons à même le sol, dans l'herbe desséchée par le soleil qui règne depuis plusieurs jours, face à face, mais nos regards ne se croisent pratiquement pas. C'est la première fois que nous sommes aussi gênés l'un avec l'autre. Habituellement, je suis si heureux lorsqu'il vient que j'ai du mal à retenir ma joie ; je ne cesse de le toucher, de l'embrasser, de lui sourire... Mais là, non.

Je me rends compte de la froideur que je dégage, mais c'est plus fort que moi ; il y a un truc que je ne sens pas. Je ne peux expliquer distinctement ce qui se passe en moi, mais c'est comme si mon corps venait de se recroqueviller sur lui-même, comme le font les anémones de mer quand on les frôle du bout des doigts. Ou, plus exactement, c'est comme si je venais d'enfiler une carapace, une armure, destinée à me protéger des attaques mortelles d'un ennemi clairement identifié. Je ne considère pourtant pas Maxence comme un adversaire en temps normal, mais là oui, un peu. Je reste sur mes gardes. Bizarrement, le premier sentiment qui me vient à l'esprit c'est que je n'ai plus peur de le perdre...

« Ça va ?
- Je suis fatigué.
- T'as pas maigri ?

- Un peu. J'essaye de faire attention.

- C'est une bonne nouvelle… » Il hésite. « C'est de ça dont je suis venu te parler. Entre-autre… »

Je ne vois pas où il veut en venir mais mon pressentiment se confirme ; il va me dire quelque chose qui ne va pas me plaire. Je redoute ce qu'il va m'annoncer et mon rythme cardiaque s'accélère. Je frissonne au milieu de cette chaleur étouffante. Je crains ce qui va se passer mais ce n'est pas la peur de le perdre qui m'angoisse. C'est autre chose. Allez savoir pourquoi, j'ai une vision de moi à l'école lorsque j'étais enfant et qu'on devait lire un texte les uns après les autres. Je comptais le nombre d'élèves qu'il y avait avant moi afin de déterminer le passage que j'allais devoir lire devant toute la classe. Je sentais le trac monter à mesure que mon tour approchait. Souvent mes comptes ne tombaient pas juste parce que la maîtresse n'avait pas dit à l'élève qui lisait de s'arrêter à l'endroit que j'avais prévu, et il me fallait reprendre mes calculs. Le couperet s'approchait, inexorablement, et moi, bien trop concentré à deviner quelle partie du texte j'allais devoir lire, quand arrivait mon tour, je ne savais plus du tout où on en était. Plongé dans un abyme de confusion, je bégayais, butais sur chaque mot d'un passage qui n'était pas le bon, ce qui me valait une remarque assassine de la prof et les railleries de mes petits camarades. Le rouge aux joues, j'aurais donné n'importe quoi pour disparaître. Un peu comme maintenant…

« Ecoute, Do, il faut qu'on parle, tu ne crois pas ? »

Ça y est mon p'tit gars, c'est ton tour…

« Oui, si tu veux.

- Tu ne veux pas toi ?

- Je ne sais pas.

- Tu n'as rien à me dire ?

- Bah, je sais pas. »

Un ange passe.

Il hésite sans doute entre impatience et douceur. Il prend sa respiration, sourit et choisit la deuxième option :

« Tu sais, je suis conscient que je ne me conduis pas toujours bien avec toi. Je sais aussi que je ne fais sans doute pas assez attention à toi, que je ne prends pas suffisamment soin de toi. Depuis que tu ne réponds plus à mes appels, que tu ne donnes plus signe de vie, je ne vis plus. Dans ces moments là, je réalise que je tiens à toi comme à personne et que sans toi, je ne suis plus tout à fait moi.

- Mieux vaut tard que jamais. Quoique… »

Sans l'avoir prémédité, ma réplique est sortie toute seule, glaciale, cinglante. Son regard fixe trahit sa surprise, il ne s'attendait pas à cette réaction. Sa démarche est difficile et il devait s'attendre à ce que je lui saute au cou en hurlant que je l'aime avec tout mon déballage habituel… Mais sincèrement, au fond de moi, cela ne me fait ni chaud, ni froid. C'est comme si j'étais anesthésié par des années d'attente.

« Que se passe-t-il, Do ? Qu'est-ce que tu as ? Qu'est-ce qui nous arrive ?

- Je ne sais pas.

- Oh, arrête de dire « je ne sais pas » toutes les deux phrases, c'est exaspérant à la fin ! Tu essayes de me punir en étant aussi distant c'est ça ?

- Pas du tout. Je ne sais pas ce qui nous arrive, c'est tout. »

Il semble affecté par mon attitude. Plus égaré qu'énervé. Je ne sais pas comment il va réagir, et, le plus déroutant, c'est que je m'en fous.

« Est-ce que tu m'aimes encore ? »

Franchement, je n'en sais plus rien. Mais je ne peux pas lui balancer ça comme ça, aussi sèchement. Il faut que je trouve quelque chose à dire pour arrondir les angles et gagner du temps. Mais je n'arrive pas à réfléchir. Mon cerveau est comme figé par la glace qui s'est formée dans ma boite crânienne. Je vis la scène comme un spectateur devant un écran de cinéma : je regarde ce qui se passe et j'attends la suite comme si je n'étais pas concerné. C'est bien moi, là, assis dans l'herbe, mais je me vois d'au-dessus, comme si j'avais quitté mon corps. C'est une drôle de sensation. Maxence me regarde, interloqué, comme s'il ne me reconnaissait pas. Il attend que je dise quelque chose. La seule chose dont j'ai vraiment envie, c'est qu'il me laisse tranquille pour que je puisse reprendre ma vie sans sentir cette boule d'angoisse identique à celle que je ressentais à l'école et qui me faisait perdre toutes mes capacités. Si je lui dis que je ne l'aime plus, je mets fin à mon supplice mais je mets aussi un terme à notre histoire qui n'est d'ailleurs peut-être plus qu'un souvenir.

Incapable de clarifier mes sentiments, je préfère jouer la carte de l'apaisement.

« Bah, oui…

- Moi je sais que je t'aime aussi. Ça fait tellement longtemps nous deux. Je ne veux pas te perdre. Je ne sais pas si je serais capable de vivre si tu n'étais pas là, à m'aimer, à m'attendre. J'ai déjà perdu Armand, je ne pourrais pas supporter de te perdre toi aussi. Je ne pensais pas pouvoir aimer à nouveau quelqu'un et puis, tu es arrivé dans ma vie. Tu m'as tout donné, sans doute bien plus que je ne t'ai donné moi même, je m'en rends compte. Je te dois beaucoup. Grâce à toi, j'ai appris à moins penser à Armand et à revivre peu à peu, même si je sais que j'avance en équilibre sur un fil. C'est formidable comme on s'est aimé, non ? Tu te souviens de cette plage en Sicile ? »

Maintenant il a les yeux qui brillent et un sourire mièvre. Je ne l'ai jamais vu comme ça. Il semble sincère et pourtant ça sonne faux… Je ne sais pas ce qu'il a pris avant de venir, mais quelque chose cloche. En même temps je dois reconnaître que ce qu'il dit me touche. Bien sûr que je me souviens de ces moments magiques. J'ai tellement ressassé notre rencontre que je la connais par cœur, dans les moindres détails, comme un film que l'on a vu et revu cent fois et qui nous émeut toujours. Je ne sais plus vraiment si tout est vrai ou si j'ai fini par l'idéaliser, mais, ce qui est sûr, c'est qu'à présent, notre histoire s'écrit à l'imparfait.

« Il faut que tu admettes que si ce que nous vivons n'est plus comme par le passé ce n'est pas uniquement de ma faute. Je sais que je ne suis pas toujours facile à gérer mais tu ne peux pas tout me foutre sur le dos. Si je vis de cette façon, c'est aussi parce que je n'ai pas eu de place dans ta vie. Tu ne m'en as jamais fait. Je te rappelle que c'est toi qui n'as pas voulu qu'on vive ensemble sous prétexte que tu ne pouvais pas laisser Gloria toute seule et que tu t'occupais de Charlotte et que le quotidien tue l'amour et toutes ces conneries. Qu'est ce que tu veux vraiment ? Le sais-tu au moins ? Tu aurais voulu que je quitte le milieu dans lequel j'évolue mais tu ne me proposais rien en échange. Je sais que tu n'as jamais approuvé ma façon de vivre, mais moi, si je perds ça, je perds tous mes repères. Je ne suis pas dupe, je sais bien que tout ça c'est artificiel, que ces pseudo amitiés, c'est de la poudre aux yeux, mais qu'est-ce que tu proposais d'autre ? Rester chez moi à attendre que tu me donnes le feu vert pour venir te rejoindre parce que tu avais enfin une soirée de libre parce que Gloria était en voyage, la petite chez sa mère, et que tu n'étais pas trop « fatigué » ? Je ne parle même pas de sortir, de partir en week-end ou en vacances ; ça fait des années que tu refuses de bouger de peur que quelqu'un t'agresse ! Il faut que tu te soignes Do, ce n'est pas possible de vivre comme tu le fais. Ce n'est pas vivre ça, c'est survivre. Tu vis par procuration à travers Gloria. Et moi dans tout ça, elle était où ma place ? »

Je ne dis rien, mais je trouve que ce n'est pas bon signe qu'il parle au passé… Effectivement, il enchaîne, et là, c'est la douche froide !

« Arrête de te faire continuellement passer pour une victime et de rendre les autres responsables de ton état ! A 35 ans tu vis comme un vieux. Tu te rends bien compte que tu te renfermes, mais tu ne fais rien pour t'en sortir. Tu ne prends même plus soin de toi… Tu as grossi, certes, mais vois comment tu te nourris. Tu bouffes n'importe quoi, n'importe quand, n'importe comment. Et je ne parle pas de tout ce que tu picoles avec ta copine ; sans compter les médocs que tu avales ! Et s'il n'y avait que tes kilos en trop ; mais regarde toi, avec tes cheveux gras et ces fringues que tu as récupéré on ne sait où et qui ne ressemblent à rien ! Tu te laisses complètement aller Do ! Pire, tu t'es abandonné. »

« Tu te comportes comme une pauvresse en te plaignant que tu touches que dalle de ton allocation maladie, mais arrête ! Premièrement, du fric tu en as. Deuxièmement, qu'est ce qui t'empêche d'aller travailler ? Tu te recroquevilles sur toi-même ! Sors de ta coquille, va voir le monde ! Je t'assure qu'il n'y a pas de méchants qui t'attendent pour te faire du mal. Ton seul et unique ennemi, c'est toi, putain, c'est toi-même ! »

« Tout est devenu tellement compliqué avec toi... Moi j'ai besoin de sortir, de voir des gens, de rigoler, de faire la fête... Et même si je sais que tout ça c'est de la merde, moi, c'est la seule porte de sortie que j'ai trouvée. Tu me fais des scènes épouvantables, mais j'ai toujours été *clean*, je t'assure. Tu es victime de ton imagination, c'est toi qui délires ! Tu m'accuses de maux qui n'existent pas juste parce que j'utilise mon corps pour gagner ma vie. Mais ne comprends-tu pas que je joue avec les fantasmes du public. Je vends du rêve Do, juste du rêve... Tu me fais passer pour un gigolo, mais si je suis une pute, je suis prostitué de l'art. Le corps, le touché de la peau, de l'épiderme, du sexe, ça électrise les sens. C'est comme s'asseoir dans une Rolls ; on sait qu'on n'a pas les moyens de se l'offrir mais ça fait rêver. On a juste envie de savoir ce que ça fait de rouler dans une bagnole comme ça. Eh bien avec moi c'est pareil, on se demande ce que ça fait d'avoir un physique comme le mien. Brel voulait « *être beau ; beau et con à la fois.* » Et c'est ce que je suis : beau et con à la fois ! J'assume. Je vends du rêve parce que je ne sais rien faire d'autre… »

« Et puis cette manie de faire un tas de promesses que tu ne tiens jamais. Toujours tes rêves. Mais les années passent et c'est toujours la même rengaine parce que tu ne fais rien pour que les choses s'améliorent et j'en suis même venu à penser qu'en fait tu te complais dans cette plainte perpétuelle, à passer ton temps à dire que tu es « *fatigué* », toujours « *fatigué* », continuellement « *fatigué*… » Bon sang Do, tu es fatigué de vivre, tout bonnement ! Il n'y a que toi qui puisses décider que ça change, mais pour ça il faut que tu en aies vraiment envie. Tu en as envie, Do, t'en as envie ?

    - Je ne sais pas, Max, je sais pas…

    - Ecoute, ce que je sais moi, c'est que je ne veux plus de ça. Je t'aime mais je ne veux plus qu'on s'aime comme ça. »

Et là, il lâche la phrase atroce que chacun de nous redoute d'entendre un jour :

« J'ai rencontré quelqu'un. »

Mon être tout entier entre en glaciation, emmuré vivant dans les neiges éternelles.

« Il a 34 ans, il est musicien, et avec lui j'ai recommencé à bander. Il a réussi à me redonner goût au sexe ! Tu te rends compte ? Il m'a débloqué ! C'est super, non ? Vraiment on s'éclate, c'est incroyable. Je prends un pied, t'imagines même pas ! »

Euh, non, en fait, je ne préfère pas non…

J'ai si souvent redouté qu'il me dise ça, je m'y attends depuis tant d'années, et pourtant, je n'éprouve pas grand-chose. Un mélange entre froideur et indifférence. Je crois que mon cœur vient de se mettre en mode sécurité pour m'éviter la défaillance cardiaque. Je suis dans l'incapacité de réfléchir ou d'avoir une quelconque réaction. Il vient de me faire subir une véritable torture. Le temps vient de s'arrêter pour moi. Je suis dans du coton… Sonné… K.O.

Je ne suis pourtant pas au bout de mes peines…

« Je sais que tu vas avoir du mal à me croire, mais je t'aime, Do, je t'aime tellement ! Tu ne peux pas imaginer comme je t'aime. Je suis si triste de te voir te négliger. Je me sens responsable et pourtant tu ne me laisses pas t'aider. Je ne suis rien sans toi à mes côtés. Tu n'imagines pas comme tu es important pour moi. Tu es ma moitié. Si tu n'étais plus là, je n'aurais plus de raison de continuer à vivre. J'ai tellement besoin de toi ! Tu sais, ce que je vis, ça ne change rien entre nous ; on continuera à se voir, comme avant, à se faire des vaches de câlins ! J'aime tellement passer la nuit avec toi ! Baptiste, c'est mon boy-friend, toi tu seras mon *hug-friend* ! »

On finit notre thé qu'on ne peut plus qualifier de « glacé » assis dans l'herbe piquante et desséchée, sous le ciel orageux de cette fin de journée, pas bien sûrs, ni l'un, ni l'autre, de ce qu'il vient de se passer.

On se regarde, mes yeux gris dans ses yeux bleus. Il me semble encore plus beau que lorsque je l'ai rencontré, et, pour la première fois, j'ai la confirmation que c'est vrai :

c'est bien lui *l'homme de ma vie* ; la prédiction de Gloria était exacte. J'en ai la certitude. C'est curieux cette faculté que nous avons de nous apercevoir de ce qui est important quand c'est trop tard...

Prévert disait :
J'ai reconnu le bonheur au bruit qu'il a fait en partant !

Un autre trait de ma personnalité qui me caractérise et que l'on me reproche souvent, c'est d'être incapable d'exprimer ce que je ressens ; ce qui me fait souvent passer pour quelqu'un de froid ou d'égoïste alors qu'il ne s'agit que de timidité et de désordre émotionnel. Pourtant, des émotions, je peux vous garantir que j'en ai là, mais pas moyen de mettre ça en ordre de manière à construire une phrase censée qui exprimerait la confusion sentimentale dans laquelle je me trouve. Comment lui expliquer mon état intérieur, cette glaciation polaire qui m'envahi et anesthésie toute réflexion depuis qu'il a ouvert la bouche pour m'ensevelir sous une épaisse couche de neige cynique et dévastatrice ? Quels mots seraient assez puissants pour transmettre ce chaos, cette douleur abyssale, ce savant cocktail de haine, de peur et de frustration qui vient de s'emparer de mes émotions ? Comment pourrais-je révéler ce que je ne comprends pas moi-même ? Ma réflexion se fige comme si elle était plongée dans l'eau glacée et je me coupe de tout ressentis pour faire bonne figure, baisser la tête et attendre que le ras de marée passe au dessus de moi. Personne ne m'a appris comment faire autrement. Je viens d'être relégué au stade de « *hug-friend* » et ça, croyez-moi, je ne m'y attendais pas !

Et si je vous dis que finalement, on a passé la nuit ensemble, vous me croyez toujours ?

C'est pourtant ce qui s'est passé...

16

Je passe donc ma première nuit en temps qu'*hug-friend* officiel où je découvre le sexe en érection de celui avec qui je partage ma vie depuis huit ans, et qui, effectivement, bande comme un taureau. Mais ça ne change rien entre nous, à part une protubérance inhabituelle sur mon bas ventre, puisque, comme il me le dit avec aplomb, il est fidèle, et moi, je suis juste là pour les câlins. Le sexe, c'est avec l'autre ! Stoïque, j'assume mon nouveau rôle, sans broncher, sans bander, et sans réaliser l'énormité et la violence de ce qu'il me fait subir.

Le lendemain matin, je prépare un petit déjeuner pour deux, comme le font tous les couples qui, comme nous, sont ensemble depuis longtemps, nous qui l'avons pourtant si peu fait. Je lui monte le plateau au lit et nous passons un moment finalement plutôt agréable. Un moment de calme avant la tempête.

En partant, il me dit qu'il ne sait pas quand il va pouvoir revenir, qu'il doit en parler avec Baptiste, qu'il doit s'organiser.

« C'est nouveau pour moi tout ça, tu comprends ?
- Euh, je t'avoue que pour moi aussi c'est nouveau.
- Bon je dois y aller là, il doit déjà m'attendre.
- Ah ? Bah, vas-y alors, le fais pas attendre…
- Tu m'en veux pas hein ? »

Je n'ai pas le temps de réfléchir si je peux lui en vouloir de m'avoir coupé de toute sexualité pendant huit ans pour qu'il aille finalement baiser avec un autre type en me demandant de continuer à avoir cette relation puérile qui consiste à se rouler des pelles toute la nuit enlacés l'un à l'autre comme deux adolescents pré-pubères… qu'il a déjà déguerpi.

Je suis à ce point désorienté que j'en arrive à me demander si tout cela s'est réellement passé ou si j'ai rêvé. Les choses se bousculent dans ma tête. C'est la débâcle. Je ne sais pas quoi faire. Je ne sais pas si je dois ranger la cuisine, monter faire le lit ou foutre le feu à la baraque… Alors, comme souvent, je ne fais rien. Je m'assieds et j'attends. C'est ce que je fais depuis que je suis petit et ça marche. On vient toujours me chercher. Suffit d'être patient, c'est tout. S'asseoir et attendre, voilà. Quelqu'un va bien finir par s'occuper de moi et tout va s'arranger…

Maxence n'a pas tort quand il dit que je dois reprendre ma vie en main. C'est vrai que je me laisse aller, que je ne m'habille plus, que je ne prends plus soin de moi. Il a raison, je ne sors plus, ne voyage plus… Ne vis plus. Peu à peu je me suis coupé des autres, emmuré dans mon propre corps pour échapper à ce monde qui m'échappe. Ce n'est pas un cadeau d'être avec moi…

Comme la journée se passe sans que personne ne soit venu me chercher, je monte chez Gloria, lui emprunte une valise, passe de mon côté, fais l'inventaire de mes vêtements, constate que rien ne me plaît, traverse à nouveau le palier pour remettre la valise à sa place et redescends dans la cuisine pour me rasseoir. J'attends encore un peu pour être bien sûr, et puis, au bout d'un moment, convaincu que personne ne s'inquiète de mon sort, j'attrape mon téléphone portable et envoie un *sms* à Victor pour lui demander de s'occuper des chiens. Puis je laisse un mot à Gloria :

Ma douce,

Les choses se bousculent dans ma vie. Je sais que je ne suis pas heureux mais je ne vois plus quelles sont les issues et quel chemin je dois suivre. Je suis perdu et j'ai besoin de recul pour tenter d'y voir plus clair.
Je pars quelques temps, je ne sais pas encore où mais je sens qu'on m'attend quelque part. Je vais essayer de trouver où. Ça peut être long, ne t'inquiète pas.
Tu me manques.
J'aurais voulu que tu sois là à mes côtés, qu'on s'installe tous les deux sur la petite table du salon et que tu me tires les cartes. Mais cette fois je crois que c'est à moi de trouver le chemin, tout seul.
Prend soin de toi, de vous, des chiens...
Moi je vais prendre soin de Dorian.
Je t'aime.

Do. »

Je pose le mot sur la table de la cuisine, coincé sous une bouteille de Vodka pour multiplier les chances qu'elle le voit. Je fais une caresse aux chiens, prends les clés de la Volvo, ferme la porte à clé, une fois, deux fois, trois fois de suite ; un *toc* qui revient dès que je suis en état de stress.

Il fait déjà nuit et le temps est encore plus orageux qu'hier. On entend le tonnerre qui gronde au loin. Après les grosses chaleurs de ces dernières semaines, on sent qu'un orage se prépare et apparemment ça va être pour ce soir. Je m'installe au volant et après avoir passé le portail, je ressens intensément le besoin de le refermer derrière moi. Je ne peux pas expliquer pourquoi je le verrouille une fois, deux fois, trois fois… Un geste symbolique, comme pour fermer une porte sur une partie de mon existence.

Ce n'est pourtant pas dans mes habitudes, mais sans savoir pourquoi, sans savoir où je vais, je démarre en trombe, comme Gloria, comme un malfaiteur en cavale qui tente d'échapper à la mort. Moi je fuis pour tenter d'échapper à ma vie.

Ainsi que je l'avais prédit, il commence à pleuvoir. Quelques grosses gouttes éparses au début qui se transforment vite en un véritable déluge, comme un orage d'été, violent, accompagné de coups de tonnerre et d'éclairs qui déchirent la nuit.

La route disparaît sous des trombes d'eau.
Je ne vois plus le bout du capot et les essuie-glaces ont du mal à évacuer la pluie du pare-brise.
Mais cela ne m'incite pas à lever le pied.
Au contraire.
Je crois que j'ai profité que la route soit déserte pour accélérer…
Enfin…
Je crois.
Je ne me souviens plus.

C'est confus.

Je me rappelle juste d'un tunnel.

Très long.

Interminable.

Et aussi de m'être fait flasher.

Un truc énorme qui m'a fait peur tellement c'était puissant.

Une luminosité intense.

Phénoménale.

Un éclair peut-être.

Ou un coup de foudre…

PARTIE II

Un homme se promène sur une immense plage après une
tempête et constate que l'océan a rejeté des milliers
d'étoiles de mer sur le sable
qu'une vieille femme ramasse péniblement, une à une,
pour les remettre à l'eau.
Il s'approche de la dame et lui dit que, devant
l'étendue de la tâche,
c'est peine perdue ; ça ne changera rien !
Alors la vieille se penche, prend une étoile dans sa
main, la montre à
l'homme et déclare avant de la balancer à la mer :
« Pour celle-ci, ça change tout ! »

1

Ce n'est pas toujours facile d'identifier le moment exact où sa vie prend un virage à cent quatre-vingts degrés. La mienne était dans un équilibre précaire depuis des années déjà, mais c'est dans l'atmosphère torride d'une calanque éblouissante qu'elle bascule définitivement...

***

Il fait un temps magnifique. Pas l'ombre d'un nuage dans ce ciel d'un bleu d'une infinie profondeur. Un soleil radieux écrase le paysage d'une flamboyance qui donne l'impression d'être dans un monde irréel. La chaleur suffocante qui me coupe la respiration et me brûle les poumons fait danser les images devant mes yeux. Profitant d'un moment de répit dans le tumulte de mon existence, sans but précis, j'erre au milieu de cette nature odorante et vrombissante de mille insectes. J'ai du mal à garder les yeux ouverts, éblouis par la luminosité qui m'aveugle et par ce décor féerique qui m'enchante. La main en visière sur mon front, je laisse glisser mon regard sur les contours d'une petite crique quand celui-ci se fige sur un jeune homme blond à la peau dorée, nu, paisible, assis en tailleur face à l'horizon. Cette vision attire mon attention et attise mes sens. Cet être étrange et lumineux se fond parfaitement dans ce panorama à son image ; naturel et splendide.

Le temps suspend sa course et je reste là une éternité à regarder cet ange qui semble tombé d'une étoile avant qu'il ne remarque ma présence. Il détourne la tête vers moi, me regarde avec intérêt et me décoche un sourire auquel je réponds de la même manière, tachant de ne pas laisser paraître mon embarras à m'être fait surprendre en train de l'observer.

De son rocher au ras des flots et sans qu'il ne desserre les lèvres, la voix de ce jeune homme solitaire vient susurrer à mon oreille : « *It's beautiful, isn't it ?* » Je réponds à haute voix qu'en effet, c'est magnifique, sans préciser si je parle du paysage ou de son anatomie. « Come on ! » me crie-t-il alors, m'invitant à venir le rejoindre au fond de son anse.

Ma peur me fait hésiter un instant mais je suis si curieux de le voir de près que j'accepte son invitation et le rejoins. Je peine à descendre à cause de la chaleur et de mon manque de souplesse mais je fais preuve d'une telle détermination que je réussis à venir le retrouver sur son rocher. Arrivé près de lui je me retiens de le regarder avec avidité. Pourtant, j'avoue qu'à présent, je suis bien plus intéressé par cet attirant jeune homme que par le paysage qui nous entoure. Lui, en revanche, ne me quitte pas des yeux. Il me dévisage, m'examine comme si j'étais un phénomène de foire, un extraterrestre ou comme s'il n'avait pas vu d'être humain depuis des années. Son regard est insistant mais pas malveillant. Ce garçon est superbe ; d'une vingtaine d'années, il a un visage d'ange auréolé d'une chevelure blonde et bouclée. Ses yeux d'un bleu intense, ont une profondeur qui semble vous sonder l'âme. Son corps imberbe est finement dessiné par une musculature soignée. J'ai une impression troublante de déjà-vu ; cette scène m'évoque ma rencontre avec Maxence…

Il est Suédois et, comble de l'ironie, il s'appelle Sven. Ça me surprend et je lui révèle mon nom de famille qui commence par Svenson. « So you're my son ! » lance-t-il en riant. Comme je ne saisis pas, il m'explique dans un franglais des plus charmants, que la terminaison « *sson* » veut dire « *fils de* » en suédois, et en l'occurrence, le début de mon nom signifie que je suis le fils de Sven ! La suite de mon patronyme brouille la donne, et au final, on ne sait pas de qui je peux bien être le fils…

Il paraît particulièrement intéressé par ma personne. Il me dévisage avec une curiosité sincère et bienveillante. Il me demande si je vais bien, si je ne souffre pas. Je ne comprends pas tout de suite de quoi il parle, puis je réalise qu'il doit faire référence à ma surcharge pondérale…

Sale temps pour les gros !

Ça me froisse un peu mais je ne relève pas ; j'ai tellement perdu l'habitude qu'on fasse attention à moi que je suis touché de l'intérêt qu'il me porte. J'ai si honte d'être comme je suis que je réponds que tout va bien, alors qu'en vérité, je suis proche de l'apoplexie. Mais de manière inexplicable et irrationnelle, j'ai comme un flash qui m'impose d'être franc avec lui. Il exhale de ce garçon une maturité sereine qui invite à l'honnêteté. Je sens que je ne peux pas lui mentir, qu'il me démasquerait dans la seconde. Je décide de lui dire la vérité. « En fait, si je ne m'assieds pas immédiatement je crois que je vais m'effondrer ! » Il rit et m'invite à prendre place auprès de lui.

« Moi, c'est Do. » Et sans attendre qu'il me pose l'éternelle question, j'embraye sur ma sempiternelle explication historico-familiale concernant ce court prénom si lourd à porter comme une litanie apprise par cœur que je récite inlassablement à chaque nouvelle rencontre.

« Et toi, tu préfères Do ou Dorian ? »
Tiens, c'est idiot, je ne me suis jamais posé la question.
« Euh, en fait, si je pouvais choisir, j'aimerais mieux qu'on m'appelle Dorian.
- So, you are Dorian ! Laisse pas les autres choisir pour toi si tu aimes pas ce qu'ils choisissent. »

Cet argument me paraît d'une évidence implacable ; pourtant je n'y avais jamais pensé. Ne sachant quoi ajouter, je balance ce qui me passe par la tête, comme ça, sans raison :

« Je pèse 100 kilos et je suis en dépression. »

Je ne sais pas pourquoi j'ai dit ça ! Ça a été plus fort que moi… Les mots sont sortis tout seul, sans que je le veuille, comme si ma bouche parlait indépendamment de ma volonté.

N'importe quoi !

Il éclate de rire et déclare : « On passe tous par des moments difficiles, you know. L'important c'est de prendre le temps de comprendre ce qui ne va pas et trouver des solutions à tes problèmes. Ici, c'est l'endroit idéal pour faire une pause et se ressourcer. You're welcome! »

Sans transition, il se lève et me lance :

« Viens te baigner, ça va te faire du bien ! Come on, follow me ! » Et il disparaît dans les flots bleus, me laissant à mes immuables hésitations. J'ai une envie folle de suivre ce garçon qui m'intrigue et me séduis, mais je suis effrayé à l'idée de me déshabiller devant lui. Cette situation me rappelle évidemment les premiers pas de mon histoire avec Maxence ; à part que j'ai 30 kilos de plus ! Exposer mon corps flasque devant cet éphèbe est une épreuve insurmontable.

Face à mon hésitation Sven comprend ce qui me retient :

« Tu sais, in Sweden, on n'est pas compliqués comme vous autres, c'est pas un problème d'être… How do you say ? Au poil ? Vous êtes drôles !

- En fait je suis très pudique et je n'ose pas.

- Je sais pas ce que c'est « pudique ».

- Je vois. Ça veut dire que j'ai peur de montrer mon corps.

- Don't be afraid ! On est tous fait pareil ! »

Pareil ? T'as raison, Gaston ; si tu veux on échange ; je prends ta silhouette d'athlète et tu hérites de mon corps de baleine ! No problemo, moi je suis partant !

Sans doute déboussolé par ce chant de garçon-sirène, je surpasse mes angoisses et, pas à pas sur les rochers brûlants, je m'approche du bord et plonge tout habillé dans cette eau bleu lagon sous le regard surpris et amusé de Sven qui n'en croit pas ses yeux. Il y a une éternité que je ne me suis pas baigné dans la mer et même si mes vêtements me gênent et entravent mes mouvements, je ressens une formidable impression de liberté. Il est indéniable que la présence de ce jeune Suédois donne un charme extraordinaire à cet instant qui ressemble à un songe éveillé.

Sven n'est que sourire, mine charmeuse et œil pétillant. Il rit, nage autour de moi, sans me quitter du regard. L'eau est délicieuse ; lui aussi. Si je ne me savais pas si disgracieux, je pourrais croire qu'il tente de me séduire. Mais mon aspect physique empêche toute méprise ; c'est juste un garçon aimable qui vole au secours d'un pauvre type empêtré dans ses complexes. C'est tout. Il fait preuve de générosité envers moi et cela me fait du bien. Sans le savoir, il me renvoie beaucoup d'amour. Son regard sans jugement, sa gentillesse, sa gaieté, son intérêt pour moi… Il y avait longtemps que je n'avais pas reçu pareille attention. Je suis le premier surpris de me laisser approcher avec autant de facilité. Ce garçon m'inspire confiance et me donne de l'assurance.

Nager tout habillé est difficile. Mes vêtements me collent au corps et m'empêchent d'apprécier ce moment unique. Une folle exaltation s'empare alors de moi et je retire ma marinière que je lance en direction d'un rocher sans parvenir à l'atteindre, puis je défais mon bermuda, le retire avec difficulté, la souplesse n'étant pas une qualité qui me caractérise. Tant et si bien que mon boxer vient avec et que je me retrouve « *au poil* », emprunté avec mon paquet de linge mouillé à la main que je tente encore une fois d'envoyer jusqu'au rocher le plus proche. Mais je le rate à nouveau, et je regarde mes vêtements flotter quelques secondes avant qu'ils ne sombrent au fond de l'eau, emportant avec eux mes clés et mon téléphone portable insupportable à défaut d'être insubmersible ! Je l'avais complètement oublié celui là…

Sven est mort de rire. Moi je panique un chouïa et puis je me détends quand je vois le minois de cet adorable garçon que j'arrive à amuser. A cet instant, il n'y a que lui d'important à mes yeux, et tant pis pour le contenu de mes poches ; de toute façon il est trop tard pour y penser.

« Voilà qui est bien parlé ! » me dit ma petite voix intérieure qui est bien gentille subitement alors que, d'habitude, elle passe son temps à se foutre de moi !

Sven m'invite à le suivre en direction d'un gros rocher plus au large qui ressemble à une minuscule île déserte avec son seul et unique palmier. Nous nageons côte à côte, gais, euphoriques même par moment, comme ça, sans raison, juste parce qu'on est heureux je crois. Du coup, je bois la tasse et nous rions de plus belle ! Ce moment inattendu est si magique que j'ai le sentiment de rajeunir à vue d'œil.

Arrivés sur le récif, à mon grand étonnement, je ne suis pas aussi gêné que je l'aurais cru d'être nu devant ce jeune homme. Ça me paraît presque naturel tellement je me sens à l'aise avec lui. Je sens qu'il n'est pas du genre à se moquer de moi. Nous sautons de rocher en rocher, comme deux gamins. Pour m'aider à grimper, il attrape ma main et la garde dans la sienne, comme deux amants. Son geste me trouble et m'enchante. Le contact de sa peau mouillée contre la mienne me fait frémir. Ce mec est en tous points parfait comme s'il avait été dessiné par le créateur en personne. Sa peau est intégralement dorée ; un léger duvet blond recouvre ses jambes musclées ; son sexe est large et vigoureux ; ses fesses rebondies ressemblent à une belle pêche juteuse dans laquelle on a envie de mordre à pleines dents, en laissant le jus dégouliner sur ses lèvres jusque dans son cou. Cette image m'émoustille alors que ma raison hurle dans ma tête pour me rappeler à l'ordre et tenter de reprendre le dessus. Sven remarque mon émoi, mais au lieu de se moquer ou d'en être gêné, fier de l'effet qu'il a sur moi, l'espiègle s'exhibe, se cambre, fait ressortir son joli postérieur, minaude et prend des poses à la manière des modèles en photos dans les magazines érotiques ! C'est drôle et envoûtant en même temps.

Quelque chose ne tourne pas rond chez moi ; je suis au bout du monde, arborant ma première érection depuis des années face à un garçon sorti de l'adolescence depuis peu et pourtant, aussi incongru que cela puisse paraître, cela me semble le plus naturel qui soit. Je ne me sens gêné ni par mon corps, ni par ma nudité, ni par mon sexe qui se durci. Je suis même soulagé de voir qu'il fonctionne encore après toutes ces années à courber la tête comme s'il me faisait la gueule. Je contemple l'objet de mon trouble et sourit, comme pour le remercier du cadeau qu'il vient de me faire sans en avoir conscience. Le regard que mon jeune compagnon me renvoi est doux, avenant, sans jugement ; juste parfait, comme une caresse.

« Your body is like you ; natural and generous, comme toi Dorian !»

Flagorneries !

Je n'en crois pas un mot mais j'accepte le compliment ; après tout, autant en profiter. Ça me fait tout bizarre qu'il m'appelle Dorian. C'est comme s'il parlait à quelqu'un d'autre. Faut que je m'habitue.

Mon ravissant complice me propose de découvrir l'autre versant de l'île où se trouve, paraît-il, une plage sensationnelle. Moi, je suis prêt à le suivre au bout du monde ; mais nous y sommes peut-être déjà ! Il se lance alors à l'assaut de la roche et m'incite à l'imiter afin de poursuivre notre excursion. L'image de ce jouvenceau escaladant ces rochers tranchants est d'une sensualité à couper le souffle. Elle n'est pas indécente, au contraire, elle est pure comme une vision idyllique ; irréelle comme une rêverie érotique.

De l'autre côté, je découvre en effet, une mini-plage juste faite pour nous. J'admire le paysage, merveilleux, puis je le regarde lui, qui est à tomber. Et là, ce que je croyais définitivement réglé depuis ma mésaventure avec le jeune danseur du lycée se produit à nouveau ; mes fantasmes prennent les commandes.

Je m'imagine approchant mon visage du sien.
Il ne bougerait pas.
Mes lèvres embrasseraient les siennes.
Il se laisserait faire.
Sa langue salée ferait connaissance avec la mienne pour une exploration scrupuleuse et détaillée de mon désir enflammé.
Nos deux corps se toucheraient, et, nous nous aimerions sans gêne, ni retenue, là, sur cette petite plage, coupés du monde, abandonnés l'un à l'autre, offerts, comblés. Ce serait un moment exceptionnel, un rêve devenu réalité.

Cette folie me glace le sang ; je perds la raison ! Depuis cette histoire délirante au lycée, j'avais l'impression d'avoir avancé et d'avoir compris qu'il ne fallait plus me faire d'illusion. Mais en fait rien n'est réglé. C'est lové au fond de moi, aux aguets, prêt à bondir, et il suffit que je croise un éphèbe pour que cette chose se réveille, cette bête noire qui me dévore de l'intérieur à grands coups de frustrations et que je soulage à grands coups de Vodka. Depuis le temps je devrais pourtant savoir que mes névroses ont appris à nager ; il est utopique de croire que je vais les noyer dans l'alcool...

Mes angoisses reprennent le dessus et m'obligent à revenir sur Terre sans me laisser me bercer d'illusions ; cet ange gracieux ne saurait tomber sous le manque de charme du mollusque défraîchi que je suis devenu. Il est loin le temps où j'avais encore une chance de séduire. Je suis déjà chanceux de partager un moment avec lui, il ne faut pas que j'attende autre chose.

L'évocation de mes charmes d'antan et la similitude de cette scène avec celle que j'ai vécu il y plus de huit ans me rendent coupable vis-à-vis de Maxence que je suis en train de tromper même si ce n'est qu'en pensées.

Hey, t'as oublié Baptiste, son « vrai » boy-friend ! Toi t'es qu'un « copain-câlin » mon p'tit pote, un ours en peluche, un doudou crasseux...

Le rappel de cet intrus dans mon histoire d'amour me plonge dans la mélancolie. Par réflexe, j'ai tendance à me replier sur moi-même comme je le fais toujours lorsque la tristesse prend le dessus. Mais cette fois, dans un sursaut d'envie de vivre, je me débats et refuse de me laisser envahir par mon petit démon intérieur. Il est si présent dans ma vie que je lui ai même donné un nom ; je l'appelle affectueusement mon « Gremlins », en référence au film du même nom dans lequel de petites bêtes affreuses s'amusent à mettre la pagaille dans la vie d'un petit garçon. Mon *Gremlins* à moi s'amuse à foutre ma vie en l'air et à casser tout ce que j'entreprends. Cette bestiole sournoise et vicieuse prend régulièrement possession de moi et m'entraîne avec lui dans les ténèbres de mes pensées les plus morbides. Mais là, je ne dois pas le laisser faire. Je dois garder le contrôle. Il faut que je réagisse et que je reprenne le dessus ; ne surtout pas me laisser dicter ma conduite par cette sale bête ! Je n'aurai sans doute plus jamais l'occasion de revoir cet envoûtant suédois, alors il faut que j'en profite au maximum pour ne rien regretter lorsque cet instant magique se sera évanoui pour devenir un plaisant souvenir.

Nous restons face à la mer à s'enivrer, lui du paysage, moi de sa présence, de son odeur, du contact de sa peau qui frôle la mienne, de ses regards, de son sourire malicieux lorsqu'il chantonne un vieux tube de Gloria Gaynor : « You're just too good to be true, I can't take my eyes off of you ! » C'est exactement ce que je pense et ce que je fais à cet instant.

Tu viens de te faire griller !

Me confirme mon Gremlins, et je crois qu'il a raison : Sven vient de lire dans mes pensées. Ceci dit, pas besoin d'être devin ; n'importe quel gay dans ma situation serait dans le même état d'esprit. Et n'importe quelle fille aussi ! D'ailleurs je ne suis pas sûr qu'il soit homo. Généralement, entre gays, on se reconnaît. Même si certains essayent de le cacher, on sent ça tout de suite. Mais là j'avoue que je ne suis pas sûr de moi. D'un côté je crois que oui, et son attitude le confirme, pourtant je n'en mettrai pas ma main au feu. Sven est sans doute comme tous ces magnifiques garçons qui jouent de leurs charmes pour séduire femmes et hommes sans distinction parce qu'au fond ils n'aiment réellement ni l'un ni l'autre ; ils n'aiment que leur reflet dans le miroir. C'est le cas de Maxence, sauf que lui, même ce reflet de lui même il ne l'aime pas. Enfin, il faut que j'arrête de parler de lui au présent parce qu'il change si vite qu'il va devenir un quelqu'un d'autre, une personne que je ne connais plus. Ça me fout le bourdon de penser à ça…

Sven doit le sentir puisqu'il se lève et m'informe qu'il est temps de prendre le chemin du retour. Soumis face à l'évidence de la réalité qui reprend son cours, j'esquisse un pâle sourire, et me lève à mon tour pour le suivre. Entre deux brasses, je jette un œil par dessus mon épaule et regarde s'éloigner cet écueil témoin de ce moment privilégié en essayant de graver dans ma mémoire le plus de détails possibles pour nourrir mes souvenirs lorsque je n'aurais plus qu'eux pour me tenir compagnie. Je ne peux réprimer une certaine angoisse à mesure que nous approchons du rivage. En sortant de l'eau, j'ai même un frisson.

« Oh, you're cold ! »

Sven me prend alors dans ses bras et me frictionne le dos pour me réchauffer. Mais c'est à l'intérieur que j'ai froid. C'est la peur. La peur de lui dire au revoir, la peur de me retrouver seul, encore une fois, face à moi-même. Je me blottis contre lui pour profiter d'un ultime contact avec sa peau douce et halée. C'est une personne adorable qui prend le temps de s'occuper d'un paumé qui affiche sa déprime comme un étendard. C'est inhabituel mais tellement réconfortant que j'aimerais que ce moment ne finisse jamais. Je ne le connais pas mais je me sens bien avec lui comme si j'étais en compagnie d'un ami que je connais depuis toujours.

« Voulez vous venir avec moi, ce soir ? »

C'est une invitation ou répète-t-il la seule phrase que tous les étrangers savent dire en français? Sauf que d'habitude c'est coucher qu'ils proposent… Trop heureux à l'idée de pourvoir passer encore un peu de temps avec lui, je réponds que je suis libre comme l'air. Il m'invite à l'accompagner, ce que je m'empresse d'accepter sans même lui demander où il veut m'emmener, ce qui va à l'encontre de mes habitudes, mais lui je le suivrais n'importe où ! Sans plus attendre il file déjà entre deux rochers. Je tourne la tête de tous côtés mais je ne reconnais pas la petite crique d'où nous sommes partis. Pas le temps de lui demander où nous nous trouvons qu'il a déjà disparu. Paniqué à l'idée de perdre je m'empresse de suivre ce surprenant compagnon.

Au bout des rochers, nous arrivons sur une longue plage de sable blanc et fin comme je n'en n'avais jamais vu. Nous ne croisons personne. Il n'y a que nous, marchant côte à côte, le long de la mer turquoise. Je nous fais l'effet de deux naufragés sur une île vierge de toute activité humaine. Nous quittons ce décor de carte postale par un étroit chemin qui serpente entre des joncs immenses, à moins que ce ne soit des bambous, pour déboucher sur un paysage quelque peu onirique. Sven m'invite à prendre le temps de me repaître de ces oliviers aux troncs tortueux, de ces cactus gigantesques, des fleurs odorantes aux couleurs éclatantes, des insectes bourdonnants, des lézards dissimulés sur les murs de pierres blanches qu'il m'aide à découvrir, de l'immensité de ce ciel d'un bleu profond qui enveloppe ce panorama de sa bienveillance et je réalise que la beauté est partout autour de nous.

Nous empruntons un dédale de sentiers sablonneux que Sven aborde sans sembler souffrir lorsqu'il marche sur un caillou ou un morceau de bois alors que j'ai le plus grand mal à mettre un pied devant l'autre sur le sable bouillant. Il est en total harmonie avec la nature qui nous entoure. Il me prend par le cou, comme un vieux pote qu'il connaîtrait depuis l'enfance. Mon rythme cardiaque pique un sprint et mon cœur s'emplit de bonheur que je sens monter en moi comme un liquide chaud et sirupeux qui se déverserait à l'intérieur de mon corps. Une chaleur intense envahit tout mon être, comme si je venais de m'envoyer une double Vodka. Ce moment simple me semble extraordinaire. Il me murmure « It's amazing ! » comme s'il avait entendu ma pensée. Je suis ivre de bonheur, j'en ai le tournis et lui paraît heureux de me voir comme ça. Je me demande bien qui est ce garçon et ce qu'il espère de moi, mais une voix intérieure me souffle qu'il n'attend rien, qu'il est juste bien en ma compagnie, serein et qu'il savoure ce moment, c'est tout. J'ai l'impression d'être à des milliers de kilomètres de chez moi, dans un autre monde en compagnie d'un sage d'une candeur contagieuse. Je ne sais pas ce qui se passe mais je contemple tout ce qui m'entoure avec un nouveau regard. Tout me semble si différent, comme dans un songe. Ça semble irréel, féerique, fantasmagorique…

$$2$$

Le sentier nous mène à une grande bâtisse un peu délabrée mais avec une allure folle. Un écriteau à l'entrée indique en lettres mauves manuscrites « *La Chrysalide* » sans plus d'indication sur l'identité de ses occupants. Une pergola envahie par une vigne vierge arborant d'immenses feuilles d'un vert intense protège du soleil une terrasse qui invite à venir s'asseoir pour profiter d'une boisson fraîche et d'un moment de repos. Avec cette chaleur, je donnerai n'importe quoi pour un simple verre d'eau ! Quelques personnes sont attablées et discutent, d'autres sont allongées dans des canapés disposés en arc de cercle tout autour de la terrasse et qui forment comme une petite place bien charmante. Des enfants jouent et se courent après en criant dans une langue que je ne reconnais pas. Plus loin, j'aperçois un jardin que des silhouettes semblent être en train de cultiver. Personne ne remarque notre présence.

Sven et moi contournons la maison pour découvrir d'autres bâtiments qui ne dépassent pas un étage. Certains sont en bon état, d'autres presqu'en ruine. Un groupe d'une dizaine de personnes, des hommes pour la plupart, d'âges différents, s'affaire à reconstruire ce qui devait être jadis une écurie. On dirait un village oublié depuis des années qu'un groupe de hippies a entrepris de rebâtir.

Sven clarifie mes interrogations.

Il m'explique qu'il s'agit d'une ancienne ferme qui appartient à Salvatore ; un Français comme son nom ne l'indique pas ! Il a créé cette sorte de communauté que Sven appelle « La Famille », qui redonne vie à ce lieu et avant tout à ses habitants. Il ne m'en dit pas plus mais je crois que, de toute façon, mon cerveau est à saturation, incapable d'ingurgiter plus d'informations. J'ai tant d'images dans la tête que je suis un peu grisé. Je ne saurais dire de quoi...

De bonheur ?
D'être en si charmante compagnie ?
D'avoir trouvé un lieu qui a un je ne sais quoi de paradis ?
Ou par cet indéniable sentiment de liberté ?
Sans doute est-ce tout ça à la fois...

J'avais déjà rêvé d'un tel lieu, mais j'étais loin d'imaginer qu'il existait et que j'allais m'y retrouver un jour ! Je suis surpris de constater l'étendue de la propriété. Sven m'emmène à travers un dédale de ruelles fleuries et odorantes qui me rappellent les villages du sud de l'Italie. Nous croisons des personnes qui me sourient et me disent bonjour dans diverses langues auxquelles je réponds d'un sourire embarrassé. Je regarde tout ce qui m'entoure avec des yeux incrédules. Je suis comme dans un conte étrange. C'est déroutant et je sens que je ne suis plus en capacité de maîtriser quoique ce soit. Je n'ai pas d'autre choix que de lâcher prise et de suivre mon guide avec confiance. Cela m'étonne mais je me sens bien, léger, comme si Sven venait d'ôter un poids de 100 kilos de ma poitrine qui m'étouffait et m'empêchait d'avancer depuis des années.

100 kilos : le poids de mon corps, le poids de ma vie…

Nous nous arrêtons au bas d'un mur sur lequel repose une échelle et Sven crie : « Stephen ! ». Un type pointe le bout de son nez sur le bord du toit et Sven lui demande de descendre. Arrivé à notre hauteur, le garçon se retourne et je reste bouche bée ; le Stephen en question est le portrait craché de Sven, trait pour trait ! Sven baragouine quelque chose d'incompréhensible que son double paraît saisir. J'en déduis qu'il parle suédois. Je suis si déconcerté que je n'entends pas tout de suite Stephen me dire bonjour et me souhaiter la bienvenue dans un français impeccable, sans une once d'accent :

« Je vois que tu es surpris. Sven ne t'a rien dit, bien entendu. Il adore faire ça. Je m'appelle Stephen et comme tu le vois, je suis le frère jumeau de Sven. Sois le bienvenu parmi nous. »

Stupéfiant !
Exactement les deux mêmes.
Impossible de les différencier l'un de l'autre… Sven est hilare en regardant la tête que je fais, satisfait de son petit effet.

« Pardonne-moi, je dois remonter, j'ai du mortier qui va sécher, mais on se voit tout à l'heure ! » me dit le clone de Sven, une main amicale posée sur mon épaule. Je le regarde remonter à l'échelle sans dire un mot, ébahi, les bras ballants, troublé par cette vision insolite.

Sven me demande si je veux boire quelque chose et sans attendre ma réponse file en direction de la ferme. Je lui emboîte le pas sans même penser à répondre à sa question.

Nous débarquons dans une vaste pièce dans laquelle plusieurs personnes sont occupées à préparer le dîner. Sven ouvre un réfrigérateur, en sort une cruche contenant un liquide jaune et rempli deux grands verres de cette boisson fraîche. Avant que je puisse porter le verre à mes lèvres, Sophia, une jeune espagnole brune aux cheveux longs et bouclés, portant une longue robe rouge passion qui la fait ressembler à la Carmen de Bizet, m'attrape par la main et nous embauche pour éplucher des légumes. Elle m'installe à une table, tire une chaise pour que je puisse m'asseoir, pose un panier plein de légumes multicolores devant moi et un économe. Je meurs de soif mais je n'ose dire un mot et m'astreins à la tâche qui vient de m'être confiée. Je suis un peu dérouté par l'aplomb de cette femme et je ne comprends pas ce que je fais nu dans une cuisine à éplucher des légumes parmi des gens que je ne connais pas, dans un endroit tout aussi inconnu. Mais comme à mon habitude, je fais ce qu'on me dit sans me rebeller. Je ne me suis pas trompé sur Sophia ; telle Carmen, elle se met à chanter à tue-tête en faisant virevolter sa robe à chacun de ses déplacements. J'ai le sentiment d'être au milieu d'une représentation théâtrale dans laquelle j'ai un rôle à jouer, mais lequel ?

Sven s'amuse de mon embarras. Il s'approche, s'assoit à côté de moi et passe son bras autour de mon cou. Je sens une forte chaleur passer de lui à moi, comme s'il me transmettait de l'énergie. Ça me calme instantanément. Ma gêne s'évapore pour laisser place à un sentiment de bien-être. Sauf que j'ai toujours soif…

Un petit garçon tout frisé et tout crasseux vient s'asseoir sur mes genoux. Je suis surpris mais lui semble très à son aise confortablement installé sur moi. Il suce son pouce en m'observant éplucher les patates. C'est déconcertant mais je l'interprète comme sa manière à lui de me souhaiter la bienvenue et de me dire qu'il est content de faire ma connaissance. Cet enfant me fait penser à Charlotte. Elle aussi m'a toujours donné beaucoup d'amour sans me juger, à l'image de ces gens autour de moi qui m'accueillent sans me connaître et avec lesquels je me sens si serein. Ça doit être agréable de vivre au milieu d'êtres comme ceux-là qui ne se forgent pas une opinion d'après l'apparence. Ils me prennent comme je suis, c'est tout.

« Nous nous montrons comme nous sommes et nous t'acceptons comme tu es ; sois toi même et prend nous comme nous sommes » me murmure Sven à nouveau en phase avec mes pensées. Même si j'ai trouvé Sophia un peu brusque, c'est vrai qu'elle s'est comportée avec moi de la manière la plus naturelle qui soit, comme si je faisais partie de la Chrysalide et qu'elle me connaissait depuis longtemps. A moi de ne pas me formaliser et d'accepter qu'elle puisse avoir un caractère vif. Ne pas la juger ni la condamner sans la connaître.

Une citation de Goethe que je faisais étudier à mes élèves me vient à l'esprit. Il dit que pour vivre heureux, il faut voyager avec deux sacs : un que l'on vide pour donner aux autres et un que l'on remplit avec ce que l'on reçoit. Moi qui n'ai pourtant rien à offrir, je reçois de précieux cadeaux de la part de ce divin guide qui m'accueille avec générosité dans son monde singulier et plein de charme.

Après avoir donné un coup de main en cuisine, nous apportons les plats qui viennent d'être préparés sur les grandes tables de la terrasse, sous la pergola. A peine avons-nous terminé que de petits groupes disséminés arrivent de toutes parts avec une simultanéité étonnante. Comme je m'en étonne, Sven me dit avec son merveilleux accent :

« On écoute notre corps et les messages qu'il nous envoie. C'est comme des mails, tu vois. Et là, notre corps il dit : j'ai faim ! » Et il mord à pleine bouche dans un morceau de pain aux céréales. « Alors faut manger ! Il faut écouter ton corps, Dorian. It's very important. Il te dit plein de choses. Tu dois créer la communication entre le corps et l'esprit. L'homme moderne ne s'occupe que du mental. Cette société réfléchit trop et ne ressent pas assez ! C'est très mauvais ça ! »

Les habitants de ce lieu atypique s'installent sur les tables mises à leur disposition, s'assoient dans les canapés, ou emportent leurs assiettes. Chacun fait comme il le souhaite, sans protocole préétablit. Sven m'apprend qu'au sein de ce qu'il appelle la « Famille », chacun participe aux diverses tâches, à sa manière, selon ses possibilités et ses envies. Il n'y a ni nom, ni chef, ni religion, ni règlement intérieur, juste l'envie de vivre dans le respect et la tolérance, en harmonie avec les autres et la nature.

« Chacun fait ce qu'il veut. That's freedom ! Tu fais ce que tu crois bien pour toi. No obligation. No jugement. *La Chrysalide le lieu où tout devient possible !* That's it ! Le seul maître mot ici c'est 'respecter l'autre' ! Y'a pas de haine ou de violence chez nous. On est bien tous ensemble.

- Et vous fumez quoi ? »

Il sourit, ignore mon sarcasme et m'apprend qu'il y a différentes religions au sein de la Chrysalide, des origines variées, des préférences sexuelles diverses, et que tout ce petit monde vit en parfaite harmonie.

« On est *vegan*. Ici, on n'exploite pas les animaux et on les mange pas. On respecte la vie. On refuse la souffrance. Tu sais, la souffrance elle s'inscrit dans la viande de l'animal qu'on tue. On veut pas se nourrir de la souffrance. On peut vivre et très bien se nourrir sans faire souffrir ! C'est mieux ! On fait attention aux gens, aux animaux, à la planète aussi : on cultive nos légumes sans chimie, sans polluer, on récolte nos fruits. On a des éoliennes et des panneaux solaires. Et des puits profonds qui donnent de l'eau toute l'année. Pour le moment, on n'a pas encore une bonne solution pour le transport, mais on trouvera ! »

Des *néo-écolos-hippies-bobos* qui tentent de vivre le plus confortablement possible tout en préservant la planète. Même si ça me séduit, je sais que c'est une utopie, mais je ne lui dis pas. Je l'écoute dérouler son argumentaire sans broncher, sous le charme de sa voix. J'aime son accent et sa manière d'expliquer. Ça paraît si simple. Ça donne envie d'y croire…

« You'll see, in the futur, il y aura des petits groupes comme nous, autosuffisants et respectueux des êtres et de la Terre, un peu partout plutôt que d'être tous entassés dans les grandes villes. Des gens qui vivent dans l'harmonie et la paix ; plus besoin de faire la guerre quand tu as tout ce dont tu as besoin et que ta tête est bien rangée, pas vrai ? C'est un cadeau de la Terre Mère qui le donne aux hommes ! » Si seulement il pouvait avoir raison !

Même si je reste septique, ces gens me surprennent, leur manière de vivre m'interpelle et leur mentalité me plaît. Différentes origines, différentes croyances, différentes cultures, différentes langues, différentes sexualités… Et pourtant tous ces gens cohabitent paisiblement ; une belle leçon d'humanité.

Stephen nous rejoint et nous dînons tous les trois assis dans un grand canapé mou. J'en ai un à ma gauche, un à ma droite et le seul moyen que j'ai pour les reconnaître c'est que l'un porte un sarouel blanc alors que l'autre ne porte rien ! Nos corps se touchent et dégagent une chaleur moite. Je tourne la tête vers l'un, puis vers l'autre. Echange des sourires avec Sven, puis avec Stephen qui est aussi charmant et séduisant que son frère. Ce dernier me fait goûter certains plats en me les mettant directement dans la bouche. Moi qui suis plutôt du genre à engloutir n'importe quoi pourvu que ce soit en grande quantité tellement j'ai besoin de remplir ce trou béant qui m'habite, ce soir c'est différent, je me délecte de ces mets sains et raffinés… Le parfait opposé de mes repas habituels ! Stephen me sert à boire et me parle d'humanité, de bonheur, de lâcher prise, d'amour… Mais mon cerveau est hors service et, bercé par le son de sa voix, je profite simplement du plaisir de cet instant. Je suis véritablement comblé. Je n'ai bu que du thé à la menthe et pourtant je suis enivré par le bien être qui vient de fleurir en moi.

Je discute avec des gens assis autour de nous. C'est la première fois que je les vois pourtant j'ai l'impression de les connaître depuis longtemps, comme des collègues, des voisins, des copains, des camarades de classe perdus de vue. Personne ne me demande d'où je viens, ni ce que je fais dans la vie. Ce qui les intéresse, c'est l'être que je suis et non la fonction que j'occupe dans la société. Ils sont tous très tactiles, comme s'ils découvraient ma vraie personnalité à travers mon épiderme. Ça me surprend mais je me laisse faire.

Un groupe joue de la musique tzigane et une jeune femme danse le flamenco sur des chants lancinants. « C'est Anita ! », murmure Stephen à mon oreille. Certains frappent en rythme dans leurs mains, d'autres semblent en pleine méditation. Je les regarde émerveillé, comme un petit garçon qui assiste à un spectacle extraordinaire, impressionné par ce que je suis en train de vivre, encadré de mes deux angéliques *bodyguards*… Je me régale de cette musique envoûtante, encore une fois surpris d'apprécier ce que d'habitude je ne remarque pas. Elevé chez ma grand-mère, la musique était inexistante, elle ne fait pas partie de ma vie. A la limite, ça m'agresse quand on en écoute près de moi. Mais là, elle m'inonde de sensations diverses qui m'enchantent.

Le soleil décline. Des bougies, des torches et des flambeaux illuminent de leur douce lumière ce lieu qui devient de plus en plus fascinant à mesure que la pénombre s'installe et que les habitants deviennent des ombres. Chacun est dans son monde. Le ciel bleu nuit est une immense fresque qui me recouvre d'une tendre chaleur comme une couverture d'étoiles. Le mélange des odeurs d'épices, du parfum sucré des fruits gorgés de soleil, de la mer si proche et du sable qui refroidit doucement me grise. Plus rien ne m'inquiète ni ne me fait peur. Je ne doute plus de moi. Je ne me sens ni gros ni insignifiant.

Je suis beau, bon, aimant, aimé. Je crois que même sous ecstasy je ne pourrais pas me sentir mieux que ça !

Je ne pensais pas pouvoir vivre deux fois dans la même journée un moment aussi plaisant que celui que j'ai vécu avec Sven sur la plage cet après-midi, et pourtant c'est le cas. Une nouvelle fois, c'est une soirée extraordinaire, sublimée par un indescriptible sentiment de liberté.

Je perds toute notion de durée et je ne saurais dire combien de temps nous restons comme ça blottis tous les trois à regarder en silence le spectacle qui se joue autour de nous avant que Sven et Stephen ne se lèvent et m'invitent à les suivre. Je réalise que maintenant que la nuit est tombée, je vais devoir quitter cet univers féerique pour reprendre le cours de ma morne existence. Déjà la réalité refait surface ; alors que j'ai passé l'après-midi la peau couverte de sel séché, ce n'est que maintenant que ça me démange. Je me sens poisseux, sale et je ne me vois pas rentrer à pied dans cet état. D'ailleurs je ne sais pas où nous sommes et comment repartir d'ici. Je n'ai plus de clés, ni de téléphone. Je suis sans un sou en poche et d'ailleurs, je n'ai même plus de poches ! Et comment vais-je faire pour trouver des vêtements ? Le calme qui s'était fait dans ma tête disparaît pour laisser sa place à celle qui trône en cruelle maîtresse dans ma vie depuis ma naissance : l'angoisse, qui reprend ses droits sans préavis avec l'autorité féroce et brutale que je lui connais. Je commence à paniquer.

Sans que j'aie besoin d'exposer mes inquiétudes, Sven lit la peur qui se dessine sur mon visage et il me tranquillise en m'invitant à rester avec eux. Une fois encore, on vient à mon secours et ce sauvetage renvoie mon angoisse au placard pour quelques heures. Je ne sais pas où je suis ni qui sont ces deux adorables garçons, mais je ne me fais pas prier pour rester en leur compagnie. Je ne me sens même pas gêné de me laisser inviter comme ça. Je ne proteste pas, je me laisse faire, je sens que leur invitation est sincère. Je ne me reconnais plus !

Nous empruntons un labyrinthe de venelles et de couloirs jusqu'à ce que nous arrivions dans une vaste pièce carrelée du sol au plafond qui baigne dans une pénombre bleutée et qui ressemble à un hammam. Dans le fond, une femme lave deux enfants dans une bassine en bois qui me fait penser à une très grosse coque de noix. Nous approchons d'un mur en mosaïque bleue et blanche d'inspiration mauresque et Stephen ôte son sarouel pour se retrouver lui aussi en tenue d'Adam. Impossible à présent de faire la distinction entre son frère et lui. Une eau tiède jaillit du pommeau de douche situé au plafond avec un jet suffisamment large pour que nous puissions tenir dessous tous les trois. Cette sensation de chaleur qui coule sur ma peau me réchauffe l'intérieur du corps. Elle me réconforte, m'apaise.

Les deux frères commencent alors à me laver avec délicatesse, comme s'ils nettoyaient un objet précieux. Surpris, je me laisse faire. Leurs mains qui savonnent ma peau sont comme des caresses qui courraient sur mon corps, sur mon ventre rond et mes grosses fesses avachies, mes jambes molles... Je les regarde faire sans bouger, comme s'il ne s'agissait pas de moi mais du corps d'un autre. La tentation de les toucher est si forte que je commence à leur rendre leurs caresses savonneuses, tantôt à l'un, tantôt à l'autre. C'est un moment très doux, tendre et sensuel. Du fond de la pièce, les enfants à cheveux de mousse me sourient. Comme eux, on me lave avec amour et attention.

Après m'avoir essuyé avec une douceur égale à celle qu'ils m'avaient prodigué en me douchant, nous sortons de cette salle fantasmagorique pour emprunter un dédale de petites allées en terre battue jusqu'à un grand escalier. Nous le gravissons et accédons à un corridor à ciel ouvert qui dessert plusieurs portes dont la plupart sont grandes ouvertes. L'intérieur des pièces est plongé dans l'obscurité et je ne peux pas voir à quoi elles ressemblent. Je dois reconnaître qu'une certaine appréhension monte en moi, car au fond, je ne sais pas où je suis, ni qui sont ces gens extravagants.

Avec ton bol, t'es tombé dans une secte satanique !

Je suis un peu inquiet, mais en même temps, très excité par ce que je suis en train de vivre. Je ne me souviens pas avoir déjà été autant choyé. Alors, même si je risque de le regretter, je dois aller jusqu'au bout de cette expérience insolite. Je les regarde s'occuper de moi comme si j'étais un jouet qu'ils se partageaient. Je ne sais pas qui est qui tant ils se ressemblent. Ils ne sont plus qu'un, une entité, une cellule d'amour et de beauté qui me charme et m'envoûte.

Nous entrons dans une pièce plongée dans l'obscurité et Sven allume une lampe de chevet qui se trouve sur le rebord de la fenêtre et qui répand une atmosphère ouatée, chaleureuse et confortable. Je ne vois pas distinctement la taille de ce lieu que je découvre, mais il semble spacieux et haut de plafond. De nombreux objets épars, hétéroclites et surprenants, m'empêchent de comprendre la fonction de ce drôle d'endroit. On entend encore la musique et les chants qui nous parviennent de l'extérieur, plus lointains, comme une méditation collective.

C'est quoi ? Des chants rituels précédent un sacrifice humain ? Euh... C'est qui la victime ?

Je panique un peu et demande aux garçons où nous sommes. Sven me dit qu'on est dans « l'atelier », ce qui ne me rassure pas vraiment parce que je me demande ce que l'on fait tous les trois, nus, en pleine nuit, dans un atelier pendant que toute une communauté chante une sorte de longue litanie assez flippante. « On l'appelle l'atelier parce que c'est là que Sven travaille, mais c'est aussi là que nous vivons. C'est notre chez nous ! » me dit Stephen. Sa voix suave et la douceur de son regard m'apaisent immédiatement.

En effet, je n'avais pas remarqué en entrant qu'il y a un lit au ras du sol d'une taille surprenante, une sorte de gigantesque futon, avec des coussins épars, plusieurs couettes de couleurs vives, le tout entouré d'un baldaquin fait de tissus blancs très fins qui pendent du plafond qui doivent faire office de moustiquaire. L'un des garçons s'allonge sur le lit et m'attire à lui. L'autre prend un flacon, verse un peu de son contenu dans le creux d'une de ses mains et les frotte l'une contre l'autre pendant que le premier me retourne pour que je me mette sur le ventre. Alors, celui qui était resté debout s'agenouille sur ce matelas confortable et commence à me masser, doucement mais fermement. L'autre prend le flacon à son tour, verse quelques gouttes du liquide dans l'une de ses mains, les frotte également l'une contre l'autre et, lui aussi, me masse. Je me laisse aller à ce moment de tendresse, confiant en leurs mains expertes qui malaxent ma chair, ma graisse ; mais à ce moment précis, je ne pense plus à mes kilos en trop. Je glisse dans un état second, bercé par ces caresses envoûtantes et ces musiques hypnotiques. Alors, peu à peu, de l'un à l'autre, de l'autre à l'un, je me laisse aimer à corps perdu et à cœur ouvert.

3

Lorsque je me réveille, je meurs de soif ; j'ai la bouche sèche et la langue pâteuse. Il doit faire jour depuis longtemps puisque le soleil est déjà haut dans le ciel et inonde la pièce de son aveuglante clarté. Ce nouvel éclairage sur ce que j'avais pris pour le palais des mille et une nuits, révèle à présent une pièce kitsch et passablement délabrée. Des tissus pendent d'un peu partout et un capharnaüm digne d'un brocanteur envahi le moindre recoin. On est loin de Byzance et sa féerie, mais bel et bien dans un atelier d'artiste et son bric à brac. Des tableaux sont posés ça et là, dans tous les sens, contre les murs, par terre, sur une commode dorée et sur une table monumentale qui trône au milieu de la pièce sur laquelle s'amoncelle un nombre impressionnant d'objets ainsi qu'une multitude de pinceaux de toutes tailles, mélangés à des tubes de peintures. Aussi étrange que cela puisse paraître, au milieu de ce salmigondis se trouvent un piano à queue, un ancien mannequin de couturière, une brouette en bois, un canapé carmin et, derrière le piano, un fauteuil Voltaire de couleur prune dont l'élégance dénote au milieu de ce bazar qui n'est pas sans me rappeler l'appartement de Gloria !

Je reprends petit à petit mes esprits. Je sais où je suis et ce qui s'est passé, mais autant cela m'a semblé naturel hier soir, autant je me dis à présent que cela est étrange, improbable… complètement dingue !

Je suis seul, au milieu de cet immense lit, dans cette pièce éblouissante et incongrue, et, alors que des milliers de questions s'entrechoquent dans ma tête, je me sens bien. Calme, détendu, comme je ne l'ai pas été depuis des années. Peut-être même comme jamais en fait. J'ai dormi comme un bébé. Il me semble n'avoir jamais aussi bien dormi. Tout ça me semble irréel, mais ma peau encore huileuse témoigne que je n'ai pas rêvé : on m'a bien massé. Ça veut donc dire que tout ce qui s'est passé ensuite a vraiment eu lieu et que ce n'est pas le fruit de mon imagination ; après des années d'abstinence, cette nuit passée à faire l'amour avec mes deux Adonis n'est pas le fruit de mes phantasmes. Je suis sceptique tellement tout ça semble improbable…

Il n'y a pas un bruit. Je me redresse, je tends l'oreille, mais rien. Rien ne trouble cet instant paisible. Je me lève et m'avance jusqu'à la fenêtre où je découvre un paysage splendide ; une végétation méditerranéenne avec des oliviers centenaires à perte de vue sur fond de montagnes désertiques ; c'est magnifique ! Mais personne à l'horizon. Que les jumeaux m'aient laissé seul dans cet univers étrange me déstabilise.

Maintenant qu'ils ont fini de s'amuser avec toi, ils te laissent en plan, comme un jouet dont on ne veut plus et qu'on abandonne. Tu t'attendais à quoi ? Voilà, t'as plus qu'à prendre tes cliques et tes claques et à aller te faire voir ailleurs !

Une pointe de déception ravive ma mélancolie chronique. Je sais, c'est stupide, ça ne pouvait pas durer, c'est clair ;

mais au fond de moi, j'espérais pourtant que ça ne s'arrêterait pas si tôt… Pour une fois que je me sens bien quelque part. Pour une fois que je me sens moi. C'est comme si je venais de faire connaissance avec moi-même.

Salut, je me présente : Dorian ; enchanté de me connaître !

Moi qui suis du genre empoté, mal fagoté, gras comme une otarie boulimique, ici, non seulement ça ne gêne personne, mais en plus, je me sens bien dans ma peau, au point de me balader dans le plus simple appareil toute la soirée, de me laisser laver puis masser et finalement aimer par deux gravures de mode qui me font réaliser que la vie peut être magnifique. Magique. Tout est si simple ici…

A la seconde où j'ai rencontré Sven, ma vie a basculé. Et voilà qu'elle va reprendre son cours habituel… Cette idée me fait frissonner. Il faut pourtant bien me rendre à l'évidence ; la fête est finie, je dois m'en aller… Pourtant, comme à mon habitude, je me rallonge sur le lit et j'attends que quelqu'un vienne me chercher pour me dire de débarrasser le plancher.

Je reste comme ça un long moment, je crois même m'être assoupi, mais au bout d'un moment je fini par admettre que personne ne va venir, alors je me décide à partir. Mon manque d'enthousiasme à l'idée de quitter cet endroit me pousse à en faire le tour pour retarder le plus possible l'heure de mon départ. Je regarde tous ces objets surprenants qui se trouvent dans cet « atelier », puisque c'est ainsi que les garçons ont nommé cette pièce, et mon regard s'arrête sur la lampe que Sven a allumée hier soir en entrant.

« Waouh ! C'est dingue ça ! »

Il s'agit d'une lampe de chevet surmontée d'un abat-jour rouge en forme de robe à crinoline et dont la particularité est que le pied représente des jambes de femme portant des bas résilles et chaussées d'escarpins noirs d'une sensualité sans équivoque. Si cet objet me surprend tellement, c'est qu'il s'agit de la même lampe que celle que nous avons trouvé un soir avec Maxence posée sur une poubelle à Pigalle. Nous avons craqué non seulement sur l'originalité de l'objet en lui-même, mais aussi sur les histoires que nous avons imaginé à propos de cette lampe de chevet. A qui avait-elle pu appartenir dans ce quartier haut en couleur ? De quelles scènes sensuelles et sans suite avait-elle été le témoin ? Pourquoi s'était-elle retrouvée abandonnée sur un container à ordures alors qu'elle était en parfait état ? Même l'ampoule fonctionnait encore lorsque nous l'avons branchée après l'avoir récupérée. Qu'était devenue sa propriétaire puisque, d'après nos suppositions, il ne pouvait s'agir que d'une femme de petite vie, comme on dit… Cette lampe génératrice de multiples fantasmes et spéculations trône à présent dans le salon, bien en évidence, comme un objet sacré dont nous sommes fiers. Et voici que je la retrouve dans ce lieu insolite comme un objet familier qui me fait me sentir un peu chez moi !

Alors que je me dirige vers le luminaire avec émotion, comme une vieille connaissance que l'on rencontre à l'autre bout du monde, je m'aperçois que le fauteuil Voltaire est occupé par une jeune fille d'une quinzaine d'années, de type eurasien, le teint mat, les yeux sombres avec de longs cheveux noirs qui lui coulent dans le cou. On dirait un ange gardien chargé de veiller sur moi pendant mon sommeil et qui n'a pas bougé d'un cil depuis que je suis réveillé. Voyant que je l'ai repéré, cet ange me sourit. Je réponds à son sourire mais je n'ose pas l'approcher ; dénudé depuis la veille, je me sens affreusement gêné face à cette adolescente et j'essaye de dissimuler mon sexe derrière mes mains. Réaction puérile puisque je m'exhibe devant elle depuis de longues minutes sans le savoir. J'assume et retire mes mains ; un tout petit pas pour l'humanité mais un grand bond en avant pour Dorian !

La jeune femme se lève et s'approche de moi. Je lui dis bonjour et elle me répond « Holà ! Qué tal ? » d'une voix douce et légèrement éraillée. J'en déduis qu'elle est espagnole et je tente alors de lui demander son prénom dans sa langue que j'ai apprise au lycée et dont il ne me reste que des balbutiements. Je ne sais pas si elle a compris puisqu'elle me répond « Juan », que je pensais être un prénom de garçon mais je n'insiste pas, ne sachant pas comment expliquer ça en espagnol.

« Yo soy Dorian.
- Si, lo sé.
- Ah bah oui, je suis idiot.
- *No, tou n'es pas idiote. Porqué tou dis ça ?* »

Sa réaction me fait réaliser que c'est exact ; je m'empresse toujours de me rabaisser, à la moindre occasion, devant n'importe qui, même face à la plus charmante et la moins intimidante jeune personne. Je ne sais pas pourquoi je fais ça. Maintenant, j'ai le sentiment que le pas en avant que j'avais fait en assumant ma nudité vient d'être rétrogradé par le pas en arrière que je viens de faire en me dénigrant moi-même… Pourquoi est ce que je complique toujours tout ? Je ne peux pas me contenter d'apprécier mes progrès sans souligner les points négatifs ? Il faut que je change ce processus, je n'en peux plus d'être comme ça. Je dois pouvoir réussir à voir le côté positif des choses. Les gens d'ici n'ont pas l'air de se prendre la tête à tout bout de champ ; c'est donc possible. Quand je vois l'étendue des dégâts, je me demande si j'arriverai un jour à m'en sortir…

La jeune Juan attend patiemment la fin de mes réflexions internes. Après un blanc d'une minute pendant laquelle je ne trouve rien à dire, elle me dit de la suivre et sort de la pièce. Je suis surpris et je ne sais pas quoi faire mais il arrive un moment où l'urgence n'est plus à la réflexion mais à l'action et je lui emboîte le pas, trop heureux que l'aventure continue.

Nous nous retrouvons directement à l'extérieur sans que je reconnaisse les couloirs empruntés hier soir ; il faut dire qu'il faisait nuit et que je n'avais plus toute ma tête. A la clarté du jour, tout me paraît différent. La chaleur m'enveloppe de la tête aux pieds et c'est très agréable. Tout mon épiderme semble frissonner de plaisir sous les rayons de ce soleil omniprésent. Je suis la jeune femme tout en l'observant d'un œil attendri. Je n'ai jamais rencontré quelqu'un d'aussi gracieux. Elle ressemble à ces figurines en porcelaine que l'on expose fièrement dans une vitrine pour les protéger du monde extérieur. Elle est si gracile, semble si fragile…

Plus nous avançons, plus j'entends des bruits qui se rapprochent ; de la vaisselle qui s'entrechoque, des gens qui parlent et qui rient. Peu à peu, la vie reprend autour de nous et je suis un peu déçu de n'être pas resté plus longtemps seul à faire connaissance avec cette jeune personne si délicate qui me renvoi un drôle de sentiment. Elle m'attire et m'effraie en même temps. Ce n'est qu'une gamine mais elle m'impressionne. Elle me rappelle vaguement quelqu'un mais je ne sais pas qui. Peut-être me fait elle penser à une élève... Mais laquelle ? Je ne la connais pas, ça j'en suis certain, et pourtant elle m'est si familière...

Après quelques détours par des endroits qui ne me disent rien, je reconnais la terrasse où nous étions la veille avec Sven et Stephen. Juan me prit de m'installer et me demande si je prends du thé ou du café. En fait, j'ai surtout envie d'un grand verre d'eau ! Je lui dis qu'avant de prendre un petit déjeuner, j'aimerais m'habiller, que je ne peux pas rester dans cette tenue, mais elle me répond que je n'ai pas à m'en faire pour ça. Visiblement, à part moi (et encore, de moins en moins), ça ne gêne personne. Pourtant elle est habillée, elle. Elle porte une tunique turquoise qui lui descend aux chevilles, légère et transparente laissant apparaître sa peau mate et deux tétons qui pointent en lieu et place de sa future poitrine.

Elle s'éclipse et je reste seul assis à une table prévue pour une douzaine de personnes, attendant d'être servi comme un prince dans un palace. Il doit être tard et les autres ont dû prendre leur petit déjeuner depuis longtemps pour partir travailler. Moi qui suis toujours le premier debout, là j'ai dormi à poings fermés, exténué par cette incroyable journée où j'ai tout regardé intensément, jusqu'à l'épuisement. Et que dire de cette nuit inoubliable dont je ne garde pourtant aucun souvenir... Peut-être qu'inconsciemment je ne voulais pas me réveiller de peur que le rêve ne s'achève...

Quand je dis que je suis seul, ce n'est pas exact puisque je découvre une femme sans âge, joufflue, à la peau grise, assise discrètement à l'extrémité de la terrasse. Elle se fond tellement dans le décor que j'ai failli ne pas la voir. C'est peut-être ce qu'elle veut d'ailleurs puisqu'elle baisse la tête comme si elle lisait un magazine imaginaire posé sur la table devant elle. Mais c'est du vide qu'elle regarde. C'est la première personne que je rencontre ici et qui, d'instinct, ne m'est pas sympathique. Elle semble déprimée, perdue et ne paraît pas vouloir se joindre aux autres. Sans pouvoir expliquer pourquoi, je ressens le besoin d'aller vers elle, de lui parler, de lui proposer de se joindre à moi pour prendre un café, qu'on puisse faire connaissance, discuter, se raconter nos vies et ce qui ne va pas pour voir si je peux lui apporter mon aide ; mais mon élan est coupé court par la prise de conscience que je ne suis pas mieux qu'elle.

T'es qui toi pour vouloir aider les autres ?
Tu t'es pas regardé !

C'est vrai. Ce n'est pas parce qu'exceptionnellement ce matin je me sens léger, serein, sans ce poids qui écrase constamment ma poitrine que je dois me croire tiré d'affaire et me prendre pour le sauveteur de la misère humaine ; prétentieux que je suis !

Juan revient chargée d'un plateau trop grand pour elle, rempli de fruits, d'une cafetière fumante, de tartines beurrées et d'un liquide jaune que je m'empresse d'ingurgiter pour tenter d'étancher ma soif sans même demander ce que ça peut bien être. Elle s'assoit en face de moi et me regarde manger en souriant. A peine ai-je fini mon café qu'elle m'en resserre une tasse. Elle est aux petits soins, j'en suis gêné ; je n'ai pas l'habitude qu'on s'occupe ainsi de moi. Je le lui fais comprendre et elle me répond que je dois accepter, que je suis son invité et que c'est un plaisir pour elle. Je saisis que refuser la blesserait, alors je la remercie et apprécie à sa juste valeur toute cette attention qu'elle m'offre avec générosité.

De la manière que j'espère être la plus discrète possible j'essaye d'en savoir plus sur cette pauvre femme assise plus loin quand je m'aperçois qu'elle a disparu.

« Como tu !

- Comment ça ; comme moi ? »

Je suis surpris qu'elle me compare à cette personne triste et transparente ! Quoique, à bien y réfléchir, elle n'a pas tout à fait tort ; moi aussi je fais tout pour passer inaperçu...

« Elle prend *le petit jeuner*, como tu.

- Ah ! Tu parlais du petit déjeuner. Pardon, j'avais compris autre chose... »

Des femmes passent et me saluent en me souhaitant bon appétit. Tous ces gens sont d'une extrême amabilité. Ils sont tous souriants, décontractés, naturels. Cette légèreté, cette simplicité les rend magnifiques. Tous. Qu'ils soient jeunes ou plus âgés, avec un physique de rêve ou portant les cicatrices de la vie, tous les gens que j'ai rencontrés jusque-là sont beaux, paraissent sincères et dégagent un charme exceptionnel. Mis à part cette étrange femme déprimée qui s'est mystérieusement volatilisée.

Ce lieu aussi est ravissant. Malgré les nombreux travaux de rénovation à entreprendre, c'est un endroit accueillant un peu irréel et magique. Tout me séduit ici, jusqu'à mon ange gardien qui est splendide avec sa chevelure noire de jais et ses immenses yeux soulignés par de longs cils, sa peau bronzée et ses manières si douces, si délicates, si féminines.

J'ai l'impression d'abuser de sa gentillesse et de leur hospitalité à tous. Ils ne me connaissent pas et pourtant ils m'accueillent à bras ouverts sans me poser de question, sans se méfier de moi ni me jeter de regards sarcastiques. Leur attitude a un effet si bénéfique sur moi que je ne me reconnais pas. Je suis nu au milieu de femmes, d'hommes et d'enfants, à me faire servir par une charmante jeune femme, après avoir passé la nuit avec deux frères qui m'ont lavé, massé, dorloté et fait passer une nuit d'une volupté orgasmique comme si j'étais quelqu'un d'exceptionnel, un roi ou une vedette de cinéma et, sans dire que je trouve ça normal, je l'accepte. Je profite et me régale de la chance qui m'est donnée d'être là. Je me trouve décontracté, souriant, plutôt à l'aise finalement. Un autre homme ! Bien mieux dans ma peau qu'il y a encore quelques jours devant la Poste près de chez moi, où cette mégère m'a humilié avec ses paroles acerbes. Je repense à cet épisode, mais je pourrais en citer mille du même genre. Cela fait tellement d'années que je me laisse traiter comme un moins que rien, comme si je méritais d'être rabaissé et meurtri, moi qui prend garde de ne blesser personne et qui me démène comme un pauvre diable pour essayer de plaire à tout le monde, sans y parvenir. Tout ça me paraît si loin à présent… Ici, je ne fais rien de particulier, je suis juste moi-même et tout le monde me traite comme un prince ! Mais qu'est-ce que j'ai fait pour mériter ça ?

J'en suis à me poser mille questions troublantes auxquelles je ne trouverai de réponses que bien plus tard, quand Juan disparaît et me laisse planté là au milieu de mes réflexions existentielles. Je m'active pour me lever et la suivre jusqu'à la salle d'eau, lieu avec lequel j'ai déjà fait connaissance la veille avec mes deux charmants angelots nordiques et dont je garde un excellent souvenir…

Arrivés là, je m'installe sous une douche et ouvre le robinet. A mon grand étonnement, la jeune espagnole se déshabille elle aussi et vient me rejoindre. La gêne qui commençait à me quitter se rappelle à moi. Je ne sais pas quoi faire de mes bras et je souris bêtement comme quand on reçoit un cadeau qui ne nous plaît pas.

Nue, Juan est si ensorcelante et magnétique que je ne peux détacher mon regard de son corps frêle, de ses minuscules seins qui n'en sont pas encore vraiment mais plutôt deux gros tétons. Mon regard coule le long de ses hanches et je tombe des nues en découvrant son sexe de garçon pourvu d'une paire de testicules qui me laissent bouche bée. Mes yeux restent aimantés par ce que je découvre. Même si j'avais voulu détourner le regard, je n'y serais pas arrivé. Je suis hypnotisé par cette fille qui est aussi un garçon. Je sais que ça existe, des garçons nés dans des corps de filles et inversement, mais personnellement je n'y avais jamais été confronté et j'avoue que c'est une surprise. Comment une aussi jolie fille, si gracieuse, peut-elle avoir un tel matos dans sa culotte Petit Bateau ?

Juan, qui ne semble pas du tout gêné par mon regard insistant, attrape un savon et commence à le passer sur mon corps. Moi qui pensais que si Sven et Stephen m'avaient lavé, c'était un jeu sensuel, comme une mise en bouche à la nuit érotique qui allait suivre, je comprends qu'en fait, c'est une sorte de tradition dans cette communauté. Troublante mais séduisante tradition !

Juan prend ma main, la pose sur sa peau et je comprends que je peux moi aussi la… le savonner. Je ne sais pas si je dois dire « il » ou « elle ». Est-il une « elle » ou est-elle un « il » ?

Je suis on ne peut plus mal à l'aise d'avoir ces gestes intimes avec une si jeune personne au sexe indéterminé. Je ne sais pas quoi faire. Je ricane comme un gros lourdaud, mais comme je ne veux surtout pas être maladroit et le blesser, je le fais. Timide au début, je finis par prendre plaisir à passer mes mains sur son jeune corps ferme. Je me sens coupable comme un gamin qui tremble de se faire piquer en train de faire quelque chose de mal ; alors que Juan qui est à peine sorti de l'enfance, reste tout ce qu'il y a de plus zen. Sa longue chevelure soyeuse glisse entre mes doigts, ce qui ne fait que m'ébranler un peu plus. A vrai dire, à ce moment précis, tout est sensuel ; la chaleur étouffante, l'humidité ambiante, son corps fluet, l'ambiguïté de son genre, l'interdit… Tout est affreusement érotique et terriblement excitant.

Je reste médusé devant la beauté de cet adolescent que je regarde comme une représentation vivante d'un genre nouveau qui regrouperait toute l'humanité en lui, homme et femme à la fois, la douceur féminine alliée à la vigueur masculine, un être complet et supérieur, rare et précieux. Je le dévore des yeux sans me rendre compte comme cela peut être gênant de le reluquer avec autant d'insistance. Je ne le vois plus comme une jeune personne mais comme une divinité, un être au dessus des préoccupations basiques du pauvre humain ignorant que je suis.

Un bruit attire mon attention. Je tourne la tête et m'aperçois qu'un homme s'apprête à prendre sa douche à quelques mètres de nous. Terrifié d'être surpris en flagrant délit de voyeurisme sur mineur, je me rince avec précipitation sans m'attarder plus longtemps dans ce local qui abrite de drôles de pratiques et d'étranges spécimens. Comprenant mon malaise, Juan me rassure d'un regard et me murmure de ne pas m'inquiéter, ponctuant sa phrase d'un petit sourire en coin, mais cela n'apaise pas ma panique. Je ne pense plus qu'à une chose : m'éclipser aussi vite que possible, comme un malfaiteur traqué par la police.

Sans attendre d'être tout à fait débarrassé de la mousse que j'ai dans les cheveux, je m'enfuie sans oser regarder l'homme sous la douche, catastrophé qu'il puisse me prendre pour un vieux pervers. Je me sèche en toute hâte alors que Juan, calme et souriant, prend son temps et me frictionne doucement le dos avec une serviette douce et chaude comme une caresse pour tenter de me tranquilliser. Il me dit quelque chose en espagnol que je ne comprends pas et que je ne cherche pas à comprendre. Ce que je veux, c'est me sauver au plus vite et retrouver des vêtements. Constatant mon embarras, il me tend la tunique qu'il portait en entrant que je m'empresse d'enrouler autour de ma taille comme une sortie de bain, sans prendre conscience que je suis ridicule avec cet accessoire. Je ressens un besoin viscéral de me cacher, de mettre un slip comme l'on met une armure pour se protéger. Juan rigole mais je vois qu'il ne se moque pas ; il comprend ma réaction et sait que j'ai besoin de temps avant de réussir à m'émanciper. Je suppose que lui aussi est passé par là avant d'être libre comme il l'est à présent.

Nous sortons de la salle de douche, lui nu comme un vers, sans peur d'exposer sa différence anatomique au regard de tous, et moi, avec ma mini-jupe turquoise, sclérosé dans mes inhibitions. Pendant qu'il marche à mes côtés, la tête haute et le regard sûr, je regarde ce petit mec qui est aussi une petite nana et je prends conscience de sa désinvolture, de la confiance qu'il arbore alors que je me dissimule derrière un bout de tissu, tentant de dissimuler ce dont tout le monde se fout, parce qu'ici, chacun est fier de son corps, quel qu'il soit. Ces gens sont sans préjugés. Indépendants, ils pensent librement, en dehors des critères que la société nous fourre dans le crâne. Ils sont libres dans leurs têtes, dans leurs corps, dans leurs choix, dans leurs vies. Des gens simples remplis de bonté.

Je suis impressionné par cet état d'esprit ! Mais d'où leur vient cette liberté, ce bien-être ? Comment font-ils ? Comment Juan qui est si jeune peut-il avoir compris autant de choses que j'ignore ? Comment Sven et Stephen réussissent-ils à vivre dans une telle harmonie et de manière si naturelle ? Qu'est ce qui leur donne leur force ?

Je suis partagé entre l'envie de continuer l'aventure et fuir à toutes jambes ce lieu qui me fait me remettre en question et me sentir confus de m'être laissé aller entre les mains de deux frères en même temps, embarrassé de m'être exhibé, dévoilant ma corpulence et mon intimité à tout le monde, moi qui suis d'une pudeur maladive… Ce n'est pas du tout mon genre. Ça serait plutôt celui de Maxence en réalité. C'est à lui que ce genre de choses arrive, pas à moi. Lui, ça ne le dérange pas de se montrer nu, il joue avec son corps et le regard des autres. C'est loin d'être mon cas. Malgré tout je commence à comprendre le plaisir qu'il éprouve. Même si c'est encore difficile je dois reconnaître que je ne suis plus aussi catégorique et obtus qu'avant. C'est une nette avancée pour moi et, en fin de compte, je me trouve injuste envers lui ; lui, à qui j'ai fait tant de reproches, n'a aucun mal à se montrer tel qu'il est devant des inconnus. En fait, il est bien plus authentique que moi. Plus franc. Et si c'était lui qui avait raison ?

Qu'est ce qui t'arrive ?
C'est lui qu'est dans le vrai maintenant !
T'es stone ou quoi ?

Non, je ne suis ni stone, ni fou. C'est même la première fois que j'ai le sentiment d'être moi-même., affranchi de mes peurs et du jugement des autres. Pour la première fois, je m'accorde l'autorisation de faire ce que j'ai envie sans me demander si c'est bien ou mal, si ça se fait ou non. Et ça ressemble à l'image que je me fais du bonheur à l'état brut. Depuis vingt quatre heures, je vis de multiples moments de plaisir. La réponse à mes questions est peut-être là. Le bonheur serait-il aussi simple que ça ? Faire ce que l'on a envie de faire sans se poser de question. Sans culpabilité. C'est ça être Zen ? Tout le monde emploi ce terme à tort et à travers mais moi je ne sais pas ce que ça fait d'être zen.

C'est vrai que je ne sais pas où je suis, ni qui sont ces gens. Ce que je sais en revanche, c'est que je ne me suis jamais aussi bien senti et je vais tout faire pour que ça dure le plus longtemps possible.

4

Je m'approche de Juan qui marche à côté de moi, élégant, rayonnant. Avec une spontanéité qui me surprend, moi qui ne m'autorise habituellement aucune effusion, comme si mon corps agissait indépendamment de ma volonté, je dépose un baiser sur sa joue pour le remercier de tout ce qu'il vient de faire pour moi. Depuis mon réveil, il m'a offert son temps et toute son attention. Ça me touche beaucoup.

Ma peur est retombée. J'aimerais lui faire comprendre que je regrette la puérilité de ma réaction. Il me sourit, je crois qu'il a saisit et qu'il est satisfait de voir que je me sens mieux, que j'ai réussi à canaliser mes émotions et à gérer mes appréhensions. Une plénitude m'envahit. Un sentiment d'amour intense. Je prends conscience que je suis en train de vivre un moment de bonheur pur, puissant. C'est euphorisant. Je sais que c'est un moment important de mon existence. C'est salutaire de savoir reconnaître qu'on vit quelque chose de fort. Souvent ce n'est qu'après coup que l'on réalise le bonheur d'un moment. Je me félicite d'en prendre conscience à l'instant précis où je le vis. Je sens que je suis en train de franchir une étape importante, un seuil irréversible, où l'on découvre le monde d'un œil nouveau et où tout retour en arrière est impossible. Un aller simple vers l'avenir, vers une vie nouvelle. Je me rends compte qu'à partir d'aujourd'hui les choses ne seront jamais plus pareilles. Et ce n'est qu'un début, mais ça je ne le sais pas encore…

Nous entrons dans une salle paisible où tous les sons extérieurs sont gommés à peine le seuil franchi. Seule une musique apaisante vient bercer ce silence et envahir l'espace. Une vingtaine de personnes sont allongées sur des tatamis noirs et blancs. On dirait un échiquier géant où toutes les pièces ont chuté. Un vieil homme avec une voix grave et pénétrante parle posément en détachant chaque syllabe pour que tout le monde le comprenne. Il mélange différentes langues, une espèce d'Espéranto qu'il concocte à sa sauce, mais je reconnais qu'on le suit parfaitement, n'en déplaise au professeur de français que je continue d'être quelque part au fond de moi, même si cette part est de plus en plus lointaine.

Juan et moi nous asseyons en tailleur dans un coin en silence pour ne pas déranger ces gens qui semblent absorbés par leurs rêveries, bercés par ces paroles enivrantes. J'en reconnais quelques-uns croisés hier. L'homme à la voix grave leur dit qu'ils flottent dans un liquide onctueux et chaud ; puis qu'une luminosité apparaît sur leur gauche, qu'ils doivent se tourner pour l'apercevoir ; ils ne doivent pas en avoir peur, elle est vive mais pas éblouissante, c'est une lumière amie qui les plonge dans une profonde quiétude. Tous les participants se tournent de notre côté et je reconnais Sven au milieu de tous ces gens, vêtu de bleu, qui se recroqueville sur lui-même, tel un fœtus, les yeux fermés, concentrés sur la voix chaude et rassurante de l'homme qui parle. Il semble si calme, si détendu.

Je me souvenais de lui bien sûr, mais à mon réveil, je m'étais demandé si je n'avais pas exagéré sur la perfection de ses traits, la blondeur de ses cheveux, la pureté qui se dégage de cet être qui n'a rien d'ordinaire. Eh bien non, je n'avais pas exagéré. J'étais même en dessous de la vérité. Dieu que ce garçon est beau ! Beau comme un Dieu. Beau comme un astre. Beau comme une divinité astrale. Le voir m'emplit de bonheur. Un sentiment profond qui vient de l'intérieur. Une sensation particulière que l'on ressent face à un être qu'on aime d'une force infinie. Un mélange de fierté, de bonheur intense, d'amour pur, puissant, indestructible. Je suppose que c'est ce que ressentent la plupart des parents à la naissance de leur enfant. J'ai un peu ce sentiment lorsque je regarde grandir Charlotte. Elle me rend fort. Sven me renforce. Il me redonne espoir dans la vie. Il me laisse entrevoir que tout est encore possible, que le bonheur existe et qu'il est atteignable, même par moi.

Une nouvelle fois une sorte de liquide chaud et sucré envahit mon corps et se déverse dans l'immensité sans fond que j'ai à l'intérieur de moi et dans laquelle je tombe comme dans un puits. Il me remplit de tendresse liquide, onctueuse et sincère pour cet être d'exception, cet ange blond allongé devant moi, connecté à son âme, inconscient et fragile, lui qui est pourtant si lucide et désarmant. Je suis happé par une telle vague d'amour que mon corps en frissonne et vibre en dedans, comme si j'avais gobé un téléphone portable en mode vibreur ! Il m'apparaît évident que depuis mon réveil, au fond de moi, j'étais effrayé à l'idée de ne plus le revoir, comme un enfant perdu dans un lieu inconnu que je n'arrivais pas à rassurer. Mais il est là à présent, devant moi, paisible, superbe. J'ai une envie irrépressible de le prendre dans mes bras et de le serrer contre moi, de ressentir sa respiration, sa chaleur, les battements de son cœur, comme s'il était un autre moi, mon double, mon « jumeau » à moi aussi… L'intégralité de mon être rayonne d'amour pour lui.

Juan se rend compte que je vis quelque chose de très fort. Il me prend la main et la serre délicatement, comme pour me laisser entendre qu'il ressent ce qui se passe en moi. Surpris, je tourne la tête et je le regarde. Il me sourit, complice comme un ami de longue date. C'est curieux comme j'ai la vague impression de connaître tous les gens que je croise alors que je n'ai jamais mis les pieds ici ! Sans prévenir et sans que je puisse les retenir, des larmes coulent de mes yeux, comme ça, toutes seules, comme un barrage qui viendrait de céder sous la pression trop longtemps contenue et qui déverserait un torrent de douleur. Juan s'approche de moi et me prend dans ses bras frêles pour me presser contre lui. Je me sens stupide mais cela me réconforte comme un gamin qui a du chagrin et que sa maman console.

Ça fait aussi plusieurs fois que je me sens comme un enfant. Je suis peut-être dans une émotion si intense et profonde, tellement enfouie, qu'elle vient de l'époque où j'étais un gosse qui aurait voulu que ses parents le prennent dans les bras. Depuis, cette frustration est restée coincée à l'intérieur de moi, sans jamais sortir. Peut-être qu'on ne m'avait simplement jamais donné autant d'amour jusqu'à maintenant… J'avoue que j'ai l'esprit embrumé ; je n'arrive pas à réfléchir. Je n'en ai même pas envie. Je me laisse porter par l'énergie qui se dégage en cet instant. C'est tout.

Après un long soupir qui vient du fin fond de mon être, des ténèbres de mon passé, comme un énorme soulagement, je me détache de Juan et le remercie du regard. Il me fait un large sourire plein de compassion, comme s'il savait exactement ce que je viens de ressentir, et il ferme les yeux, comme s'il se ressourçait, que ma peine l'avait épuisé. Il respire profondément, remplissant ses poumons d'oxygène, puis, après une courte pause, expire longuement. Il répète l'exercice plusieurs fois. Le regarder me calme moi aussi et je remarque que j'ai calé ma respiration sur la sienne. Il semble être en pleine méditation.

J'observe ce jeune éphèbe assis en tailleur, avec ses longs cheveux mouillés collés à son dos, le visage calme et décontracté, la respiration profonde. Je le trouve soudain beaucoup plus âgé qu'il ne l'est, si mûr, si sage, resplendissant. Une beauté intérieure qui me pénètre. Je suis bluffé par ce garçon qui a compris bien des choses sur la vie. Il est tellement plus riche, plus savant. Il me semble sans âge tout à coup. Intemporel, intersexuel, surnaturel, providentiel…

Je détourne la tête et inspecte le lieu dans lequel nous nous trouvons. Fasciné par les personnes allongées et le calme olympien qui règne ici, je n'ai pas pris le temps de regarder autour de moi cet endroit remarquable. Vaste. Lumineux. Si calme et chaleureux.

Des inscriptions sur les murs invitent à la réflexion :
« Si tu cherches la beauté des choses, tu la trouveras. Si c'est l'imperfection que tu cherches, c'est cela que tu trouveras. »
« Le sens de la vie est de découvrir le sens de la vie. »
« Aie foi en toi, tu sauras comment vivre. »

Tiens, cette citation est de Goethe. C'est marrant, j'y ai justement pensé hier. Quelle coïncidence !

Tout, ici, invite à l'élévation de l'âme, à l'ouverture du cœur. On se sent bien dans cette salle, rasséréné. Il est vrai que je me sens bien partout dans ce village insolite. Si on regarde dans le détail cette drôle d'habitation collective, on constate qu'elle est vétuste, qu'elle a souffert du temps et qu'il faudrait d'importants travaux pour la remettre en état. Pourtant, cette ferme est aménagée de telle façon qu'il s'en dégage une atmosphère envoûtante qui rend cette bâtisse magnifique, tel un palais issu d'un songe. Des tissus bigarrés, des fresques et des tableaux interpellent les sens ; des meubles aux lignes fluides, des bougies flamboyantes parsemées sporadiquement au hasard des couloirs invitent à la flânerie de l'âme ; des tapis épais donnent envie de s'y coucher pour s'y reposer ; des fleurs aux parfums puissants enivrent les sens... Ces multiples détails rendent ce lieu incomparable, unique et majestueux malgré son état de délabrement. La Chrysalide : ce cocon qui transforme les chenilles en papillons... Le symbole est fort mais sans doute vrai : moi-même je commence déjà à ressentir les premiers effets. Cette ferme porte bien son nom.

Je regarde ces gens étendus sur cet échiquier géant. Qui sont-ils au juste ? Des pions ? Des fous ? Ou des rois et des reines ? Ils sont de tous âges, d'origines diverses. Je les trouve ravissants, sereins. Je ressens un nouvel élan d'amour sincère pour ces hommes, ces femmes et les quelques gamins qui sont là devant moi et que je ne connais pourtant pas. J'ai envie de faire leur connaissance, d'aller vers eux pour savoir comment ils sont arrivés jusqu'ici, comment était leur vie avant qu'ils puissent atteindre cet état d'apaisement. Ont-ils toujours été comme ça ou est ce qu'ils ont traversé des temps difficiles eux aussi ? Des passages douloureux à en crever ?

Ça monte en moi comme une vague qui se forme sur l'océan, surgissant des profondeurs de mon être, de mon cœur. C'est très agréable. Je me sens si bien. Je souris à ces gens, à ce moment, à la vie. Mon regard tombe sur Sven qui irradie par sa beauté et sa quiétude.

Mais qui es-tu mon bel amant ?
Où m'as-tu emmené ?
Pourquoi moi ?
Qu'attends-tu de moi ?
Combien de temps vas-tu supporter ma présence ?
Combien de temps vais-je pouvoir rester ici dans ce lieu magique où je me sens comme je ne me suis jamais senti auparavant ?
Que ressens-tu pour moi ?
Suis-je un simple jouet pour toi et ton frère ?
Que vais-je devenir le jour où vous ne voudrez plus vous amuser avec un gugusse du genre ma pomme ?
Comment pourrais-je reprendre le cours de ma vie minable ?

« *Et vas-tu cesser de te poser continuellement des questions qui t'empêchent de profiter pleinement de l'instant présent ?* » me dit une voix intérieure qui n'est pas la mienne. Et elle ajoute : « *Et prend garde à te parler plus gentiment !* »

A ce moment-là, Sven ouvre les yeux et me sourit.

Je reste perplexe de penser ça mais je suis persuadé qu'il a entendu mes questions et qu'il m'a répondu sans qu'aucun son ne sorte de sa bouche. Est-il possible qu'il puisse lire dans mes pensées et parler dans mon esprit comme si nous étions au téléphone ? Comme par télépathie ?

Je le regarde, abasourdi par ce que je viens de vivre avec lui. Il ferme les yeux et repart dans ses rêveries ; je ne sais comment nommer l'état dans lequel il se trouve. Je suis perdu dans mes réflexions, à tel point que je décide d'écouter la voix que j'ai entendu en moi et d'arrêter de réfléchir pour vivre pleinement cet instant enivrant. Je ferme les yeux et respire profondément en tentant de me laisser aller. Peu à peu, la voix grave de l'homme à la barbe blanche me pénètre et me berce. Je me sens super bien. Très rapidement, je réussi à ne plus penser à rien. Je suis là, avec les autres, faisant partie du groupe, concentré sur les paroles du vieil homme et sur ma respiration, prenant conscience de l'air qui entre dans mes poumons, qui soulève mon thorax, puis qui ressort, doucement. J'écoute la musique. Je me laisse immerger dans ce flot musical énergisant. Je prends conscience que mon corps se détend, que la tension dans mes épaules et mes bras se relâche, et ma tête tombe peu à peu en avant et repose sur ma poitrine. Je suis bien et je n'ai pas envie de bouger, de maintenir ma tête droite ou d'essayer de me redresser. Mon corps est mou. Je respire à pleins poumons, je ne ressens plus ce poids sur la poitrine qui ne me quitte pourtant plus depuis des années. Au contraire, je me délecte de l'air qui entre en moi comme s'il s'agissait d'un savoureux nectar.

Je ne sais pas combien de temps je reste comme ça mais quand je sors de ma torpeur et que je reprends conscience, je me rends compte que j'entends des gens chuchoter sans que je puisse comprendre les mots qu'ils prononcent. Je redresse la tête et ouvre les yeux. Sven est assis en face de moi et il me sourit. La salle est quasiment vide. La séance est terminée depuis un bon moment semble-t-il, mais je ne m'en suis pas rendu compte et je suis resté comme ça, assis par terre, la tête dans l'univers.

« Ça va ? » me demande Sven.

« Oui, ça va bien. Ça va même très bien. Admirablement bien !

– Je suis heureux de te voir comme ça. Je vois que tu as pris beaucoup de plaisir. »

D'un seul coup ma conscience se remet au boulot et réagit : si Sven me parle français sans accent, c'est que ce charmant garçon c'est Stephen !

« On n'a pas voulu te réveiller ce matin, tu dormais si bien.

– Oui, c'est vrai ; il y a longtemps que je ne n'avais pas aussi bien dormi.

– Ça ne me surprend pas, ce lieu est très apaisant. Il est chargé d'ondes positives, un endroit idéal pour la méditation.

– Tu sais, c'est la première fois que je fais ça. Je ne sais même pas si l'on peut appeler ça de la méditation. Je me suis laissé aller, c'est tout. En tout cas c'était super agréable.

– C'est un début, tu as ressenti le bien-être que procure cette pratique. C'est bien que tu sois là pour vivre ça. »

Il s'approche de moi et, à ma grande surprise, il m'embrasse sur la bouche ! Je suis si déconcerté que tout ce que je trouve à dire c'est « OK. » C'est tout moi ça ;

quand je me sens gêné je sors toujours un propos d'une banalité affligeante. Je m'en veux d'avoir une réflexion aussi niaise qui me fait passer pour un idiot, mais c'est tout ce que j'ai trouvé à dire tellement je suis perplexe. Ce n'est pas le garçon que je croyais mais il m'a fait ce que je voulais. Que ce soit lui plutôt que son frère, l'important est qu'apparemment ils n'ont pas l'intention de me jeter dehors tout de suite. J'ai un petit bonus, un peu de rabe...

Stephen me propose de rejoindre Sven. Il me tarde de le voir. Stephen est très gentil avec moi, mais Sven me fait battre le cœur. Physiquement ils sont identiques, mais Stephen est plus sage, plus réfléchi ; il n'a pas le grain de folie de son frère qui le rend juste irrésistible !

Juan ne nous accompagne pas. Avant de s'éloigner, il me lance « Hasta luego ». Je le remercie chaleureusement de s'être aussi bien occupé de moi et il me répond : « De nada, es normal, no te preocupes ! » Il tourne les talons et je le regarde partir en remuant des fesses comme une *Bimbo*. Je ne sais pas si je le reverrai, ni quand. Je l'appelle et lui indique que je porte son vêtement autour de la taille, mais il dit que je peux le garder. A vrai dire, je me trouve assez ridicule à présent avec ce morceau de tissu qui dissimule mes parties intimes ; c'est vrai, c'est bête : soit je reste nu et je l'assume, comme Sven ou Juan, soit je m'habille correctement. Mais là, j'ai l'air un peu con !

Je suis triste de voir Juan s'en aller comme ça. Ce garçon-fille est si troublant. J'aimerais en savoir plus sur lui, savoir qui il est vraiment, comment il vit cette dualité ? S'il est comme ça depuis toujours ou si c'est venu avec le temps ? Si c'est quelque chose de profondément ancré en lui ou si c'est juste de la *provoc* ? Je ne saurais dire pourquoi mais j'ai une grande tendresse pour ce môme. Sans le connaître, je viens de vivre un moment d'émoi intense avec lui. J'en suis encore troublé. Il s'est passé quelque chose que je ne m'explique pas. Quelque chose de tendre.

Comme je ne bouge pas, le regard fixé sur Juan qui s'éloigne, Stephen me prend par la main et nous sortons à notre tour. Je crois qu'il vient de se rendre compte que je suis du genre suiveur. Faut pas compter sur moi pour prendre une initiative. Ça, ça ne change pas ! Je me fais aussi la réflexion qu'on ne m'a jamais autant pris par la main depuis que je ne suis plus un enfant. Finalement, suis-je vraiment sûr de ne plus en être un ?

Je me sens tout bizarre ; je ressens tout mon corps : mes pieds qui foulent le sol, mon poids qui repose sur l'une de mes jambes, puis sur l'autre, le sang qui circule dans mes veines, les battements de mon cœur dans ma poitrine… J'ai pleinement conscience d'avoir un corps, de ne faire qu'un avec ce corps, mon corps ! Cette sensation est si énergisante que j'ai l'impression de m'élever de quelques centimètres et d'être en lévitation au-dessus du sol… C'est troublant ! Je sens la vie en moi, autour de moi, je me sens vivant. Vivant !

Nous remontons au premier étage par le même escalier que celui que nous avons emprunté hier soir avec Sven pour rejoindre ce qu'ils appellent « l'atelier », cette pièce qui semblait si magique la nuit dernière et qui l'était beaucoup moins ce matin. Les portes des autres habitations restées ouvertes donnent sur des pièces plus ou moins grandes qui ressemblent à des studios d'étudiants aussi bariolés que des habitations mexicaines, dans lesquels on aperçoit des objets disparates : des instruments de musique, des jouets d'enfants, un vélo ou une statue de Bouddha...

De la musique fuse par la porte de l'atelier restée grande ouverte et je découvre Sven, de dos, une grande toile face à lui sur laquelle il a collé une multitude de photos, de papiers et autres petits objets hétéroclites qu'il barbouille à l'aide d'une brosse baveuse qui projette des éclaboussures tout autour de lui. Il ne porte rien et ça lui va bien. Seules ses mains recouvertes de peinture semblent habillées de gants verts. Des tâches de couleur criblent sa peau. Il ressemble à une statue éclaboussée par un pétard dans un pot de peinture. Cette image me fait rire. Il n'a encore rien dit qu'il me captive déjà. Son pouvoir attractif est de l'ordre du surnaturel !

A peine posons nous un pied dans la pièce qu'il se retourne brusquement, comme s'il nous avait senti. Je ne vois pas d'autre explication parce qu'avec le niveau sonore de la chaîne hi-fi, il est impossible qu'il nous ait entendu. Il écoute à plein volume un mélange de techno et de musiques orientales très rythmées. Le résultat est assez planant. Il pose son pinceau négligemment sur un bout de table et celui-ci tombe par terre, laissant une grosse tâche verdâtre sur le sol. Cela ne semble pas préoccuper l'artiste qui se précipite sur moi les bras ouverts : « *Eh ! Hi Darling ! How you doin' ?* » Il referme les bras sur moi et m'enlace. Je sens ses mains poisseuses glisser sur ma peau. Je dois avoir le dos tout vert. D'un geste, il vient de me transformer en *Shrek* ; chacun son frère jumeau !

Je ne pouvais espérer meilleur accueil. Il parait ravi de me voir si j'en crois la pression de ses bras qui me serrent contre lui. Nous sommes tellement collés l'un à l'autre que je ressens un profond soupir lui soulever la poitrine. Surpris par une telle manifestation d'affection, je me dégage de son étreinte pour le regarder en face et voir s'il se moque de moi ; mais il n'en a pas l'air.

« I'm so happy to see you ! Look, j'ai *le larme* dans les yeux ! Mais c'est pas triste ! » Je comprends ce qu'il dit parce que j'ai ressenti exactement la même montée d'émotion en voyant Stephen que je l'avais pris pour Sven tout à l'heure allongé devant moi comme un gamin sans défense. Constatant que nous sommes vraiment en phase, succombant à un élan d'enthousiasme délirant, j'embrasse ses lèvres comme son frère me l'a fait plus tôt et il ne semble pas surpris par la hardiesse de mon geste. Moi si.

Nous nous asseyons sur le canapé, après que Stephen l'ait dégagé des divers objets dont il était encombré. Je me retrouve à nouveau entre mes deux anges gardiens, en contact direct avec leur peau, comme pour rester en relation avec leur âme. Une vive chaleur m'irradie de l'intérieur. Je ne saurais dire si elle entre ou si elle sort de moi tant elle est diffuse. Elle est intense et j'ai vraiment la sensation que c'est un échange qui se produit entre leurs corps et le mien, comme un échange mutuel d'énergies.

« Je voulais vous remercier pour votre accueil. Je me sens incroyablement bien ici, avec vous. Depuis notre rencontre, vous m'avez apporté tant d'amour… Merci de m'avoir fait connaître cette sensation formidable de se sentir beau dans les yeux de l'autre.

- C'est pas à nous que tu dois dire merci, c'est à toi. You must anderstand this : tu reçois ce que tu donnes. Si tu donnes de l'amour, c'est de l'amour que tu recevras. Si tu es agressif, tu auras de l'agressivité en retour. Les gens rendent ce que tu leur donnes.

- Je sais pas Sven. Moi je donnais vachement aux autres, mais les gens profitaient de moi. Alors j'ai arrêté.

- Si tu as le sentiment de ne pas avoir reçu d'amour c'est que tu fais une erreur ; n'attend rien. Donne, du fond du cœur, gratuitement, sans rien attendre en retour.

- Of course tu *reçoives* de l'amour, c'est juste que tu le voies pas ! Tu penses que tu mérites pas ça. Que l'amour c'est pas pour toi, que tu es trop blabla, pas assez blablabla… C'est pas parce que tu le vois pas qu'il n'est pas là !

- Oh, quand j'étais jeune, comme j'étais mignon, on m'aimait, mais maintenant…

- C'est pas de l'amour ça, tu confonds tout ! Et puis, la beauté, elle est partout si tu veux bien apprendre à la voir. Elle est devant tes yeux. Open yours eyes ! Pour la voir, il faut avoir le cœur ouvert et regarder vraiment autour de toi ; les gens, la nature, le ciel, les étoiles… You're beautiful, Dorian. Believe me ! Tu as la beauté qui jaillit de toi, mais tu refuses de la voir. Alors tu ne peux pas croire que quelqu'un d'autre puisse la voir.

- Tu as une belle âme Dorian, n'en doute jamais et ne laisse jamais personne te dire le contraire. Tu rayonnes. C'est magnifique.

- And you've got incredible eyes ! » ajoute Sven qui prend mon visage dans ses mains et approche ses superbes yeux des miens pour mieux les voir. Il en profite pour déposer un baiser sur ma bouche.

J'aimerais croire tout ce qu'ils me disent, mais…

« Je sais que les gens me voient comme un boulet morne et insipide. Je ne suis pas marrant, alors ils me fuient. Ils s'en foutent de savoir pourquoi je ne vais pas bien. Avant, quand j'étais petit, les gens s'occupaient de moi tout le temps, sans que je demande quoi que ce soit. Je sais pas pourquoi. Mais maintenant…

- Tu dois apprendre à vivre dans le présent, à profiter de chaque moment, sans t'accrocher au passé ni te projeter dans le futur ; le passé, c'est trop tard, il est passé ! Et l'avenir, il n'est pas encore là. *La vie* est là, maintenant ! Vis intensément, chaque minute car ces instants ne reviendront plus. Ils sont uniques. Il faut profiter de la chance que tu as de vivre, en toutes circonstances, même si tu traverses un moment pénible ; dans chaque épreuve, tu as quelque chose à comprendre, une leçon à tirer.

- Franchement, à part ici et chez moi, j'ai pas trop l'occasion de profiter de bons moments. Je suis pas le genre de mec avec qui on a envie d'aller faire la fête.

- Les autres te renvoient ce que tu projettes, Dorian. Quand tu es gai, souriant, de bonne humeur, les gens que tu croises le sont aussi et tu passes une bien meilleure journée que quand tu es boudeur et de mauvaise humeur.

- That's right ! C'est comme quand tu t'habilles bien : tu te regardes dans le miroir et tu dis « Waouh ! C'est qui ce beau mec ? Oh ! It's me ! » Quand tu te trouves beau, tu te sens mieux dans ta peau, plus sûr de toi et tu as l'impression que les gens te regardent autrement, qu'ils ont une meilleure image de toi.

- Ça fait des années que je ne me regarde plus dans le miroir ; ce que j'y vois me déprime…

- Apprend à aimer the man in the mirror, il est splendide. Arrête de lui faire du mal.

- Si tu te vois monstrueux, alors c'est un monstre que

les gens verront en toi ; mais si tu te sens élégant, bienveillant, avec l'envie d'aller vers les autres, alors les gens verront le bel homme que tu es. Tu dois te faire confiance, donner de l'amour autour de toi et prendre celui que tu reçois, inévitablement, même si tu ne t'en rends pas toujours compte.

- Laisse pas la peur ou le doute commander, that's bad. Ça empêche d'avancer. Ça te renvoie une mauvaise image de toi.

- Ok, je comprends ce que vous me dites, mais comment fait-on pour ne plus être mal dans sa peau ? Vous avez une recette magique ?

- That's pourquoi tu es ici, Dorian. Nous allons t'aider à apprendre tout ça. You must be patient. Il faut nous faire confiance. Ça va venir petit à petit. Tu vas réussir, believe me. C'est facile, tu vas voir, that's not a big deal !

- Laisse-toi aller, comme tu l'as fait ce matin. Tu as vécu un moment qui t'a rempli d'une belle énergie. Nous sommes là pour t'aider à apprendre à aimer. »

Pendant que Sven et Stephen me parlent, Juan entre et vient se placer juste en face moi. Il a changé de coupe de cheveux. Il a maintenant les cheveux courts de couleur châtain. Il portait donc une perruque tout à l'heure ? Je n'aurais jamais cru. Ses cheveux avaient l'air si réel. C'est incroyable ! Il n'a plus cette apparence de jeune eurasienne. Là, il ressemble à un garçon. Toute l'ambiguïté de ce matin est tombée et je crois que cela me fascine encore plus. Comment fait-il pour changer aussi vite d'apparence ? Il porte un tee-shirt vert pale, un pantalon en cuir et des Santiags à bout pointu et au talon biseauté ; il ne lui manque que le cheval ! Rien à voir avec la tenue que je lui ai empruntée. Choix d'autant plus étonnant que la température monte rapidement à mesure que la luminosité augmente étrangement. Il s'agenouille devant moi, prend mes avant-bras et les pose sur mes genoux les paumes de mes mains tournées vers le ciel. Puis il vient positionner chacune de ses mains, bien à plat, d'une manière qui a l'air d'avoir son importance parce qu'il étudie longtemps la peau de mes bras avant de poser ses mains. Une forte chaleur se répand alors dans mes veines et remonte dans mon corps. Je ressens une nouvelle fois cette sensation de liquide chaud qui envahit tout mon être. Juan fixe son regard dans le mien et il reste comme ça, les mains posées à plat sur moi. C'est un moment délicieux ; doux, chaud et sucré. Sa présence m'apaise considérablement. Je sens que je me détends, que mon corps se relâche.

« Nous sommes tous là pour nous donner de l'amour. C'est pour ça que tu es venu jusqu'à nous. Si tu manques d'amour, c'est avant tout l'amour de toi même qui te fais défaut. Mais ne t'inquiète pas, on va te donner ce dont tu as besoin. Ce n'est que lorsqu'on est rempli d'amour qu'à notre tour on peut transmettre cette énergie bienfaitrice aux autres, à son entourage. C'est ce qui se passe ici, à la Chrysalide. Le but est que cette énergie sorte de ces murs et se répande partout dans le monde. Ça sera à toi de la faire passer quand tu seras rassasié. »

Je ne suis pas sûr de bien comprendre ce que me dit Stephen, mais je m'en fous. Je profite de cet état de bien être indescriptible dans lequel je me trouve. Bien entendu, je me garde de le lui dire. Egoïstement, je profite de leur bienveillance à mon égard.

Pendant que Stephen parlait, Sven a passé son bras derrière mon cou et il me caresse doucement l'épaule. De son autre main, il effleure la joue de Juan. Cette image est gracieuse et assez sensuelle. Une question me taraude depuis que je suis arrivé dans cette ferme et je me dis que c'est le moment de la poser :

« Est-ce que tout le monde couche avec tout le monde, ici ?

- Yes, if you want. Si ça te fait plaisir, tu peux *te coucher* avec qui tu veux.

- Quand je dis « coucher », je veux dire baiser ! »

Il se rend compte qu'il n'a pas compris le sens de ma question et il éclate de rire :

« Oh, ok, but… Je sais ce que tu vas dire : c'est ringard de dire ça mais nous, on fait l'amour. » Il a raison ; je trouve que c'est un peu niais comme expression.

« Mais pourtant c'est bien ce qu'on fait. Pour répondre à ta question, ici, on vit dans une grande liberté avec un respect profond des autres. Il n'y a pas de gourou qui organise des partouzes comme dans certaines sectes abjectes qui pratiquent l'exploitation sexuelle au nom de je ne sais quelle croyance. C'est juste de l'excès d'autorité, de l'humiliation. Chez nous, c'est tout l'inverse ; nous sommes dans l'amour, et tu sais, on peut donner de l'amour sans passer par le sexe. »

Oh non, pas encore cette rengaine ! Ça fait des années que Maxence me serine le même discours pour justifier son impuissance…

« Ici, la tradition c'est de prendre soin de l'autre, en lui offrant sa nourriture, en le lavant, en le massant, en lui donnant du plaisir par tous les moyens que tu souhaites. Que ce soit ta *girl-friend,* ton *boy-friend,* ou juste un ami. C'est un acte de partage, de grande intimité avec l'autre, bref, un acte d'amour. S'il y a un désir mutuel, pourquoi le refuser ? A partir du moment où on partage l'envie de faire l'amour ensemble, on le fait. Sans complexe, dans un profond bonheur.

- And it's fun !

- C'est important de retrouver le sens sacré de la sexualité ; le besoin animal. Il y a la procréation, bien sûr, mais aussi l'élévation spirituelle !

- Mais, il n'y a pas de tabous, de choses que vous refusez de faire ?

- Il n'y a pas d'interdit ; si ton partenaire en a envie aussi, pourquoi ne pas le faire ? La révolution sexuelle dont parlaient nos aînés n'a finalement pas eu lieu. Les gens sont toujours aussi coincés. Je ne comprends pas les problèmes qu'on se pose à propos du sexe. C'est un besoin primaire, un des fondements de l'espèce humaine. Pourquoi cela pose-t-il autant de difficultés ? Tu as une envie sexuelle avec quelqu'un, si l'autre ressent la même attirance, alors on se fait l'amour. C'est simple non ? Le reste n'est que jalousie, possessivité, manipulation, frustration... Les résidus d'une éducation religieuse malsaine et dévastatrice. C'est poussiéreux ! »

Je trouve que c'est une attitude moderne, plus ouverte, libre et rafraîchissante. Toutefois, je demande à voir. Ça paraît un peu trop beau pour être vrai. Ce n'est pas un peu malsain son truc ? Et ce gamin, là, mi fille mi garçon, qui s'exhibe, comme ça, sans retenue. Ce n'est pas un peu bizarre ?

Lisant une nouvelle fois dans mes pensées, Sven éclate de rire : « Don't worry darling ! Je comprends que tu es dérouté parce que Juan est *intersexual* mais il est pas un enfant. Il ressemble à un *teenager* mais en fait il est 21 ans. Ne t'inquiète pas pour lui il sait ce qu'il fait ! »

21 ans ?

C'est incroyable !

On dirait un ado.

Comme si son corps avait arrêté de grandir à 15 ans !

Stephen dit quelque chose à Sven en Suédois, se reprend, et traduit en français à mon intention :

« Je dois retourner aider les autres pour le toit.

- Je peux venir vous aider ?

- Avec plaisir. Ici, rien n'est imposé, on attend que chacun propose son aide s'il en a envie. C'est un acte d'amour ça aussi. Je suis heureux que tu l'aies fait. Rejoins-moi quand tu seras prêt. Juan saura te guider, tu peux te fier à lui. »

5

A peine Stephen est-il sorti que Juan m'allonge sur le canapé, la tête posée sur les genoux de Sven qui me sourit en me caressant les cheveux. Puis le jeune garçon dépose de la mousse sur mon visage qu'il sort de je ne sais où, et entreprend de me raser. Je trouve ça vraiment étrange mais je me laisse faire. De toute façon, mon corps est si mou que je suis dans l'impossibilité de résister. La clarté qui pénètre dans l'atelier est aveuglante et j'ai du mal à garder les yeux ouverts. Je ferme les paupières et confie mon visage aux mains expertes du jeune homme.

Mon esprit vagabonde pour revenir dans mon enfance, à Cannes, avec Lulu. On piquait le savon et le blaireau de son père et on barbouillait nos visages imberbes jusqu'à ce qu'une belle mousse blanche nous fasse de grosses barbes de père Noël. Puis nous entreprenions contentieusement de nous raser à l'aide de rasoirs confectionnés en Lego. Nous ressortions de cette expérience avec des joues brûlantes d'irritation mais satisfaits de s'être sentis des hommes durant quelques minutes. Gamin, j'étais fasciné par les acteurs que je voyais se raser dans les films. Pour être un homme, il fallait avoir des poils au menton et j'attendais avec impatience le jour où moi aussi j'allais devoir exécuter cette fastidieuse corvée tous les matins. Je ne garde cependant aucun souvenir de la première fois où je l'ai fait « *pour de vrai* » !

Sa mission achevée, Juan file dans le fond de l'atelier et pénètre dans une pièce minuscule qui sert de dressing et où se trouvent un tas de vêtements de toutes sortes, en vrac, ou sur des cintres dans une immense penderie sans porte. Certains ressemblent à des costumes de théâtre. Comme je m'étonne de la présence de ces chemises à jabots, chapeaux à plumes et autres vestes à épaulettes, Sven m'explique qu'il s'en sert lors de séances photos ou pour certains modèles qu'il peint et aussi lorsqu'il y a des tournages. Face à ma surprise, il m'apprend que plusieurs réalisateurs sont venus tourner des scènes de films à la ferme, trouvant le lieu magique et fascinant. Ça rapporte un peu d'argent à la collectivité mais ça permet surtout de rencontrer de nouvelles personnes, de transmettre leur idéologie et d'aider certains à ouvrir leur esprit.

« Nous avons reçu des comédiens célèbres comme River Phoenix, ou Romy par exemple, et même des stars, comme Michael ; mais c'est un secret alors, chuuut… Certains sont restés vivre ici. Le monde entier les croit disparus alors qu'ils sont là, avec nous ! Cette expérience leur a ouvert les yeux et ils se sont rendu compte que leur vie se trouvait ailleurs que dans le monde du show business. Depuis, ils se sont ouverts aux vertus de la vie, simple, harmonieuse, comme elle doit être. » précise Sven, non sans une certaine fierté d'avoir pu aider quelques âmes égarées à trouver leur chemin. Je me sens un peu comme ces gens dont il parle : moi aussi j'ai l'impression de m'être perdu depuis des années et d'être en train de trouver un sens à ma vie ; de faire peu à peu connaissance avec mon vrai moi, mon moi intérieur. A 35 ans, je nais pour la seconde fois. Ça me rappelle une inscription que j'ai vue sur un des murs de la salle de méditation :

« C'est drôle que tu parles de cinéma, parce que j'ai toujours rêvé de travailler dans ce domaine. C'était un de mes plus grands rêves.

- Pourquoi ne l'as-tu pas fait ?

- Je ne sais pas. Par peur, je suppose.

- Peur de quoi ?

- Je ne sais pas exactement. Peur de ne pas réussir.

- N'oublie jamais que « le seul combat perdu d'avance est celui que l'on ne même pas ! » Tu sais, baisser les bras, c'est passer à côté d'un éventuel miracle et laisser sa place à des personnes peut-être moins compétentes mais qui ont osé, elles ! Crois-en toi Dorian, et ose toujours aller vers ce qui te tente. Tu sais ce que disait Saint Exupéry :

Le Petit Prince! Mais, bon sang, comment sait-il que je vénère le Petit Prince depuis mon enfance?

Ce qu'il vient de dire fait un peu cliché psycho-philosophique ; mais je trouve néanmoins qu'il a raison. Je n'ai jamais osé me lancer et tenter de vivre mes rêves. C'est dommage, parce qu'aujourd'hui ça me laisse une certaine amertume et aussi des regrets. Ceci dit, j'ai de la chance d'être venu directement à la ferme, j'allais dire « à l'essentiel ».

J'en suis encore à mes réflexions quand Juan ressort du dressing vêtu cette fois d'une jolie robe fuseau noire décolletée dans le dos qui épouse les formes de son corps et fait ressortir son petit fessier. Il en a profité pour changer de coiffure et de couleur de cheveux, mais là, ne me demandez pas comment il fait ; il a les cheveux mi longs et blonds à présent, sans que cela ressemble à une perruque. C'est extraordinaire.

Il s'approche de moi, un tensiomètre à la main, le passe à mon bras gauche, pose sur ses oreilles le stéthoscope que Sven lui tend, pompe sur la petite poire et l'appareil se resserre autour de mon bras. Après avoir scruté quelques secondes le cadran, il lance un regard approbatif à Sven qui déclare : « You're ready ! Let's go. », avant de coller ses lèvres aux miennes. Il donne également un baiser à Juanito qui se débarrasse de son matériel médical, attrape ma main et m'entraîne vers la sortie.

Ce qui vient de se passer me laisse perplexe. J'ai le sentiment qu'il y a un message subliminal dans chaque acte et dans chacune des paroles proférées ici, comme des indices pour m'aider à y voir plus clair et progresser vers le bonheur. Ces garçons sont stupéfiants. Leur éclairage sur *la vie* est un cadeau inestimable qui m'est envoyé de Dieu sait où, mais tout ceci m'enchante et me rend plus fort.

A force de tout interpréter, je finis par me perdre moi-même dans mes réflexions ! Il faut que j'arrête de me prendre la tête et d'essayer de percer l'énigme « Sven - Stephen - Juan - La Chrysalide » sous peine de sombrer dans la folie furieuse... Juste vivre l'instant et profiter...

En chemin, histoire de savoir si les deux garçons partagent toujours les mecs qu'ils rencontrent, j'essaye de faire parler le jeune hispanique pour qu'il éclaire ma lanterne. Il a alors cette réponse obscure : « *Seguro*, ils sont la même personne *!* »

Je lui rétorque qu'il veut dire qu'ils sont identiques, même à propos de leurs goûts ? Et il me répond que c'est comme je veux : si je décide de voir deux personnes, alors ils sont deux ; mais que si je décide d'en voir qu'un, alors ils ne sont qu'un ! Il aurait pu ajouter « *c'est aussi simple que ça !* » puisque, visiblement, c'est ce qu'il pense. Mais à moi, ça ne me parait pas simple du tout. Bien au contraire ; je suis à la limite de l'implosion cérébrale !

Sven et Stephen, ça fait bien deux personnes distinctes, non ? Comment pourraient-ils n'être qu'un ?

Je reconnais qu'ils sont similaires, mais il y a des différences entre les deux. Sven est fantasque, spirituel et imprévisible. Stephen est plus pragmatique, organisé et il parle parfaitement français. Il est exact qu'aucun signe physique ne les distingue, mais quand j'en ai un à ma droite et l'autre à ma gauche, ils sont bien deux ! J'ai du mal à comprendre ce que veut dire Juan et celui-ci s'amuse de mon trouble. Il clôt la discussion par un « *Son tus fantasias !* » qui ne m'aide pas à y voir plus clair…

J'aurais bien voulu en savoir plus mais mes yeux sont attirés par ce qui se dresse devant nous : un gigantesque chapiteau de cirque rouge et jaune, avec des chameaux et des lamas de chaque côté de l'entrée. Surpris, je demande à Juan ce que c'est et il me répond tout simplement qu'il s'agit d'un cirque !

Nous nous dirigeons droit vers l'entrée et j'aperçois une jeune femme fine et athlétique au milieu de la piste circulaire qui marche sur une énorme boule transparente en jonglant avec des quilles en feu. « *Es Anita !* » me précise mon guide en me désignant cette frêle équilibriste qui ressemble à une fée marchant sur une bulle de savon. Je reconnais la jeune femme qui dansait le flamenco hier soir et d'après ce que je comprends des explications de Juan, elle est la fille d'une famille de forains qui sillonnent les routes de France et du sud de l'Europe. Ils viennent ici chaque année pour se reposer et répéter de nouveaux spectacles.

Nous entrons nous asseoir pour admirer cette jeune femme qui se joue de l'apesanteur avec une facilité déconcertante. Je glisse à Juan que je suis admiratif de ces gens et que j'adorerais savoir jongler. Il me répond que je n'ai qu'à apprendre et je lui décoche une grimace qui signifie : à quoi bon.

« *Porqué no ? Demande Anita qué lé montre cómo elle fait !* » me dit-il avec un enthousiasme qui fait naître en moi une envie d'essayer immédiatement balayée par un doute à son tour supplanté par une incontrôlable angoisse qui me fait venir le rouge aux joues…
Pas facile d'être moi !

Anita remarque notre présence et stoppe la répétition de son numéro. Elle lance un petit cri à l'encontre d'un homme que je n'avais pas remarqué jusque-là, à qui elle envoie une à une les quilles en feu pour qu'il les récupère et les éteigne. Puis elle bascule en avant, pose ses mains sur la grosse boule transparente, et relève une jambe, puis l'autre, pour finir par marcher sur les mains. Elle fait un petit tour de piste et se propulse dans les airs où elle exécute un saut périlleux pour finir au sol, sur ses jambes, enchaînant sur une révérence à notre intention. Juan se met immédiatement à applaudir et je l'imite avec enthousiasme. Cette fille est épatante !

Elle vient vers nous et Juan la félicite. Puis il nous présente. Anita est Française, de Camargue, avec ce petit accent ensoleillé des gens du midi que seuls les vieux ont gardé dans ma région d'origine.

« Ce que vous faites est extraordinaire !

- Merci, mais ce n'est pas au point. Faut que je travaille encore !

- Vous vous entraînez beaucoup ?

- Tous les jours, sans exception. L'erreur n'est pas permise et la moindre hésitation peut être fatale, alors je dois tout faire sans réfléchir, par automatisme.

- Je suis vraiment impressionné par votre aisance. On dirait que c'est inné chez vous.

- Oh, ça n'a rien d'inné, crois-moi. Moi quand j'ai commencé, j'étais raide comme un manche à balai, et ça m'a pris des années avant de pouvoir me sentir enfin bonne à quelque chose !

- Vos parents ne vous ont pas mise tout de suite en selle ?

- Mes parents ? Oh mon Dieu, non ! Au contraire. Quand j'ai rejoint la troupe, j'ai cru que mon père allait faire une attaque !

- Mais, ils ne viennent pas du cirque ?

- Ah, ah, ah ! Pas du tout ! Mon père est comptable et ma mère secrétaire de mairie, alors tu vois, ça n'a rien à voir.

- Ah, pardon. J'ai mal compris ce que m'a dit Juan. Je croyais que vous étiez de la fille des propriétaires.

- Non, pas du tout. Maintenant je fais partie de la tribu, la « grande famille du cirque », mais moi je viens d'une famille tout ce qu'il y a de plus classique. Je travaillais dans une banque où je m'ennuyais à mourir et où je déprimais en voyant les années passer sans que j'aie l'impression de vivre. J'étais fascinée par l'univers du spectacle et surtout l'art circassien mais je ne me sentais pas capable de faire quoique ce soit dans ce domaine à part peut-être, nettoyer la cage des fauves ! » dit-elle en éclatant de rire, laissant transparaître une candeur qui la rendait sublime.

« Et puis un jour un cirque est passé dans notre ville. J'ai assisté au spectacle et là, pendant que je regardais un jongleur faire son numéro, une indescriptible émotion s'est emparée de moi et j'ai compris que *la vie* m'envoyait un message ; c'était le chemin que je devais suivre. Alors je me suis inscrite à des cours de jonglerie et d'acrobatie. J'étais vraiment nulle au début. Vraiment, vraiment nulle, et j'ai souvent failli laisser tomber. Mais je me suis accrochée et, petit à petit, je me suis améliorée. Mes parents ont boudé un bon moment quand j'ai décidé de changer de voie, ils flippaient, mais moi j'étais sûre de moi. Je savais que mon avenir était là, et non pas dans cette foutue banque. Je le sentais au fond de moi, tu vois de quoi je parle ?

- Euh, je crois oui. » répondis-je, comprenant ce qu'elle voulait dire sans trop savoir si on parlait de la même chose, de cette sensation qu'on a parfois face à quelque chose qu'on sait être la vérité avec un grand « V » mais qu'on ne peut pas expliquer avec des mots…

« Et puis un jour je me suis lancée. Je suis allée voir différentes compagnies pour tenter d'être engagée, et tu sais le plus fou ? C'est le cirque qui était passé dans ma ville et qui, sans le savoir, m'a aidé à franchir le pas qui m'a finalement engagée !

- C'est incroyable ça !

- Non en fait, c'est logique. Je l'avais ressenti. *La vie m'avait clairement indiqué que j'avais un lien avec ce cirque*. Bon, au début, j'ai plus fait la boniche qu'autre chose. J'ai longtemps été l'assistante du jongleur et des autres artistes, et je touchais des clopinettes ; mais ce n'était pas grave : j'étais dans la place ! Je les suivais en tournée, j'habitais avec eux dans une caravane, et entre deux corvées, je m'entrainais assidûment en suivant les conseils d'Arturo, le jongleur en titre qui m'avait à la bonne ! Et puis tu vois, avec le temps, on m'a fait confiance. J'ai commencé par des petits numéros de rien du tout, et aujourd'hui qu'Arturo est trop vieux pour se produire, c'est moi qui fais ma star ! » Et elle éclate à nouveau de son rire franc et généreux.

Je suis impressionné par cette femme. Par sa beauté d'abord. Elle est jeune, spontanée, fraîche ; splendide. Et puis son parcours ! Quel exemple de détermination et de volonté ! Je suis admiratif des gens comme elle qui savent ce qu'ils veulent et où ils vont.

Juan explique que j'aimerais savoir jongler et Anita me propose immédiatement de me montrer. Je panique comme un fou et commence par refuser, et puis je repense à ce que m'a dit Sven juste avant et à ce qu'elle vient de me raconter et je me dis que c'est dommage de passer à côté de ça.

« Bon, d'accord, je veux bien essayer. Mais ne vous moquez pas de moi, je n'ai jamais fait ça de ma vie !

- Tu sais, le voyage le plus long commence toujours par un premier pas. »

S'en suit une longue séance où Anita me montre des petits trucs pour apprendre à jongler en se mettant derrière moi pour diriger mes bras de sa main légère. Elle est si petite à côté de moi et pourtant c'est comme si elle prenait possession de mon corps qui semble lui obéir mieux qu'à moi. Je deviens spectateur de ce mini spectacle qu'elle réalise avec mes bras et mes mains. Fantastique. Je vis un moment exceptionnel et émouvant. Bon, je ne suis pas encore prêt à faire la tournée avec eux, mais je viens de prendre un plaisir infini et je ne sais pas comment la remercier.

« Tu viens de me faire vivre un moment exceptionnel et je t'en suis vraiment reconnaissant Anita. Merci beaucoup ! » Et non seulement je m'aperçois que je la tutoie, mais en plus, *Tac ! V'la* que je lui claque la bise !

« Je n'y suis pas pour grand-chose, c'est toi qui a tout fait. Je n'ai fait que te guider. C'est toi que tu dois remercier de t'être accordé ce petit moment de bonheur. C'est chouette de se faire du bien ! » Et elle éclate à nouveau de rire accompagnée de Juan. Je les imite et, je ne sais pas pourquoi, ça m'émeut. Je me sens un peu bête mais je suis vraiment touché qu'elle ait pris le temps de s'occuper de moi et de me faire vivre un moment qui restera gravé dans ma mémoire.

Elle m'attrape par l'épaule, approche sa bouche de mon oreille et me chuchote : « Aie confiance en toi Dorian. N'écoute pas tes démons qui tentent toujours de te décourager et de te faire perdre tes moyens. C'est normal, c'est leur boulot de petits démons ! Mais ne prête pas attention à ce qu'ils te disent et avance toujours vers ce qui t'attire. Les seules vraies limites sont celles que nous nous mettons. Crois-en toi et ose ! »

Elle dépose alors un baiser sur ma joue et déclare qu'il faut qu'elle s'y remette. Je la remercie une nouvelle fois et nous ressortons de cet endroit fabuleux où je viens de vivre, encore une fois, un instant précieux, comme tous les moments que je vis ici depuis mon arrivée.

Je remercie également Juan de ce qu'il vient de me faire vivre mais il ne me répond pas. A la place, il se tourne vers moi et me roule une *super méga pelle de la muerte* !

Waouh ! T'as un irrésistible sex-appeal en saltimbanque !

Puis il reprend sa route, bifurque sur la droite et emprunte un petit chemin en gravier blanc dans lequel pousse une constellation de petites fleurs violettes. C'est impossible de ne pas marcher dessus. Je crains de les écraser mais non, cela ne semble pas les abîmer. D'ailleurs on ne sent plus les cailloux blancs, au contraire, le sol est mou et suave sous mes pieds nus. C'est très agréable.

J'ai la sensation de marcher sur une moquette épaisse et fraîche. C'est totalement incongru. Je n'ose pas demander à Juan ce que sont ces drôles de fleurs ; il va me répondre « *son flores* » !

C'est très bizarre.

L'air se rafraîchit d'un seul coup et la végétation me donne l'impression d'être dans un sous-bois en Normandie. Nous nous trouvons d'un seul coup dans un havre de verdure, avec des arbres majestueux aux feuilles épaisses d'un vert tendre comme les jeunes pousses au printemps. Ça ne ressemble plus du tout au paysage méditerranéen dans lequel nous nous trouvions une minute auparavant mais plutôt à une clairière de conte de fées. Perplexe, je demande à Juan où nous allons. Il se retourne, me regarde langoureusement et me lance un large sourire qui découvre des dents d'une blancheur éclatante qui tranchent avec sa peau mate. Il me fait un clin d'œil et me dit d'un ton provocateur : « *en tus sueños…* » Puis il me tourne le dos et continu de marcher devant moi en roulant des fesses, perché sur des escarpins vermillon d'une hauteur impressionnante. Je n'avais pas remarqué que la robe qu'il portait fût si échancrée dans le dos ; elle est fendue de ses frêles épaules aux reflets dorées jusqu'à la naissance du creux de ses reins. Il a une démarche féline, aérienne. Mi- homme, mi- femme, avec des cheveux mi- longs d'une blondeur solaire, des traits d'une finesse angélique, un timbre de voix lascif, tout chez cette jeune personne, absolument tout exhale la sensualité. Son ambivalence sexuelle accroît encore davantage le désir qu'il m'inspire. Serait-il lui aussi deux personnes à la fois alors que je n'en vois qu'une ?

Je ne sais pas si c'est cette ambiguïté, ou son attitude équivoque et provocatrice, ou bien la levée de l'interdit, ou encore ce lieu insolite propice à la rêverie qui me fait bouillir le sang mais je suis irrésistiblement attiré par lui tout à coup. J'ai envie de poser ma main sur son corps. Puis je me ravise ; la peur me paralyse, pour soudain céder la place à une impulsion féroce qui se déchaîne et s'empare de moi. Je glisse ma main par la fente de sa robe et je lui caresse doucement les fesses. Il se laisse faire, continuant à avancer en tortillant de la croupe. Puis mes doigts s'engagent dans son sillon. Il se cambre un peu pour leur faciliter le passage. Mes doigts s'attardent dans cet endroit tiède et moite qui semble m'inviter à prolonger mon exploration… Il s'arrête près d'un bouleau, s'agrippe à son tronc et m'offre son corps juvénile. Je passe mon autre main sur le devant de son corps gracile pour le serrer contre moi et je constate qu'il bande déjà. Mes doigts entrent en contact avec son sexe qui me fascine et m'effraie à la fois. Je remonte ma main jusqu'à ses épaules et dégage sa robe qui tombe à ses pieds. Il est totalement nu, à l'exception des escarpins rouges qui demeurent à ses pieds. Accroché à la branche la plus basse, il accentue sa cambrure que j'interprète comme une invitation à me laisser aller à mes pulsions les plus viles. J'approche ma bouche de son cou. Mon nez s'enfonce dans sa chevelure épaisse. Je suis moi aussi terriblement excité et ma verge se dresse collée à son corps. Je dégage les cheveux de Juan et embrasse sa nuque. Puis, ma bouche descend doucement le long de son dos, très lentement, en continuant à couvrir sa peau de baisers. Mes lèvres arrivent finalement à ses fesses, douces, chaudes, imberbes, rebondies et bronzées. Je les mordille avec voracité. Il pousse de petits cris de jouissance qui m'encouragent à poursuivre avec ma langue que je laisse descendre le long de son entrejambe, par à-coups. Il détache une de ses mains de l'arbre auquel il est toujours agrippé et commence à se masturber. Il respire fort, par saccades irrégulières. Je reste un bon moment à me délecter de son intimité avant de me saisir de mon membre qui n'en peut plus et de lui asséner des va-et-vient frénétiques. Puis je me redresse et enfonce violemment mon chibre dans la délicieuse moiteur ardente de son orifice. Il halète bruyamment mais je n'en tiens pas compte et le pénètre bien à fond. Au comble de l'excitation, je viens rageusement en lui. Il se cramponne à la branche de ses deux mains alors que je pose fermement les miennes sur ses hanches et que je le baise fougueusement. Je ne cherche pas à lui donner du plaisir, je prends mon pied, brutalement, sauvagement. Je ne me suis jamais emporté comme ça, mais là je ne peux plus me contrôler. Je donne un dernier coup de rein et jouis en lui en lâchant un beuglement de plaisir alors que ma semence dégouline du cul de Juan pour venir souiller les petites fleurs violettes, comme une marée blanche polluante après un dégazage intempestif...

Nous restons comme ça un moment, l'un dans l'autre, exaltés et transpirants, essayant de reprendre notre souffle. Puis Juan cesse de se cambrer et je me retire délicatement. Il se baisse, ramasse sa robe noire, l'enfile, et remet ses cheveux en place. Moi je suis incapable de bouger, hagard comme un chien qui vient de copuler, le sexe pendant et moite, étourdi par ce qui vient de se produire. Au bout de quelques minutes qui me paraissent une éternité, sans se retourner, Juan reprend son chemin et je le suis machinalement, sans échanger un mot ni un regard. J'ai vraiment pris mon pied. Cependant, je me sens affreusement coupable ; j'ai le sentiment d'avoir abusé de lui.

Troublé, je ne remarque pas tout de suite que ce paysage féerique se transforme en petites ruelles poussiéreuses et arides, plus en adéquation avec cette région que la clairière luxuriante que nous venons de traverser. Je n'ose dire un mot. Je ne sais pas ce que ressent Juan et je ne trouve pas le courage de le lui demander. Je me sens minable.

Ouais mais hey : c'est lui qui t'a allumé ! Et il n'a pas opposé de résistance quand tu as glissé ta main sous sa robe ; ça veut bien dire que c'est ce qu'il voulait lui aussi !

Peut-être en effet…
J'aurais pu être plus…
Moins…

Je sens que je suis en pleine confusion, noyé au milieu de mes contradictions.

$$6$$

Muré dans un mutisme accablant, Juan m'accompagne sur le chantier où m'attend Stephen. Il y a une dizaine d'hommes qui travaillent là. J'ai l'impression de tous les connaître depuis longtemps, comme si nous nous étions déjà rencontrés auparavant, ailleurs, sans savoir vraiment où c'était ; « dans une autre vie ! » comme on dit…

Certains s'affairent sur le toit, d'autres préparent une sorte de ciment à base de terre et de chaux, d'autres encore hissent des tuiles sur le toit. Stephen et un autre type s'occupent de cimenter le haut des murs où il manque quelques pierres.

Il y a là des hommes de tous âges, certains aux alentours de la soixantaine, en pleine force physique, d'autres d'une trentaine d'années peut-être, c'est difficile à dire, jusqu'à un garçon très jeune, de l'âge de Juan, peut-être même plus jeune encore puisque Juan a 21 ans, comme je viens de l'apprendre, même s'il en fait 16.

Le garçon en question, lui, doit avoir effectivement 15 ou 16 ans, mais il est très différent de Juan ; tout son contraire en fait. De type méditerranéen, râblé, puissant, avec un visage très lisse, sans aucune aspérité, comme une image de magazine qui aurait été retouchée à la palette graphique. Ça le rend énigmatique, comme une image virtuelle incrustée dans la réalité. C'est étrange et fascinant.

Voyant que nous sommes arrivés, Stephen pose ses outils et vient m'attendre au bord du toit. Je lance un timide merci à Juan qui a déjà tourné les talons sans que je m'en aperçoive, sans un mot, sans un regard. Je monte rejoindre Stephen en pensant au jeune hispanique avec culpabilité, sachant que je suis allé trop loin avec lui. Je ne suis pas fier de moi. Il me faut un peu de temps pour réfléchir et faire le point sur ce qui vient de se passer. Je n'arrive pas à comprendre pourquoi ce garçon a éveillé en moi une telle pulsion quasi animale, comme si un démon s'était emparé de moi.

En montant à l'échelle, je jette un œil sur ces garçons torses nus. Ils sont incroyablement musclés. On dirait même que certains d'entre eux ont le corps huilé comme les mecs bodybuildés…

Je réalise subitement que je délire ; ce que j'ai pris pour de l'huile est en fait de la transpiration, explication on ne peut plus logique quand on travaille sous le cagnard !

Je ne sais pas si c'est à cause du soleil ou de tes ébats mais t'as un pète au casque, bonhomme ! Faut te faire interner !

Stephen attrape ma main et me hisse sur le toit. C'est idiot mais je trouve ce geste hyper romantique, à l'image du prince charmant qui sauve sa princesse au bord du gouffre. Et la princesse, c'est moi ! C'est pourtant vrai que depuis que j'ai rencontré Sven je vis un véritable conte de fée.

C'est ça ! Et ils se marièrent et eurent beaucoup d'enfants ! Je doute que la fin de ton histoire soit aussi heureuse ; on n'a jamais vu le charmant prince épouser la vilaine sorcière !

« *Prend garde à te parler plus gentiment !* » tonne alors en moi la voix que j'ai déjà entendue ce matin.

De là-haut, la vue est superbe. D'un côté on voit la mer, bleue marine, étincelante d'éclats argentés, de l'autre la montagne, grise de rocailles, jaune d'herbes brûlées et verte du feuillage des oliviers. La végétation reste aride mais préservée de la sécheresse. Ce paysage lumineux s'étend à perte de vue.

Stephen me confie ma mission : poser les tuiles. Est-il utile de préciser que je n'ai jamais fait ça avant ? Il m'explique comment m'y prendre. Il est clair dans ses explications, précis dans ses gestes. C'est beau de le voir travailler. Ses mouvements sont élégants, un peu irréels, comme une chorégraphie sans musique. Il me demande si je veux des gants mais comme personne n'en porte, je refuse, ce que je ne vais pas tarder à regretter.

Bien que ce ne soit pas très compliqué, je pars vaincu d'avance, comme toujours, persuadé que je n'y arriverai jamais et finalement, contre toute attente, je comprends vite comment m'y prendre et même si je n'ai pas la dextérité de Stephen, je m'en sors plutôt bien. Cela ne m'arrive pas souvent mais je dois avouer que je suis assez fier de moi ! Stephen reprend sa place sur l'arrête du toit et il me jette des coups d'œil de temps en temps. Il fait extrêmement chaud et je transpire abondamment. Des gouttes de sueur tombent sur les tuiles que je viens de poser. La première intempérie dont elles protègent est le flot de ma participation à la restauration de ce lieu atypique et harmonieux.

Le jeune méditerranéen *photoshopé* que j'ai remarqué en arrivant sur le chantier s'approche de moi avec une bouteille d'eau qu'il me tend. Je le remercie et bois bien volontiers ; je suis à nouveau assoiffé.

« Gustavo. Sicilian.
- Dorian. Francese. Grazzie per l'acqua. »
Il me sourit et continue sa tournée.

Ce type n'est donc pas une image virtuelle en 3D ?

Paradoxalement, il se dégage de lui quelque chose de très agréable, d'aimable, de généreux. Il émane de ce garçon une telle gentillesse qu'on a envie de lui faire un câlin ! C'est bizarre de dire ça mais c'est ce que je ressens. Il y a de la profondeur chez lui. Du charisme. Il est rassurant, je ne peux dire pourquoi, alors qu'il est si jeune. Il a quelque chose de fort que n'ont généralement pas les autres adolescents de son âge, à part Juan qui, bien qu'étant très différent dégage lui aussi une intensité indiscutable, comme si ces deux garçons avaient accès à une connaissance que seuls quelques privilégiés possèdent. En réfléchissant, tous les enfants ou les adolescents que j'ai croisés ici m'ont laissé cette même impression de maturité, comme s'ils savaient quelque chose que je ne sais pas. Ils sont bien dans leur peau, sûrs d'eux et ça saute aux yeux. Ils n'ont pas besoin d'en faire des tonnes pour être remarqués ou pour paraître importants en arborant des tatouages, des piercings, des fringues bizarres ou des coupes extravagantes ; ils sont eux-mêmes et ça suffit ; ils sont parfaits comme ça. Quelle chance de partir avec un tel bagage dans la vie !

Juan est un garçon prévenant d'une absolue gentillesse lui aussi. Je ne sais vraiment pas ce qui m'a pris de lui sauter dessus. Il m'a un peu allumé et j'ai perdu la tête. Peut-être suis-je à cran après la nuit que j'ai passée avec les deux suédois. Juan a raison finalement ; ils évoquent l'un de mes fantasmes : les deux frères jumeaux, blonds, doux et incroyablement sexy…

Même lorsqu'il était plus jeune, Maxence n'était pas aussi beau qu'eux. C'était une bombe quand nous nous sommes rencontrés, mais il n'avait rien d'irréel. Lui, il avait une beauté démoniaque et il en jouait. Je me souviens le lui avoir reproché et il m'a répondu : « C'est comme avoir une arme sur soi ; il faut savoir s'en servir en cas de nécessité ! »

Je comprends que j'ai pu être attiré par un aussi joli garçon que Juan mais pourquoi cette attirance s'est-elle manifestée si violemment ? Mon envie de lui a été irrépressible. Il faut dire qu'il était assez provoquant avec cette robe qui laissait voir le haut de ses fesses.

Et tu trouves que cet argument constitue une excuse valable ?

« Alors, tu maîtrises ? » me demande Stephen.
« Ça va, ça va. J'avance, doucement, mais sûrement ! »

La maîtrise ! Voilà, c'est le mot qui convient pour décrire la situation avec Juan. Je n'ai pas réussi à dominer mes pulsions. J'ai totalement perdu les pédales, et ça, ce n'est pas acceptable. Je dois apprendre à contrôler l'animal qui est en moi. Lorsque quelqu'un m'énerve à un point tel que j'ai une folle envie de lui coller mon poing dans la gueule, je ne le fais pas. On ne tue pas quelqu'un parce que c'est un vrai salaud. La maîtrise de ses impulsions est primordiale dans une société civilisée. C'est sans doute ça que j'ai à apprendre : céder à mes envies, me laisser aller, lâcher prise et jouir de la vie tout en maîtrisant mes impulsions, réussir à rester maître de moi-même sans me laisser emporter et dire « c'est plus fort que moi ». Non, ce n'est pas plus fort que moi. Rien n'est jamais plus fort que soi. C'est moi qui dirige mon corps, mon être. C'est moi qui commande !

Ce n'est pas l'amour que j'ai fait à Juan, je l'ai *baisé*. Je ne l'ai pas respecté et il doit non seulement être vexé mais aussi carrément furieux. Il a raison. Je ressens aussi de la colère envers moi, mais ce dérapage me permet de comprendre la nuance entre le lâcher prise et la perte totale du contrôle de soi qui, elle, peut être dangereuse. C'est sans doute pour ça que cet incident est arrivé ; pour que je comprenne et que j'en tire les conclusions qui s'imposent. Comme Sven me l'a laissé entendre, rien n'arrive par hasard mais pour nous enseigner quelque chose.

« C'est parfait, je vois que tu avances. »

Ça, pour avancer, j'avance…
Mais pour aller où ?

« Tu te débrouilles pas mal. Pourtant tu as l'air triste… » me dit Stephen. Puis il ajoute sans que je sache s'il parle de la pose des tuiles ou de l'objet de mes réflexions : « Tu sais, il faut être indulgent. Tu ne peux pas tout réussir tout de suite. Il te faut acquérir une certaine pratique. Mais ça va venir. » Je suis décontenancé par leur facilité à répondre aux questions que je me pose à moi-même. C'est comme une discussion à l'intérieur de mon esprit.

Nous travaillons ainsi pendant trois heures ponctuées par le passage sporadique du jeune et sa bouteille d'eau. Ça y est, je sais à qui Gustavo me fait penser ! Quand j'étais gamin, il y avait un garçon de mon âge qui habitait dans le même quartier que nous. Nous allions à la même école. On se connaissait comme ça, mais nous n'étions pas à proprement parler des copains. Je savais qui il était, c'est tout. Un jour, j'ai appris que ce garçon était mort. On ne parlait que de ça à l'école. Le pauvre a eu l'idée saugrenue de poser ses pieds mouillés sur le radiateur électrique en sortant de sa douche ; il s'est fait griller comme une petite saucisse ! Ça nous a tous tellement choqué qu'aujourd'hui encore je suis très vigilant et jamais je ne touche un appareil électrique les mains mouillées. Prudence que j'ai aussi transmise à Charlotte. Quelque part, sans le vouloir, ce pauvre garçon m'a incité à faire attention. Je me souviens de ce qui avait surpris tout le monde et dont tous les habitants du quartier parlaient : les parents de ce jeune garçon d'une quinzaine d'années étaient bouddhistes, et ils ne semblaient pas souffrir de la mort de leur enfant. Ils disaient qu'il avait eu la chance de vite rejoindre Dieu sans avoir à subir le poids de toute une vie, le Samsara…

Je n'ai jamais très bien compris mais c'est la seule fois où j'ai trouvé que la religion pouvait aider quelqu'un. Au moins ces pauvres gens ont-ils moins souffert de la mort de leur fils… Ça me touche de penser à lui. S'il avait vécu, il ressemblerait à Gustavo… C'est épatant que ce garçon soit de Sicile, pays qui reste cher à mon cœur puisque c'est là où j'ai connu celui qui partage ma vie aujourd'hui… Encore une coïncidence !

Un de mes compagnons de chantier propose d'aller déjeuner et j'avoue que j'en suis soulagé. Non seulement je commence à avoir faim mais je fatigue et mes mains écorchées me font affreusement mal. En descendant à l'échelle, je me rends compte que mes jambes aussi me font souffrir. Sven va être content ; je commence à écouter mon corps et à ressentir les messages qu'il m'envoi ! J'espère que ce soir j'aurais droit à un nouveau massage…

Je suis fourbu mais satisfait d'avoir contribué à la restauration de ce lieu dont la sérénité m'inspire un grand respect, comme l'harmonie qui règne entre ses habitants qui ne rechignent pas à la tâche pour faire évoluer leur village pour qu'il soit en adéquation avec leur idéal de vie. Ils prennent leur destin à bras le corps. C'est exactement ce que je devrais faire moi aussi : prendre ma vie en main.

Parmi ces hommes qui ont passé leur matinée sous la dureté du soleil à réaliser ces travaux éreintants se trouvent des intellectuels, des gens que l'on qualifie de « bourgeois », issus de familles argentées et qui n'étaient pas destinés à ces travaux manuels. Certains ont des capacités qui leur permettraient de vivre dans le luxe, bien calés dans un fauteuil en cuir à jouir de la fraîcheur d'un bureau climatisé. Mais non. Ils ont fait le choix d'aider les autres et de se lancer dans la concrétisation de ce projet fou de créer une communauté où les maîtres mots sont « paix et amour ». Ils sont persuadés qu'un meilleur avenir est possible. Rien que pour ça, j'ai un profond respect pour chacun d'entre eux, moi qui n'ai jamais rien fait pour les autres et qui ai passé mon temps à me plaindre. Je fais profil bas face à ces gens qui ne sont pas en costume *Cerruti* mais qui sont immensément plus riches que ces arrivistes adeptes du chacun pour soi. L'entre-aide généralisée au sein de la *Famille* où chacun offre ce qu'il sait faire est une belle leçon de vie et je me sens fier de faire partie de ce groupe, d'apporter mon humble participation à l'élévation de l'humanité.

J'arbore un large sourire en redescendant avec les autres vers la cuisine, content de faire enfin partie d'un groupe. Constatant que je me suis blessé, Stephen me glisse : « Si tu avais été moins préoccupé par ce que les autres pensent de toi, tu aurais mis des gants et à cette heure-ci tu n'aurais pas mal aux mains… »

Nous croisons un homme qui porte deux gros sacs de vêtements qui semblent bien lourds et spontanément, je lui propose mon aide qu'il accepte volontiers. Je dis à Stephen de ne pas m'attendre, que je les rejoindrai plus tard. Il me sourit et me pose la main sur le bras pour me faire comprendre qu'il apprécie mon initiative et ma participation aux tâches de la ferme. Je suis plus surpris que lui par ma propre attitude si éloignée de mon comportement habituel, asocial et misanthrope. Je fuis les gens normalement, mais pas ici. Je me fonds au milieu d'eux, sans peur, sans appréhension et même avec un certain plaisir. Je me sens dans un environnement qui me convient et je deviens quelqu'un d'autre, peut-être plus proche de la personne que je suis vraiment, qui sait ? Je ne me connais pas vraiment, j'apprends à faire ma connaissance un peu plus à chaque instant...

Les autres se dirigent vers la terrasse ombragée pour déjeuner pendant que l'homme et moi nous marchons vers la buanderie avec chacun un sac de linge sale sur le dos. Il a la cinquantaine, a les cheveux roux et une peau d'une blancheur extrême. Enfin non, disons plutôt rouge vif !

« Ce n'est pas facile d'avoir une peau si pale avec ce soleil ! » Brad est Irlandais et déteste la pluie. Il n'est heureux que lorsqu'il fait un beau temps. Mais bien qu'il se protège, il n'est qu'un coup de soleil ambulant... Il est intéressant de constater que chacun parle dans sa langue d'origine et que, malgré cela, tout le monde se comprend. Il dit que la langue n'est pas importante, que ce qui compte c'est le « *body language* », le langage du corps, des yeux, de l'âme et que ça, tout le monde peut le « *parler* ». D'après lui, lorsqu'on veut vraiment communiquer on parle « *avec les mains et les pieds* ». Je trouve ça émouvant de voir ces gens tout faire pour échanger entre eux. Il est si fréquent que des gens qui parlent la même langue ne se disent pas un mot ou ne s'écoutent pas. Ici, c'est tout le contraire. Brad dit c'est important de se regarder, de se sourire et de se toucher ; c'est établir une communication, un échange. Je saisis mieux pourquoi tout le monde se touche ici !

Nous déposons le linge dans un grand bassin rempli d'eau dans lequel une grande hélice tourne inlassablement. Une sorte d'énorme machine à laver, ou plutôt à brasser parce que je suis peu convaincu de l'efficacité du lavage, mais c'est marrant de voir ces habits qui flottent comme dans une grande casserole.

Nanny faisait ça !

Elle faisait bouillir du linge des matinées entières dans une lessiveuse posée sur la gazinière qui dégageait une forte odeur de lessive que j'associe inévitablement à mon enfance dès que je sens cette odeur que je trouve rassurante. C'est l'odeur d'un foyer entretenu où une femme veille au quotidien sur sa famille.

Il y a des parfums comme ça qu'on n'oublie pas. Je donnerais n'importe quoi pour revivre un petit moment tout simple comme celui-là avec ma grand-mère. Nanny me manque tellement.

Je ne sais pas pourquoi je vous parle d'elle ; depuis qu'elle est partie, j'évite d'aborder le sujet, c'est trop douloureux, j'ai peur de fondre en larmes et de ne plus pouvoir m'arrêter.

Brad comprend qu'il se passe quelque chose mais il ne dit rien. Il s'approche de moi et me prend dans ses bras. C'est tout. Et moi, je me laisse aller à ma tristesse, enlacé par cet homme que je ne connais pas. C'est un moment d'une tendresse incroyable, un instant plein de compassion, de complicité et d'échange comme on peut en avoir avec un très vieil ami ou un membre de sa famille. Je suis redevenu un petit garçon l'espace d'un instant et cet inconnu prend la place du papa que je n'ai pas eu et qui console son garçon qui a perdu sa mamie et son enfance...

Je ne sais pas combien de temps nous passons comme ça dans les bras l'un de l'autre. Au bout d'un moment je sens que ça y est, l'émotion est passée. Alors je me redresse et Brad desserre son emprise. Nous n'échangeons pas un mot. Pas besoin. Nous utilisons le « *body language* » ; d'un regard je le remercie et d'un sourire il me dit « y'a pas de quoi ». Je ne m'excuse pas, ce n'est pas nécessaire ; il a compris que j'avais de la peine et il a fait le nécessaire pour me réconforter.

Brad tient à me présenter sa femme, Alice, une grosse dame aux longs cheveux blancs nattés. Elle est souriante et infiniment sympathique. Comme lui. L'accueil chaleureux de ces gens qui ne savent pourtant rien de moi m'enchante. Je ne sais comment les remercier. Alors je me contente de leur sourire, humblement, et ça suffit.

Je rejoins Stephen et Sven qui sont attablés sous la pergola. Comme à son habitude, Sven est nu et je réalise que moi aussi je le suis depuis que je suis arrivé, et cela ne me pose plus de problème à présent. Non seulement c'est agréable mais je trouve que mon corps n'est plus aussi moche ; la nudité lui va bien.

Ils s'écartent pour que je puisse m'asseoir entre eux deux. Ils ont eu la délicatesse de me préparer une assiette. Sven commence à me caresser la jambe et me lance à brûle pourpoint :

« Que dirais-tu d'aller à la plage cet après-midi pour faire l'amour et nager ? »

Je constate l'ordre de ses priorités !

« Mais je dois aider Stephen cet après-midi. »

Stephen prend alors mes mains dans les siennes et déclare :

« Je crois qu'elles ont suffisamment travaillé pour aujourd'hui. L'eau de mer et les caresses de Sven leur feront le plus grand bien ! »

Je suis bien d'accord avec lui !

Je remarque l'absence de Juan. Personne ne l'a revu depuis le matin, lorsqu'il m'a accompagné jusqu'au chantier. Je cache mon inquiétude mais je suis préoccupé. J'espère que sa disparition n'est pas liée à ce qui s'est passé tout à l'heure dans la petite clairière. Semblant percevoir mon trouble, mes deux adonis m'expliquent que Juan est un garçon sensible et indépendant. Il a eu une vie difficile avant d'arriver à la ferme, et ses vieux démons rejaillissent en lui de temps en temps. Dans ces moments-là, il a besoin de s'isoler, et il lui arrive de partir, parfois pendant plusieurs jours, sans donner de nouvelles. Mais il revient toujours, et à son retour, il faut prendre grand soin de lui, tant il est fragilisé par ses mauvais souvenirs qui le font souffrir. Je leur demande ce qu'il lui est arrivé mais je n'obtiens pas de réponse à ma question.

Ils parlent de lui avec une profonde tendresse et je constate comme ils sont attachés à ce garçon qui est pour eux comme un jeune frère, un fils.

« Juan n'est pas un garçon comme les autres, il est complexe. C'est parfois difficile à gérer, mais c'est aussi ce qui le rend si attachant ! »

Je suis stupéfait d'entendre cette phrase que je répète à longueur de temps à propos de Maxence pour tenter d'expliquer pourquoi je reste avec ce mec, ce que personne ne comprend, sauf Gloria qui croit toujours les cartes et leur prédiction…

7

Comme prévu, Sven et moi quittons la table pour rejoindre la petite crique où nous nous sommes rencontrés ; là où tout a commencé pour moi : mon lieu de *re-naissance* ! S'agit-il d'une rencontre fortuite, ou *la vie* a-t-elle mis ces trois anges sur ma route pour m'aider à changer, comme ils le laissent entendre ?

J'ai l'impression que ça fait déjà des semaines que je connais Sven. Il s'est passé tant de choses en si peu de temps ! Plus que depuis des années en fait. Je me rends compte que j'ai changé depuis cette improbable rencontre... Tellement changé. C'est bête à dire mais j'ai mûri. Je suis plus en harmonie avec moi-même. Je viens de faire connaissance avec mon enfant intérieur, avec mes fantasmes, mes envies, mes peurs, ma pudeur... Avec moi-même, tout simplement. Je viens de découvrir le véritable sens des mots amour, compassion, générosité, don, gentillesse, pureté, harmonie... Cette expérience m'a fait évoluer de quelques années en quelques jours ! Je viens d'expérimenter le « lâcher prise ».

Perdu dans mes pensées, je reste silencieux. Sven ne dit rien lui non plus, il m'observe. Arrivés sur les rochers, nous nous asseyons sur le plus gros, les pieds dans l'eau et le regard lointain. Des gens se promènent en laissant les vagues leur lécher les orteils. Cela fait plusieurs fois que j'ai l'impression de reconnaître certaines personnes que j'ai connu par le passé. Le plus bizarre c'est que ces gens sont morts. Lorsqu'ils passent près de moi je m'aperçois que je me suis trompé, ce ne sont que des illusions d'optiques, des « faux airs » comme on dit. C'est troublant et ça me rend nostalgique de penser à ceux que je ne reverrai plus.

« Ne sois pas triste de perdre les gens. Ils passent dans ta vie. C'est leur rôle. Certains restent un peu plus longtemps mais faut pas faire un drame lorsqu'ils s'en vont. D'autres arriveront après eux. Un peu comme sur cette plage où les gens se promènent au bord de l'eau et passent devant toi. Certains s'arrêtent et restent un peu plus longtemps. D'autres s'assoient même avec toi pour partager un moment. Mais ils finissent tous par se lever et poursuivre leur chemin. C'est ainsi. *Cèsselavaille* comme disent les Français !

- On dit ça nous ?
- Oui, tout le temps !
- Oh ! Tu veux dire : c'est la vie !
- Yes, that's what I said ! »

Deux garçons, un grand black et un petit blanc, viennent vers nous, main dans la main. Voyant qu'ils s'approchent, Sven m'informe : « Pierre and Peter. They're French. Peter est Guadeloupéen. Très sympas les deux tu verras. »

Ils vivent à la Chrysalide depuis six mois environ et leurs yeux pétillent en évoquant le plaisir qu'ils ont de vivre ici. Je remarque que Pierre, le plus petit, n'arrête pas de toucher Peter, comme s'il voulait m'indiquer que c'est « sa » propriété et qu'il ne faut pas que je m'approche de trop près. C'est amusant ces deux garçons qui sont exactement l'opposé l'un de l'autre : l'un grand, l'autre petit ; l'un noir, l'autre blanc ; l'un Peter, l'autre Pierre, le même prénom dans une langue différente... On dirait des jumeaux inversés, comme le négatif d'une photographie argentique.

Après avoir discuté quelques minutes avec nous, les deux tourtereaux reprennent leur balade et nous laissent seuls. Je fais part à Sven de l'impression que j'ai eu concernant Pierre qui semblait marquer son territoire en touchant Peter continuellement. Sven n'est pas d'accord avec moi. Pour lui, Pierre avait inconsciemment envie de communiquer à Peter l'amour qu'il ressent pour lui. Ça ne fait pas longtemps qu'ils se connaissent. Pierre vient de Vendée et a connu la ferme par un de ses amis Bouddhistes qui est venu faire une retraite ici. Il voulait prendre du recul sur sa vie lui aussi. C'est dans l'avion qui le menait ici qu'il est tombé sur Peter. « Il n'y a pas de hasard » ajoute Sven pour dire que cette rencontre était prédestinée. Ils étaient assis l'un à côté de l'autre. Ils ont discuté. Pierre a expliqué ce qu'il venait faire à la Chrysalide et Peter a tout de suite été séduit, aussi bien par Pierre que par la ferme, et il a décidé de l'accompagner. Le plus étonnant, c'est qu'ils ne sont pas sortis ensemble tout de suite. Chacun d'eux avait besoin de se retrouver à titre personnel avant de pouvoir s'engager dans une nouvelle relation. Ils avaient besoin d'être plus sûrs. L'un comme l'autre en avaient assez des relations fugaces. Ce n'est que deux mois après leur arrivée qu'ils ont franchi le pas et depuis ils sont inséparables.

Je fais part de mon impression à Sven mais ce dernier m'explique que le fait que Pierre tripote son mec sans gêne devant nous est un geste naturel. C'est moi qui suis dans une interprétation négative de ce que j'ai vu. J'ai jugé le geste de Pierre comme une menace, une main mise d'un propriétaire sur une chose. Mais Peter n'est pas une chose et Pierre n'est pas son propriétaire. Il n'avait pas l'intention d'être menaçant ni impoli envers moi. Il caressait le cul de son mec parce qu'il en avait simplement envie. Il ne faut pas chercher plus loin. Il me trouve encore dans le jugement sur certains points, ce qui est bien normal, j'ai tant de choses qui m'empêchent d'avancer librement. Il me faudra encore du temps pour m'en libérer.

« No problem, you learn very quickly. »

Je ne sais pas si j'apprends vite mais je sens que je change. J'ai le sentiment d'évoluer…

Ce qu'il vient de me dire me laisse dubitatif. Je me suis senti agressé par le geste de Pierre alors que ce n'était qu'une mauvaise interprétation de ma part. Je suis à l'origine du problème. C'est vrai que je suis encore bloqué dans de nombreux domaines, notamment le domaine sexuel. Cela faisait si longtemps que plus personne n'avait eu envie de moi. Moi-même je n'en avais plus envie. Mon corps me dégoûtait et plus je me haïssais, moins je faisais attention à moi. Du coup, je me suis laissé aller et je me suis dégradé, physiquement, intellectuellement, émotionnellement… Comme Maxence me l'a fait remarquer la dernière fois que l'on s'est vus, je suis dans une spirale infernale. Mais j'ai le sentiment que ma chute vient de prendre fin depuis que j'ai rencontré Sven et qu'il m'a fait découvrir un autre monde où tout être est accepté, respecté et aimé.

Cela va vous sembler saugrenu mais il me semble que mon corps s'est transformé lui aussi. Oui, oui, en quelques jours ! Je le trouve plus ferme, plus harmonieux, même si je continue à avoir du ventre, des grosses cuisses et un gros cul ; c'est moins laid. Je me trouve moins repoussant, et même assez séduisant dans mes rondeurs, comme une statue masculine de Nikkie de Saint Phalle. C'est vrai que la rondeur peut être belle. L'acceptation de moi-même est en cours, même s'il y a encore du boulot. Je vis de nouvelles expériences enrichissantes et je me sens de mieux en mieux, mais je reste mal à l'aise à propos de l'événement du matin avec Juan et cette image me trotte sans interruption dans la tête.

« What's the matter ? » me demande Sven qui sent tout. J'allais lui répondre que je n'ai rien de particulier mais en croisant son regard je comprends tout de suite qu'il est inutile de lui mentir : il sait déjà ce que j'ai dans la tête. Il me ressent tellement bien qu'il sait mieux que moi ce qui me contrarie. Je décide de lui raconter ce qui s'est passé dans la matinée avec Juan, en précisant que je me sens dévasté.

« Je ne comprends pas ce qui m'a pris, cela ne me ressemble pas. D'ailleurs, rien de ce qui se passe depuis notre rencontre ne me ressemble… C'est si inhabituel pour moi. Je suis un peu perdu au milieu de toutes ces nouvelles émotions, j'ai l'impression que je deviens fou. Je vis un rêve mais je suis totalement déstabilisé. Tu sais, je m'en veux vis à vis de Juan, mais aussi vis à vis de toi et de Stephen. Je n'ai jamais rencontré de gens comme vous, comme toi. Tu es quelqu'un de si généreux, si extraordinaire… Même dans mes souhaits les plus fous je n'aurais jamais imaginé pouvoir connaître un garçon comme toi un jour. J'ai l'impression que toute cette histoire est irréelle et que je vais me réveiller dans quelques minutes. Mais je ne veux pas me réveiller ! Alors je profite pleinement de chaque instant avant que le rêve ne s'achève…

- *Et tu pètes le blond* ! » me dit-il avec son irrésistible accent, très fier de connaître des expressions françaises, enfin, croit-il.

« *Et je pète le blond…* » dis-je, pensif, sans corriger sa phrase que je trouve délicieuse comme celles que Gloria lance parfois en mélangeant avec brio les expressions les plus courantes.

Il passe son bras autour de mon cou comme il le fait souvent et ne dit rien. Il regarde le large en souriant. Il est calme, serein. Il respire profondément, semblant se délecter de chaque bouffée d'air qu'il inspire. Nous restons comme ça un moment, sans dire un mot, côte à côte, face à la mer étale, plongés dans une intime réflexion. Puis il prend la parole, très calmement, avec une voix douce et profonde, comme un murmure, dans un français impeccable, sans une once d'accent comme si c'était son frère qui parlait à travers lui…

« C'est normal que tu craques. Tout ce que tu vis ici est nouveau pour toi et ces excès de liberté te font perdre tes repères. Comme tu le dis, tu es déstabilisé et par moment ça te rend euphorique ; mais ça peut aussi te rendre triste ou brutal, comme si tu étais ivre ou drogué. »

Il m'explique que j'ai beaucoup à apprendre en restant à leurs côtés, sur la vie, l'amour, la spiritualité, sur les autres et, il insiste sur ce point, avant tout, j'ai tant à apprendre sur moi-même. Il confirme qu'en effet, c'est un peu comme dans un rêve, que c'est moi qui décide de tout ce qui arrive et si l'aventure continue ou si elle s'arrête. Il me dit qu'il n'est qu'un messager ; un passeur de messages. Je suis dans ma propre vie et c'est moi qui ai le choix de mes faits et gestes, de mes actes ou de mes non actes et des conséquences qu'ils entraînent. Il poursuit en m'expliquant qu'il a senti en moi une profondeur d'amour exceptionnelle et qu'en tant que guides, lui et les autres, ne sont là que pour me la révéler à moi-même. Mais c'est à moi de faire le travail et de décider de partager ou non cet amour avec les autres et avec moi-même. C'est moi qui décide de continuer à vivre, en harmonie avec ce qu'il nomme « *l'univers* », ou de rester sur le banc de touche, à l'écart de moi-même, des autres et de la vie.

Juan, Stephen, lui et tous les habitants de la ferme ne font rien d'autre que donner de l'amour, sans attente particulière. C'est à moi de voir si j'accepte cet amour et si je le partage, si je fais circuler cette énergie bienfaitrice. Je suis aussi le seul à décider combien de temps je vais rester avec eux. Je ne suis pas prisonnier de la ferme, juste de moi-même. C'est moi qui jauge combien de temps ils vont m'accompagner, combien de temps je vais avoir besoin d'eux à mes côtés pour m'aider à voir clair. Eux sont dans l'amour et ne changeront pas même si j'ai des réactions surprenantes par moments. Je ne dois pas avoir peur de les perdre.

« Tu ne nous perdras jamais, Dorian. Nous serons toujours près de toi, même si tu te trouves à l'autre bout du monde, tant que tu seras connecté à ton *toi intérieur*, à la profondeur de ton être. Le seul dont tu puisses avoir peur, c'est de toi-même, pas des autres. Tu as perdu l'amour de toi au fil du temps. Tu dois tout mettre en œuvre pour reconquérir cet amour, Dorian, pour gagner l'estime de toi-même qui te fait cruellement défaut aujourd'hui. Lorsque tu l'auras retrouvé, ou devrais-je dire « enfin trouvé », alors tu n'auras plus besoin de nous et tu n'auras plus peur de perdre qui que ce soit puisque tu ne seras plus jamais seul : tu seras avec toi-même, serein et en harmonie. »

Pendant qu'il me parle de mon manque d'amour propre, je me sens envahi par une émotion intense, quasi enfantine, qui vient du plus profond de moi et qui me prouve qu'il vient de mettre le doigt sur un sujet sensible. Mes yeux s'humidifient sans que j'en aie conscience. Un peu comme lorsqu'on est touché par une musique qui nous tire des larmes sans que l'on puisse les réprimer. Mon émotion prend le contrôle de mon corps, comme ce matin, pendant la séance de méditation.

Je me rends compte que Sven vient de me faire un merveilleux cadeau. Il me donne l'un des secrets de *la vie* : l'amour simple et pur envers soi-même, envers les autres et l'univers tout entier, sans jugement, sans interprétation, juste dans la compassion et l'empathie. Il vient de me reconnaître comme étant une belle personne, digne de recevoir amour et attention. S'aimer pour accepter d'être aimé. C'est vrai que ça marche. Moi qui me sentais si moche je me trouve beaucoup mieux maintenant, assez beau même dans ma peau de rondouillard trentenaire, riche à l'intérieur de mon être, digne d'être aimé par deux superbes créatures, un éphèbe post pubère et par moi aussi, qui commence finalement à bien m'aimer.

Je suis très ému de penser à moi avec gentillesse. Ce qui me touche le plus, c'est la souffrance dans laquelle je me suis moi-même enfermé depuis tant d'années. Les gouttes qui dégringolent sur mes joues sont des larmes d'enfant, celles du petit garçon que je suis encore à l'intérieur de moi et qui a été maltraité depuis si longtemps ; par les autres, mais avant tout par moi-même. Ce ne sont pas des pleurs de tristesse, ce sont des larmes de joie, la joie de me voir enfin libéré de cette prison dans laquelle je m'étais enfermé par peur de tout et de tout le monde ; la joie de retrouver le bambin qui vit en moi et de savoir que jamais plus je ne le quitterai, que je resterai toujours connecté à lui, à le défendre, à le câliner, à rire avec lui. Je ne serai plus jamais seul puisque je suis avec mon enfant intérieur ! Sven vient de m'offrir le cadeau plus fabuleux qu'on puisse faire à quelqu'un…

Je me tourne vers lui avec un sourire quelque peu stupide et les yeux d'un lapin qui aurait attrapé la myxomatose, mais je m'en fous ; je n'ai pas honte. Je le remercie et ajoute :

« Tu sais, on dit *péter les plombs*, pas les blonds! »

Il éclate de rire et me répond que je suis un être merveilleux et que c'est à moi que je dois dire merci pour ce que je suis en train de m'offrir. J'aurais pu m'enfuir quand il m'a proposé de le rejoindre sur ce rocher ; mais je suis venu. J'aurais pu foutre le camp quand il m'a convié à le suivre sur la petite île ; néanmoins, je ne l'ai pas fait. J'aurais pu disparaître quand il m'a invité à l'accompagner jusqu'à la ferme ; mais je l'ai suivi. Je l'ai suivi et je suis resté. Je suis resté avec eux toute la soirée, je suis resté toute la nuit et toute la matinée. Et là encore, je reste avec lui à écouter et à tenter de comprendre tout ce qu'il vient de me dire. Pour tout ça, c'est à moi que je dois dire merci, pour tous ces bons moments que je m'accorde. Je m'accorde enfin le droit d'exister et de vivre tous ces moments dont je rêve depuis longtemps et que je ne me suis jamais donné l'occasion de réaliser. C'est à moi que je le dois et à personne d'autre.

Comme tout paraît simple dans sa bouche.
La vie semble si facile avec lui, évidente, légère.
Et si c'était vrai ?
Et si nous étions seuls responsables de notre propre bonheur ? Et par conséquent, de notre malheur…

Je lui suis infiniment reconnaissant de me dire tout ce qu'il vient de me révéler, de m'ouvrir les yeux, l'esprit, de me faire prendre conscience que l'on est maître de sa vie, de ses choix, de son avenir.

« *La vie* n'est faite que de rencontres et de choix. Elle met, sur notre route des gens, ou des signes, qui peuvent nous éclairer ; à nous d'ouvrir les yeux et de les voir. Elle sème des opportunités extraordinaires sur notre chemin : à nous de faire les choix qui nous permettent de vivre ces moments exceptionnels. Nous sommes maîtres de nos vies. Rien n'est impossible. Sky is the limit ! »

Il fait une pause pendant quelques secondes où il semble réfléchir. « Now, let's talk about Juan… ». Au début, il ne voulait pas m'en parler, partant du principe que ce n'était pas à lui de le faire. Cependant, suite à ce que je viens de lui raconter, il se dit que connaître l'histoire de Juan m'aidera à comprendre son comportement que je peux effectivement interpréter comme provocant alors que c'est plus complexe que ça.

8

« Quand Juan était un enfant, il était très efféminé. Il a été élevé par sa grand-mère, une Vietnamienne, qui le traitait comme s'il était une fille ; elle l'habillait comme une fille, le coiffait comme une fille et s'occupait de lui comme on joue à la poupée. Chez elle, Juan évoluait dans un univers exclusivement féminin et n'avait que des jouets destinés aux fillettes.

Après la naissance de Juan, ses parents ont rapidement divorcé et c'est sa mère qui en a eu la garde. Mais elle ne gagnait pas suffisamment sa vie pour pouvoir élever correctement son fils. Le manque d'argent l'a amené à confier son fils à sa mère pour qu'elle s'occupe de cet enfant si spécial.

Juan sait que sa mère s'est prostituée pour arrondir les fins de mois. Pas tout le temps, mais souvent, quand elle avait besoin d'argent. Il ne sait pas bien comment elle vivait mais il semblerait qu'elle était très désemparée. Alcoolique, elle touchait aussi à la drogue, ce qui explique son besoin d'argent.

Il souffrait d'être loin de sa mère, malgré cela, il était heureux chez sa grand-mère. Mis à part que, dans sa tête, ça ne faisait aucun doute : il était une fille.

Et puis le drame qui a fait chavirer son existence est arrivé : sa mère est décédée dans des circonstances qui restent obscures. Elle a été retrouvée morte dans une petite rue de Madrid, défenestrée. La police a conclu à un suicide, mais Juan pense qu'elle a été assassinée. Je ne connais pas tous les détails. Juan n'en parle jamais. Il nous a raconté son histoire le soir où il a décidé de rester à la ferme avec nous, et il n'en n'a jamais plus reparlé.

A la mort de sa mère, le père de Juan a refait surface et a récupéré son fils. C'est là que l'horreur a commencé. Il a subi la tyrannie d'un père qui n'a pas accepté la féminité de son fils, et il a fait le choix inverse de la vieille ,dame ; pour lui Juan était un homme ; il lui apprendrait à devenir un homme, fut ce à coups de ceinturon ! A partir de cette époque, Juan a subi les foudres de son père. Il a été battu, martyrisé, humilié. Je ne veux pas entrer dans les détails sordides, mais le pauvre a été victime de toutes les bassesses dont les hommes sont capables envers ceux qui sont différents.

C'est ainsi que fonctionne l'éducation des jeunes mâles dans la tête des personnes intellectuellement et spirituellement primitives et sans doute trop jeunes pour s'occuper d'élever des enfants. Tu as de la chance d'avoir été élevé par ta grand-mère ; les aînés sont plus à même d'éduquer les enfants que les parents qui sont souvent bien trop jeunes et qui ne savent pas encore qui ils sont ni comment fonctionne le monde ; alors comment pourraient-ils transmettre à leurs enfants ce qu'ils ne savent pas encore ? »

Je me demande comment Sven sait que c'est Nanny qui m'a élevé et non mes parents ? Je ne me souviens pas le lui avoir dit, mais ce n'est pas le moment de l'interrompre.

« Bien que son père ait tout fait pour que Juan ressemble à un garçon, ce dernier est resté très efféminé. Les jeunes de son quartier se sont vite aperçus qu'il était différent. Ils se moquaient de lui, l'humiliaient, le battaient. Juan en a parlé à son père, mais celui-ci lui a dit qu'il devait apprendre à se défendre comme un homme, à cogner, à rendre les coups qu'il recevait et non pas venir pleurnicher comme une fillette. Il lui a même promis une raclée la prochaine fois qu'il se plaindrait. »

Je suis si choqué par tant de cruauté que je reste bouche bée face à Sven sans qu'aucun son ne puisse plus sortir de ma bouche. Je comprends mieux pourquoi les deux frères sont si doux avec ce garçon qui a du mal à savoir ce qu'il est.

« Désemparé, Juan a baissé les bras. Son père a commencé à le frapper régulièrement *pour lui apprendre la vie*. Les autres gamins le singeaient, se moquaient de lui, le tabassaient… Mais Juan ne protestait plus. Il s'est enfermé dans une bulle et a laissé faire. »

Je n'en crois pas mes oreilles. La stupeur se mêle à ma colère : « Mais, personne n'a rien remarqué ? Personne ne lui est venu en aide ?

- Le père a été convoqué à l'école parce que Juan avait des marques sur le visage mais il a dit que son fils se battait avec les gars du quartier et que ce n'était pas bien méchant et Juan a confirmé les dires de son père. En rentrant, il s'est fait dérouiller de plus belle, pour l'avoir déshonoré et l'avoir rendu ridicule face à ses enseignants. »

Je suis horrifié par cette histoire. Un mélange de fureur, d'effroi et de haine envers cet homme qui lui a fait tant de mal et ne l'a pas protégé ; mêlé à la honte de m'être comporté comme eux, comme tous ces salauds qui l'ont irrémédiablement meurtri.

« Un jour, la grand-mère, à bout de vie, agonisait et le père a autorisé son fils à aller la voir une dernière fois. Juan a pris le train et s'est rendu au chevet de cette femme qui avait été la seule à prendre soin de lui, la seule qui l'ait aimé. Elle a bien vu que Juan était mal en point et elle lui a demandé de lui dire la vérité. On ne ment pas à une presque morte et Juan lui a raconté le calvaire qu'il vivait. La vieille dame lui a dit qu'il ne devait plus laisser qui que ce soit lui faire du mal, qu'il devait lui promettre qu'il ne laisserait plus quiconque lever la main sur lui, le toucher ou mal lui parler. Elle lui a dit qu'elle savait qu'il était comme un diamant, pur et précieux, et qu'il devait toujours veiller à prendre soin de lui. Il a promis à sa grand-mère qu'à l'avenir il veillerait sur lui-même comme elle l'avait fait lorsqu'il était plus jeune.

La veille femme est morte cette nuit-là lui laissant ses maigres économies et cette promesse qu'il lui avait fait. Après l'enterrement, Juan n'est pas rentré chez son père. Il s'est enfui. Il avait treize ans ; ce n'était pas facile d'être discret. Assez rapidement, il a dépensé tout l'argent que lui avait laissé sa grand-mère. Il a fait de mauvaises rencontres. Il s'est prostitué lui aussi, comme sa mère l'avait fait avant lui. Comme un héritage pourri qu'elle lui aurait laissé.

- Je peux pas le croire...

- Il a rencontré un homme qui l'a hébergé quelques temps. Il s'occupait de lui, l'emmenait dans des endroits à la mode, lui faisait des cadeaux, l'habillait de pieds en cape. En échange, Juan lui offrait son corps ; il n'avait rien d'autre à offrir. Puis l'homme est parti. C'était un étranger et il est rentré dans son pays, sans emmener

Juan, sans s'occuper de son avenir. Il avait fini de jouer et il a jeté son joujou aux ordures.

- Mais… Qu'est-ce qu'il est devenu ?

- Il a revendu les vêtements que l'homme lui avait achetés, les quelques bijoux, sa montre… Il a vécu grâce à ça quelques temps. Mais comme pour suivre les traces de sa mère, il a commencé à se droguer. L'argent s'est volatilisé rapidement et la galère a recommencé. »

Les ennuis attirent les ennuis et lorsqu'on tombe, c'est une chute sans fin dans les ténèbres…

Il y a environ trois ans, Juan a suivi un touriste Belge qui est venu jusqu'ici. Il avait dix-huit ans. Sven l'a remarqué, un jour, sur la plage. Il a été fasciné par cet étrange garçon, mi-être mi-ange, mi-homme mi-femme. Il a compris que cet être divin était arrivé chez lui et qu'il fallait l'aider à se construire.

Sven dit que Juan ensorcelle les gens, qu'il les déstabilise, et que c'est pour cette raison qu'il déclenche les passions et les violences. Il leur fait peur. Sven n'a pas eu peur de Juan quand il l'a vu, il a eu peur pour lui. Il a tout de suite ressenti que Juan était en danger. Il lui a parlé. Juan était très agité, cynique, provocateur. Il regardait de tous côtés, comme s'il avait peur qu'on l'attrape. Juan a proposé à Sven de coucher avec lui contre de l'argent. Sven lui a répondu qu'il n'avait pas l'intention de coucher avec lui, qu'il ne lui donnerait jamais d'argent non plus, mais qu'il pouvait lui offrir un repas et un lieu pour dormir, se laver et se reconstruire. Juan l'a raillé en disant qu'il ne se laisserait pas enfermer dans une garçonnière. Sven lui a répondu qu'il pourrait s'en aller dès qu'il le souhaiterait.

Après réflexion, Juan est finalement venu à la ferme. Ça a été évidemment un choc pour lui, comme pour tous ceux qui pénètrent dans cet endroit. Il est devenu beaucoup plus timide et réservé. Sven a vu qu'il y avait une extrême beauté dans le cœur de ce garçon. Il lui a dit « Eres un diamante » et Juan a été profondément touché ; c'était les derniers mots que lui avait dit sa grand-mère avant de mourir.

Juan est un diamant et Sven l'a tout de suite vu. Mais il faut creuser la terre et se donner du mal pour trouver un diamant. Alors Sven a pris son temps et a développé tout son amour pour aider le jeune Juan à découvrir le diamant qui se trouve en lui.

Le premier jour, une fois rassasié, Sven a emmené Juan dans son atelier. Là, voulant « payer » sa dette, Juan a commencé à se déshabiller et Sven lui a alors proposé un marché : plutôt que de coucher avec lui, il voulait que Juan pose pour lui. Certes, Sven était fasciné par ce que dégageait le jeune homme mais c'était aussi un stratagème de sa part pour que Juan ait une excuse pour revenir. Désormais, il ne faisait pas l'aumône et ne se prostituait pas, il était engagé comme modèle ; le gîte et le couvert représentaient sa rémunération.

Juan a fini par accepter, étonné par cette proposition et sans doute soulagé de trouver un refuge agréable sans avoir à coucher. Sven l'a installé dans un canapé pour réaliser son portrait et le temps qu'il prépare son matériel, le jeune Juan s'est endormi. Sven a passé le reste de l'après-midi à peindre cet être stupéfiant de beauté endormi sur le sofa, à mi-chemin entre l'homme et la femme, l'adulte et l'enfant, les ténèbres et la lumière céleste.

Sven aime particulièrement cette première toile qu'il a faite de Juan où celui-ci ne pose pas, où il est naturel, pur, fragile. Sven regarde toujours ce tableau avec tendresse et a catégoriquement refusé de s'en séparer quand la Famille avait besoin d'argent. Pour lui, cette toile représente le lien qu'il a établi avec l'âme de Juan. En vendant ce tableau il aurait l'impression de perdre le contact avec son jeune protégé. Un tableau un peu magique à l'image du *portrait de Dorian Gray* !

« Le fameux tableau dont on me parle à chaque fois que je raconte l'histoire de mon prénom.

- Ce n'est pas un hasard si tu t'appelles comme ça et qu'on ne t'a pas officialisé sous ce prénom. La beauté de ton visage nuit à la beauté de ton être. Ta beauté à toi est intérieure et elle est d'une telle intensité que lorsque tu vas accepter de la laisser sortir elle va illuminer ta vie et celle de ceux qui t'approcheront. Jusqu'à présent tu n'as utilisé que la moitié de ton prénom comme tu n'as utilisé que la moitié de ton cœur. Mais tu es ici pour devenir un être complet. »

Son explication me laisse songeur.

Revenant à Juan, il m'explique que le jour où ce dernier sera en parfaite harmonie avec lui-même et maître de sa destinée, alors, irrémédiablement, il partira ; et le jour de son départ, Sven lui offrira ce tableau qui est le miroir de sa pureté. Ce sera pour lui un peu comme un pense bête pour lui rappeler d'où il vient et l'aider à ne plus se perde en empruntant des voies sans issues.

Au début, Juan venait poser irrégulièrement pour Sven. Il en profitait pour se restaurer, se reposer. Puis il repartait et disparaissait pendant plusieurs jours, parfois une ou deux semaines, sans que personne ne sache où il était. Sven et Stephen l'avaient déjà cherché, mais ils n'avaient jamais trouvé où il pouvait bien se cacher.

Ils n'avaient jamais posé de question et Juan n'avait jamais rien dit. Lorsqu'il réapparaissait, il était souvent en piteux état et cela faisait beaucoup de mal aux deux frères de le voir comme ça, mais tous deux savaient qu'il fallait être patient, ne surtout pas le brusquer, comme un petit animal sauvage à apprivoiser. Stephen était séduit par le jeune garçon lui aussi, comme tous ceux qui l'approchaient, et les jumeaux l'avaient littéralement adopté comme s'il s'agissait d'un enfant, ce que Juan était encore au fond de lui.

Ils lui ont proposé de rester vivre avec eux. Le jeune homme a demandé ce qu'ils attendaient de lui en échange et ils lui ont répondu qu'il n'y avait pas d'échange, que leur proposition était « gratuite », terme qui n'avait jamais fait partie du vocabulaire de Juan. Ils lui ont expliqué qu'ils savaient que l'existence ne l'avait pas épargné mais que, pourtant, ils voyaient qu'il était un être magnifique qui n'attendait qu'une occasion pour s'épanouir et donner à son tour tout l'amour qu'il y avait en lui et qu'il ne soupçonnait certainement pas encore. Ils lui ont dit qu'il n'y avait pas de contrepartie obligatoire mais que s'il voulait apporter son aide à la Famille, elle serait la bienvenue et que tous lui en seraient reconnaissants, mais qu'il fallait qu'il le fasse avec envie, avec le cœur et en aucun cas parce qu'il se sentait redevable de quoique ce soit ; il n'était redevable de rien. Il était un être humain, donc parfait, et à ce titre, il pouvait vivre en communauté avec eux en ce lieu, la Chrysalide, dans laquelle ceux qui croient être une chenille finissent par découvrir qu'ils sont en réalité de magnifiques papillons en devenir.

Les premiers temps, Juan a profité avec dédain de tous les bienfaits de cet endroit providentiel. Il venait, dormait beaucoup, puis repartait, on ne sait où, pour faire on ne sait quoi. Il provoquait les deux frères mais aussi les membres de la communauté, se moquant, riant à gorge déployée, souvent ivre ou drogué. Il déambulait, habillé en femme, maquillé outrageusement et perché sur des talons aiguilles, cherchant délibérément à choquer. Mais personne ne s'est moqué de lui, personne ne l'a regardé de travers, personne ne l'a jugé. Au contraire, tout le monde trouvait que ses tenues étaient très recherchées, qu'elles lui allaient particulièrement bien et qu'il avait beaucoup de talent pour marier les styles et pour réussir à marcher avec des talons aussi hauts dans ces chemins pierreux ! Marie lui a même demandé d'apprendre aux femmes à marcher avec des talons et un soir, Juan leur a donné un cours collectif. On aurait dit un défilé de mode sans tapis rouge, sans podium ni mannequins juste avec des gens ordinaires, heureux de partager ce moment. Les enfants ont imité leurs mamans et les hommes aussi s'y sont mis donnant lieu à une sorte de carnaval burlesque et joyeux, sincère et honnête ; personne ne se moquait, tous étaient très concentrés pour faire aussi bien que Juan, mais aucun n'a réussi à l'égaler.

A la suite de cet événement, le cynisme de Juan a cessé ; il a compris que personne ne le jugeait ni ne cherchait à lui faire de mal.

Une nuit, il s'est glissé dans le lit des jumeaux, s'est blotti contre eux et leur a raconté sa vie. Il leur a confié que depuis sa grand-mère, personne ne lui avait autant donné, personne ne s'était occupé de lui, ne l'avait regardé, ni aimé, sans rien lui demander en échange. Il était ému et sa voix n'était qu'un murmure à peine audible sous les draps. Il parlait comme un enfant ; c'était le gosse qu'il était encore au fond de lui qui s'exprimait. Il leur a dit qu'il aimerait rester avec eux s'ils voulaient bien de lui. Stephen lui a répondu qu'il serait pour toujours dans leurs cœurs mais que pour le reste, c'était à lui de décider, de faire ses choix. Il pouvait rester aussi longtemps qu'il le voulait, ou bien partir très vite. Sa vie lui appartenait et il ne devait pas demander à qui que ce soit de faire un choix pour lui. Lui seul était à même de juger s'il était heureux avec eux et de décider de rester ou de partir. Stephen ajouta que malgré tout, Sven, lui, ainsi que toute la Famille, seraient enchantés qu'il reste le plus longtemps possible.

Ce fût un moment tendre et émouvant pour eux trois. Ce fût aussi un moment très important dans la vie de Juan : cette nuit-là, le véritable Juan est né. Il a accepté de s'aimer. Il s'est adopté lui-même, comme il est, et s'est accordé le droit de recevoir sans se sentir redevable. Il s'est enfin autorisé à être heureux.

Il a cessé toute provocation et a laissé sortir sa douceur, sa gentillesse et sa générosité. Il s'affairait toute la journée pour que la vie de chacun soit encore plus douce. Il s'est trouvé lui-même et a trouvé sa place dans la Famille. Il a accepté de n'être ni vraiment un garçon, ni tout à fait une fille non plus. « Il est les deux à la fois, comme les anges » dit Sven avec un sourire amusé qui m'interpelle sans que je ne comprenne pourquoi.

Juan s'habille souvent en femme et ça lui va si bien que tout le monde est d'accord pour dire que ce serait dommage qu'il ne le fasse pas. Il ne fait plus l'amour par obligation mais par envie. Il va bien. Il a même commencé des études pour devenir *infirmière* ! Il a enfin laissé sortir l'enfant apeuré qu'il avait enfermé à l'intérieur de lui, ce diamant dont parlait sa grand-mère.

Il ne sort pratiquement plus de la ferme. Il suit ses cours par correspondance. Cela fait plus de trois ans qu'il habite là mais il a encore peur du monde extérieur. Il doit continuer à se construire. Les deux frères savent que Juan se libérera un jour de ses vieux démons parce que c'est un garçon rempli d'amour. Mais ces derniers reviennent le hanter de temps à autre, la nuit, sous forme de cauchemars, ou en pleine journée, sans raison apparente, lorsqu'un événement, un détail parfois, le replonge dans son passé, dans ses souvenirs. Dans ces moments-là, ses émotions le submergent et il se réfugie alors dans l'isolement. Il se cache quelque part dans la ferme, dans le jardin ou peut-être même à l'extérieur, personne ne le sait. C'est comme s'il disparaissait. C'est peut-être le cas. D'après Sven, il se volatilise. Quand ça arrive, tout le monde le laisse tranquille pour que ses émotions sortent, s'échappent de lui, doucement, sans les brusquer. Cela prend parfois une heure, parfois une journée, voire beaucoup plus. Il n'y a pas de règle. Quand ses idées noires ont disparu, lui réapparaît, encore plus doux, plus câlin qu'à l'accoutumé, avec un énorme besoin de tendresse comme pour être assuré qu'il ne rêve pas et qu'il vit bien cette existence remplie d'amour et de générosité, et non plus celle qu'il a connu avant de vivre à la ferme.

Sven fait une pause dans son récit. Les idées et les émotions se bousculent dans ma tête. J'ai l'impression d'avoir entendu une version revue et modernisée de Cendrillon. Toutefois, mon cynisme s'efface rapidement sachant que Sven me dit la stricte vérité, même si celle-ci parait inimaginable. Mais *la vie* est ainsi. Certaines histoires paraissent improbables mais elles ne sont pourtant que le pâle reflet de l'existence que certains d'entre nous traversent, malheureusement. Le problème c'est qu'ils n'ont pas tous la chance de croiser le chemin de Sven.

Ça me parle ce garçon élevé par sa grand-mère, forcément. Lui aussi il a eu une mère absente. Elle vendait son corps, la mienne vend son image... Je pense à Maxence. Lui aussi a abandonné son corps aux autres. Plutôt que de le juger, j'aurai dû me mettre à sa place pour mieux le comprendre. Pareil pour mon amie dont on a abusé lorsqu'elle n'était qu'une enfant... Que de souffrances tout autour de moi. Que de gens que j'aime et qui ont besoin d'amour et d'attention... Mes problèmes, mes doutes, mes propres souffrances me semblent bien ridicules à côté de ces gens qui ont enduré de vraies difficultés. J'ai honte de ne pas être heureux. C'est vrai, moi aussi j'ai eu mal, je me suis senti inutile, mal aimé, maltraité. Mais en fait, je crois que mon bourreau n'était autre que moi-même. Le temps file et on le gâche avec des problèmes qui n'en sont pas, alors qu'au fond, le premier cadeau à se faire et à faire aux autres c'est d'être heureux... Le bonheur ça éclabousse !

9

Je me sens coupable vis à vis de Juan. Je m'en veux d'avoir été violent avec lui et de lui avoir fait du mal. Je confesse ma misérable attitude à Sven qui me regarde droit dans les yeux. Son regard me pénètre, comme s'il était en liaison directe avec mon cœur. Je suis hypnotisé par ses yeux bleus comme la mer des Caraïbes d'une intensité que je ne lui connaissais pas jusque-là.

« La culpabilité ne sert à rien. Tu as ravivé de vieux démons chez Juan, mais ce n'est pas ta faute. Je te l'ai dit, depuis que nous avons fait connaissance, tu es exposé à une telle liberté que ton esprit est comme drogué et tu as des réactions instinctives, que tu n'arrives pas à contrôler. Tes frustrations sont enfouies en toi depuis longtemps sans que tu en sois conscient. Actuellement tu lâches la pression. Des fois c'est bien, des fois c'est moins bien… Comme quand tu te comportes comme une bête qui copule. Juan dégage une telle sensualité que ta soif de sexe est sortie de toi avec violence. Elle a jailli de toi comme quand on secoue une bouteille de Coca Cola ! » C'est une drôle de comparaison, mais je visualise bien ce qu'il veut dire.

« Ce n'est pas un drame. Tout ceci est dans ta tête, dans ta manière de concevoir les évènements qui se déroulent depuis que tu es ici. »

C'est vrai que mon attitude a dû faire ressurgir chez Juan le souvenir des violences et des sévices qu'il a subi pendant des années. Lui aussi a été victime de ses incapacités. Quelqu'un d'autre m'aurait dit si j'allais trop loin, si je lui faisais mal ou s'il n'avait pas envie. Il m'aurait dit de m'arrêter. Lui ne peut pas. Il en est incapable ; son passé l'en empêche. Pour Juan, il n'y a pas de limite.

D'après Sven, nous avons été victimes de nos démons intérieurs. Nous avons perdu le contrôle. Moi, victime de ma part d'ombre, lui, victime de sa dépréciation personnelle qui le pousse à se laisser faire, à laisser les autres lui faire du mal, à ne pas le respecter. Inconsciemment, il provoque même ces situations dangereuses pour lui. Ça montre que tout n'est pas encore en place dans sa tête.

« Maintenant, il faut assumer tes actes et, avant tout, comprendre qu'on ne sait jamais ce qui se passe dans la tête de l'autre parce qu'on ne connaît pas sa vie. Tu as cru qu'il t'allumait et qu'il s'offrait alors qu'il n'était plus maître de lui-même mais sous l'emprise de son passé. Voilà pourquoi il faut se définir sa propre conduite et ne pas se laisser influencer par *le chant des sirènes*, ces démons qui bordent continuellement notre route. »

Ça m'interpelle qu'il emploie cette expression puisque c'est ce que j'ai ressentis quand j'ai fait sa connaissance dans cette même crique et qu'il m'a invité à le suivre… Tout se répète, comme si tout était intimement lié, en interaction…

Sven attend quelques minutes que j'intègre ce qu'il vient de me dire, puis il précise qu'en poussant Juan à fuir, à aller se cacher, inconsciemment, c'est moi même que je punis de mes pulsions et de mes actes. « C'est toi qui contrôle tout ; sa fuite comme son retour » ajoute-t-il, énigmatique.

Il poursuit en expliquant que pour me sentir mieux, je vais sans doute m'obliger à me racheter. Et pour me faire pardonner, je vais devoir lui présenter des excuses. Mais en fait, c'est à moi-même que j'ai besoin de donner des explications. Pas à Juan qui sait déjà tout. Mais puisque, victime de mon éducation, j'ai besoin de passer par cette phase, alors, je dois réparer en lui expliquant que je n'ai pas réussi à réprimer ce qui s'est passé en moi. Que je suis désolé, non pas d'avoir eu du sexe avec lui, mais d'avoir pris du plaisir sans m'occuper si lui aussi en prenait. Je dois exprimer ce que j'ai au fond du cœur, sans tenter de masquer la vérité. Oui, il m'a excité et oui, j'ai adoré le sodomiser violemment. Mais c'était une satisfaction égoïste. Ce n'était ni de l'amour, ni du partage. Au fond, c'est de moi que j'attends un pardon qui ne viendra que si je suis vraiment honnête sur ce qui s'est passé.

« Tu as pris ton pied, voilà, basta. Mais tu aurais dû t'assurer que lui aussi prenait du plaisir et tu aurais dû prendre le temps de le remercier de ce moment de jouissance par un câlin, un mot doux plutôt que de te murer dans le mutisme et le laisser partir comme ça, dans l'indifférence. »

Ce que Sven condamne, ce n'est pas tant l'acte en lui-même mais mon aveuglement vil et égoïste qui a fait remonter le douloureux passé de Juan.

« Tu verras bien s'il te pardonne. Quoiqu'il décide, tu dois respecter sa décision car c'est le respecter lui. S'il ne s'approche plus de toi, ce sera son choix et tu devras l'accepter. Tu m'as expliqué ce qui s'est passé avec Juan, je le comprends et je te pardonne parce que je sais que ce n'était pas ton intention de lui faire du mal. Tu es humain alors tu es faillible. Et c'est pour t'aider à progresser, à t'élever, que nous sommes à tes côtés. Ne cède plus à tes pulsions ; sois dans l'amour. Ce n'est pas grave que tu aies du sexe avec qui que ce soit, le sexe est naturel, purificateur, c'est une chose merveilleuse. Si tu fais l'amour avec Stephen ou avec Juan, c'est comme si tu faisais l'amour avec moi. Tu les rends heureux, tu leur donnes du plaisir, alors à leurs tours ils me renvoient ce bonheur qu'ils ont reçu de toi, et l'amour circule. Peu importe avec qui tu as un échange sexuel, quand tu reviens tu es épanoui, détendu, gai et tu rayonnes d'amour. Mais quand tu baises bestialement, sans amour, c'est avec de la culpabilité et du remord que tu reviens et ce sont ces sentiments négatifs que tu projettes et qui font du mal à tout le monde. »

C'est effectivement ce qui s'est passé. J'ai fait du mal à Juan, je me suis fait du mal à moi-même et en conséquence j'ai également blessé les jumeaux.

« Mais, Stephen n'est pas au courant ? » Il a ce petit sourire aux coins des lèvres et cet œil malicieux qui le rendent si craquant.

« Stephen sait. Et il sait aussi que ça te perturbe. C'est pour ça qu'il t'a dit que ce n'était pas utile que tu ailles les aider sur le chantier cet après-midi et qu'il valait mieux que tu viennes avec moi faire l'amour sur notre plage.

- Du coup, on n'a pas fait l'amour ! » dis-je sous forme de boutade pour détendre l'atmosphère.

« Au contraire, on n'a fait que ça. Tout ce que nous nous sommes dit, ce n'est que de l'amour ! »

Je sens venir une vague d'émotion. Peut-être est ce le soulagement d'avoir entendu de vive voix ce qu'au fond je souhaitais entendre. Je commence à maîtriser quand ce sentiment monte en moi. Alors je prends Sven dans mes bras et je le sers contre ma poitrine, comme pour le remercier d'être là, de m'accompagner dans cette aventure et de m'aider à y voir plus clair dans ce qui se passe en moi. Nous restons comme ça un moment, le temps que mon émotion passe.

Je lui demande quand je pourrai demander pardon à Juan puisque personne ne sait où il est ni quand il va revenir.

« Tu peux commencer dès à présent, dans ton cœur et dans ta tête. Où qu'il soit, Juan le sentira. Lorsque tu le reverras, tu lui exprimeras tes regrets et tes mots sonneront justes. Ils ne feront que confirmer ce que Juan aura déjà ressentis. »

Cette explication obscure me laisse dubitatif.

« Je ne comprends pas tout, mais je te fais confiance. Je suis prêt à demander pardon à Juan ''*dans ma tête et dans mon cœur*'', mais je ne sais pas trop comment faire.
- Tu as déjà commencé, ne t'en fais pas, mais la méditation va t'aider à aller plus loin dans ton être, dans ton âme.
- Mais je ne sais pas faire ça. Je n'ai jamais pratiqué la méditation.
- Ton cœur sait comment faire. Je vais te donner une méthode pour y arriver. Allons sur notre île, nous y serons plus tranquilles. » Il se lève et entre dans la mer

sans m'attendre. Je n'arrive pas à m'habituer à ce qu'il disparaisse comme ça sans plus de cérémonie. Le temps que je réagisse, il est déjà loin. Je me jette à l'eau et tente de le rattraper.

Pendant que nous nageons, j'ai une irrépressible envie de lui dire ce que je ne dis que dans les moments désespérés, quand je ne sais plus quoi ajouter pour retenir quelqu'un, quand c'est déjà trop tard.

« Tu vas me trouver stupide de dire ça mais je t'aime.
- Ce n'est jamais stupide de dire à quelqu'un qu'on l'aime quand c'est sincère. On oublie trop souvent de dire "je t'aime" à ceux qu'on aime… Je sais que là, à cet instant précis, tu es sincère et que tu m'aimes vraiment, de tout ton être. Moi aussi je t'aime, Dorian. » Et je sais qu'il ne ment pas ; il vient de me le prouver par cette longue conversation et ces nombreuses révélations. Mais je ne sais pas pourquoi il m'aime…

En arrivant sur *notre* plage, je me fige un instant pour mieux contempler ce garçon qui s'occupe si bien de moi.
Pourquoi sont-ils aux petits soins avec moi ici ?
Et comment se fait-il que j'ai l'impression de connaître tous les gens de cette communauté ?

« Il y a une précision que tu dois saisir, Dorian. Nous ne sommes pas une communauté mais une famille. C'est important que chacun puisse se sentir chez lui, trouver des racines et du réconfort. Aujourd'hui, dans nos sociétés modernes, il y a plein de gens qui se sentent seuls. Ils n'ont plus d'attaches, ils ne font partie d'aucun groupe. Du coup, c'est compliqué pour eux de prendre soin de leur propre personne ; pour qui ? Dans quel but ? Mais lorsqu'ils sentent qu'ils font partie d'une famille, alors ils s'occupent des autres et aussi d'eux-mêmes. Ils prennent conscience que se donner à soi, c'est aussi donner aux autres, parce que lorsqu'on va bien, qu'on est bien dans sa peau, dans sa vie, on est souriant, détendu, et on peut prendre soin des autres, notamment en partageant sa joie de vivre avec tout le monde ; ça réconforte quelqu'un qui rayonne de bonheur... Il est impératif d'aller bien pour pouvoir s'occuper d'autrui. »

« Je me demande pourquoi les gens déprimés persistent à vouloir aller aider des personnes dans le besoin sous prétexte qu'ils sont, soit-disant, plus malheureux qu'eux. C'est une erreur ; il faut aller bien pour pouvoir donner aux autres. C'est avec le cœur qu'on est véritablement généreux. »

« Lorsque tu prends l'avion, as-tu remarqué que les hôtesses expliquent qu'en cas de dépressurisation de l'appareil, des masques à oxygène tomberont devant nous. Et elles précisent que si l'on voit quelqu'un en difficulté, il faut d'abord mettre son masque avant de porter secours à l'autre ! C'est logique. Comment aider quand on est soi-même en détresse ? C'est primordial de comprendre ça. S'occuper de soi n'est pas une attitude égoïste ; c'est le premier pas pour pouvoir ensuite efficacement tendre la main aux autres ! C'est ce qui se passe ici : nous formons une famille et nous nous aidons les uns les autres ; on donne et on reçoit. C'est comme une grande chaîne où chaque maillon est indispensable. Chacun de nous est un maillon de cette chaîne ! Toi aussi Dorian, tu fais partie de cette lumineuse ligne de solidarité qui va faire changer le monde pour plus de partage et d'échange face à une industrie mondiale qui appauvri et empoisonne le plus grand nombre au profit d'une poignée de privilégiés qui nous tuent à petit feu et exterminent la planète. Nous ne devons plus être des victimes mais les acteurs de notre vie et du monde de demain. »

Quand il parle comme ça, c'est Stephen qui s'exprime à travers lui, c'est incroyable. Il a son phrasé, ses expressions, son sérieux. Il perd même son accent ! C'est comme si les deux étaient réunis dans un seul et même corps. Je ne sais pas comment ils font ça !

« En plus, le mot *communauté* a une connotation négative. Il est souvent assimilé à une secte, ce que nous ne sommes pas. Comme tu as pu le constater, ici, il n'y a pas de chef, pas de gourou. Il y a simplement des gens qui vivent ensemble, sans règles rigides préétablies, dans une grande harmonie et surtout beaucoup d'amour. Comme des amis qui partagent les mêmes valeurs et qui ont décidé de vivre ensemble sans que personne ne cherche à tirer la couverture à soi, à profiter des autres. C'est vrai que certains membres de notre Famille sont d'anciens hippies. C'est un mouvement dont nous partageons les valeurs. A l'époque on parlait de communauté. Ils ont souffert de l'image qu'on leur a épinglée parce qu'on les prenait pour des idéalistes un peu simplets, fainéants et drogués, ce que la majorité d'entre eux n'étaient pas. Leur vision du monde n'était pas utopiste puisqu'elle fonctionne en petit comité. Disons simplement que cette clairvoyance n'est pas encore à la portée du plus grand nombre pour le moment. Mais d'ici peu, la majorité des gens se rendra compte que le monde fait fausse route, que la société *capitaliste-égoïste* a fait son temps, qu'elle est dépassée et néfaste pour l'humanité toute entière et beaucoup changeront pour se rallier au style de vie et aux valeurs que nous défendons. On voit bien le marasme dans lequel le monde est plongé aujourd'hui. Le système basé sur le profit personnel est dépassé. Il pourrit les esprits et pollue la planète. C'est notre rôle d'éclairer le plus grand nombre. C'est ta mission à toi aussi Dorian, et tu dois propager cette belle énergie. A nous tous, nous vaincrons pour enfin construire un monde basé sur le partage, l'entre-aide, la compréhension, la compassion, la bienveillance... L'amour quoi ! »

« Certains d'entre nous sont là depuis longtemps. Ils sont à l'origine de la création de ce lieu. Ils jouent un peu un rôle de référents, mais ils n'ont pas pour autant un pouvoir plus important que les autres. »

« Ce que je veux te faire comprendre Dorian, c'est qu'il n'est pas nécessaire d'appartenir à une religion, une secte ou une communauté pour atteindre le profond bien-être qu'apporte l'Amour Universel. Tu peux y arriver tout seul et répandre cet amour à ton entourage, tes amis, ta famille, tes collègues, mais aussi aux gens que tu croises partout, tous les jours. Je te parle juste d'amour, d'écoute, de compassion... Il est important de régler tes propres handicaps qui t'empêchent d'avancer pour pouvoir transmettre aux autres l'amour qui rayonne en toi comme en chacun de nous, car, dans le fond, l'homme est bon. C'est le monde dans lequel il évolue qui le pervertit. »

« Nous n'avons pas la volonté d'obliger qui que ce soit à se rallier à notre manière de voir la vie. Mais tous ceux qui sentent que quelque chose vibre dans le fond d'eux-mêmes quand ils entendent ce que je viens de te dire sont les bienvenus dans notre Famille. Ici on s'élève spirituellement. Une fois que le message est bien ancré, on sait que ceux qui sont venus nous rejoindre repartent pour créer leur propre famille, comme tous les enfants du monde qui, une fois « élevés », quittent le nid familial pour entreprendre leur propre réalisation. Ainsi, des tas de ramifications peuvent voir le jour un peu partout dans le monde et c'est comme ça que nous éviterons la catastrophe qui s'annonce plus précisément chaque année. Nous gardons l'espoir de sauver la planète et l'humanité, sans violence mais, au contraire, dans l'amour et le partage.

- Vous devez être souvent critiqués.

- Tu sais, je me méfie des esprits étroits, sans imagination. Ils sont souvent intolérants et agressifs. C'est triste pour eux. Peut-être qu'un jour ils évolueront et à ce moment-là ils seront les bienvenus parmi nous. Nous ne racolons pas sur la voie publique pour embarquer des gens avec nous. Non. Ceux qui entrent dans la Famille, c'est qu'ils ont une puissance d'amour importante. Mais quelque chose les empêche de marcher. Ils « boitent » dans la vie. Alors on essaye de les aider à marcher seuls, sans béquille, à reprendre confiance en eux, à entrevoir l'espoir d'un monde meilleur. C'est un projet fantastique et tellement motivant ! C'est la raison pour laquelle tu es ici, toi aussi. »

« Tu dois acquérir du bon sens pour cesser de croire que les gens sont méchants et que tout le monde t'en veut. Il faut que tu comprennes que chacun à ses soucis qui viennent de son histoire personnelle et parfois même il en hérite de ses ancêtres sans le savoir ! Tout ça l'empêche d'ouvrir son cœur. Si toi tu ouvres le tien, c'est une invitation que tu lances à l'autre et tout devient possible. Quand ça marche, c'est formidable. C'est un véritable feu d'artifice de sensations. Le sentiment d'être en parfaite harmonie avec les êtres, la nature, avec *la vie* et l'*Univers* tout entier. Quand l'autre ne s'ouvre pas, c'est qu'il n'est pas encore prêt. Il faudra réessayer une autre fois. Il faut apprendre à accepter les gens avec leurs différences, leur manière de voir les choses. Nous devons partager, nous entre-aider, nous respecter et vénérer la Terre, les animaux, la vie ; c'est la seule alternative pour sauver le monde. Le capitalisme est mourant et il faut maintenant que la société renaisse sous une forme plus juste pour tout le monde. Nous devons tous faire un énorme effort pour changer, évoluer, mais c'est possible. Nous n'avons pas besoin de nous enfermer dans la possession de millier d'objets qui ne nous servent à rien, qui nous emmurent vivants ! C'est une catastrophe. La vraie richesse est d'avoir moins mais de profiter plus ! Pourtant, la majorité des gens est encore dans ce vieux schéma. Mais ça commence à bouger et je suis sûr qu'on va y arriver. Oh ! Sorry Darling, I speak too much ! C'est un sujet qui me passionne et je parle trop ! C'est rien en comparaison de Stephen : when he begins, you can't stop him !

   - Eh bien, qu'est ce ça doit être ! »

Je suis heureux de constater que le *vrai* Sven est de retour…

10

Assis côte à côte en tailleur sur le sable, les mains ouvertes posées sur nos genoux, tournées vers le ciel comme des antennes paraboliques prêtes à recevoir les ondes célestes, nous regardons vers l'horizon. Du coin de l'œil, je mime tous les gestes que fait Sven. Il est magnifique ; le dos droit, le port altier, le corps doré par le soleil, les cheveux ébouriffés qui lui donnent l'air malicieux d'un gamin espiègle. Tout est parfait. L'image de nous deux assis dans le sable de cette plage lumineuse baignée de soleil est divine, comme dans un rêve, un fantasme. Je me rends compte que j'ai déjà eu cette vision de ce que je nommerai *l'instant parfait*. L'image du moment idéal. Et je réalise que je viens de rentrer dans l'image. Je vis mon rêve. Je voudrais que quelqu'un prenne une photo de ce moment idyllique pour pouvoir m'y reconnecter les fois où je serai maussade.

Nous sommes en totale communion, en parfaite symbiose.

Sven me dit de respirer lentement, pleinement. De prendre conscience de l'air qui entre dans mes poumons et de me concentrer dessus.

« Des idées diverses vont traverser ton esprit. N'en tient pas compte. Laisse-les repartir, sans les fixer. Tu dois penser qu'à une chose : respirer profondément avec une image de bonheur dans ta tête. »

L'image du bonheur parfait c'est facile de l'avoir en tête : je suis en plein dedans !

Me concentrer sur ma respiration et sur cet instant de plénitude...

« Breathe in ; breathe out. Tu inspires de la joie et tu expires de la colère. Sens ton corps et ton esprit qui se détendent et se laissent aller. »

Il parle doucement. Il est parfaitement calme. Je ferme les yeux et après avoir retenu ma respiration une seconde, je souffle doucement, concentré sur cet air vicié qui s'échappe de moi en emportant avec lui les mauvaises pensées et les petits tracas.

Calmer son esprit face aux turbulences est difficile mais c'est essentiel parce que la turbulence est en toi... Il parle directement dans ma tête à présent !

Les yeux fermés avec l'image de Sven et moi assis nus sur cette plage ensoleillée face à la mer en toile de fond dans mon esprit, je laisse l'oxygène pénétrer en moi. Puis, il ressort, doucement, pour rentrer à nouveau. Par moment mon esprit s'échappe et des pensées éparses me viennent, mais il suffit que je me concentre sur cet air qui entre et qui ressort tel le flux et le reflux des vagues sur la plage, pour que le vide se fasse à nouveau dans ma tête et qu'un calme infini vienne envahir tout mon être. Une sensation de plénitude, de bonheur parfait. Je respire et je trouve ça merveilleux, comme si cela faisait des années que j'étais en apnée.

Je reviens perpétuellement sur cette image de Sven et moi, assis en tailleur sur cette plage ; je la trouve belle et puissante. Elle deviendra mon image mentale symbole de bonheur et de paix mais aussi la preuve que, dans la vie, tout est possible ; qu'on peut vivre des moments exceptionnels d'amour pur. Je promets de ne jamais l'oublier. Je sais que cette image m'aidera dans les moments difficiles.

Je concentre toute mon attention sur mon « intérieur », sur l'air qui entre et qui sort de mes poumons, sur mon cœur que j'entends battre dans ma poitrine, sur mon sang qui circule dans mes veines, sur mes épaules qui retombent, mon cou qui s'assouplit, mon dos qui se relâche et tous mes muscles qui se détendent peu à peu. Je ressens la vie en moi.

La méditation de pleine conscience rééquilibre l'activité électrique du cerveau. Sa pratique met de bonne humeur, rend optimiste et active le système immunitaire...

La voix de Sven dans ma tête est plus lointaine à présent. Mon attention est focalisée sur le soleil qui réchauffe mon corps, sur les pores de ma peau qui s'ouvrent comme les pétales d'une fleur qui se déploient aux premiers rayons pour emmagasiner la chaleur. C'est comme si je sentais les millions de cellules de mon épiderme se délecter de cette chaleur et de son énergie. Je sens le sable sous mes fesses. Je sens chaque petit grain sur ma peau. Je pourrais même les compter ! J'ai le sentiment de ne faire qu'un avec la plage, avec le paysage, avec le monde, avec *la vie...*

Je suis La Vie, je la ressens en moi.
Je suis La Vie et La Vie est moi.

La plage est constituée d'une infinité de grains de sable comme je suis constitué d'une infinité de cellules. Je ne suis qu'un grain de sable à la surface du monde, mais j'en fais partie, comme je fais partie de l'univers tout entier. Les grains de sables, la plage, le monde, l'univers et moi sommes un tout ; une seule et même chose. C'est une telle évidence d'un seul coup. Quel bonheur d'en prendre conscience. C'est lumineux. Quel plaisir d'être vivant, d'être sur Terre et de me rendre compte que je suis une infime partie du monde, tout comme les gens qui m'entourent, tout comme Sven qui est à mes côtés et dont je ressens la présence, l'énergie, la bonté, la beauté. Je ressens son âme, sa force, sa bienveillance.

Je ressens son amour, tout simplement. Cette émotion est si forte qu'une fois encore je sens des larmes couler sur mes joues. Je ne suis pas triste, au contraire, je me sens heureux comme jamais, mais une sorte de compassion envers la personne que j'ai été jusque-là m'attriste. Je sens bien que quelque chose d'important est en train de se passer pour moi, comme si j'étais en train de renaître, pour devenir un nouvel homme, plus serein, plus à l'écoute de lui-même, plus tendre avec lui, enfin heureux d'exister, reconnaissant et fier d'être la personne qu'il est. Et, pour la toute première fois de ma vie, je murmure :

« Ça me va d'être moi ! »

Paradoxalement, ça me rend profondément heureux et malheureux en même temps. Je ressens une profonde tristesse pour ce pauvre Do qui a perdu tant de temps à se maltraiter lui-même. J'ai l'impression d'être enfin devenu un adulte qui donne la main à son enfant intérieur en lui promettant qu'à partir de maintenant il ne laissera plus jamais personne lui faire du mal. Je viens de faire la paix avec moi.

Je me sens si calme, si bien ; rempli.

Je sens qu'un large sourire s'est dessiné sur mon visage. Je viens de comprendre ce dont m'a parlé Sven parce que je viens de la ressentir, cette fameuse « pleine conscience ».

Calme.
Bien.
Rempli.

Je ressens la main de Sven qui me caresse doucement comme pour me féliciter et me rassurer. C'est une sensation intensément douce. Je l'aime d'une puissance indescriptible. Tout mon être l'aime, toutes les parties de mon corps l'aiment. J'aime le moindre centimètre carré de cet être divin : sa peau fine et dorée, ses cheveux blonds en bataille, ses yeux bleus et vifs, ses cils longs et volumineux, son nez aquilin et élégant, ses lèvres épaisses et pulpeuses, son cou fin et gracieux, son torse imberbe et galbé, ses bras généreux et puissants, ses mains longues et douces, son ventre plat aux abdominaux dessinés, son sexe large et vigoureux, ses fesses fermes et rebondies, ses jambes élancées et musclées, ses pieds fins et délicats, et surtout son âme d'une pureté infinie...

Tout, j'aime tout.
J'aime Sven dans son intégralité.

Je sens sa peau contre la mienne, collée à l'ensemble de mon corps, comme une couverture d'amour qui m'aurait recouvert pour ne former qu'un seul et même être. Il respire avec mes poumons et je sens l'air marin avec ses narines. Une sensation troublante et exceptionnelle de plénitude.

Calme.
Bien.
Rempli.

J'ouvre les yeux doucement pour regarder l'immensité de la mer, l'infini de l'horizon. Je suis calme.
Mes larmes ont cessé de couler mais je souris toujours. Je reprends peu à peu conscience. Je suis bien.

Je viens de m'échapper de la réalité durant un long moment. Je me sens rempli.

Rempli de bonheur et de bien-être. Tout est si léger. C'est merveilleux. J'en suis grisé.

Je tourne la tête et m'aperçois que Sven n'est pas près de moi comme je le croyais. En fait, il n'a pas bougé. Il me regarde en souriant. Il a compris que je me suis échappé de la réalité pour me connecter à une sorte de force céleste puissante et infinie qui m'a rempli d'une énergie euphorisante. Il semble en être extrêmement satisfait. Ce n'était donc pas ses mains que j'ai ressenties sur moi, c'était son regard plein d'amour qui m'a enveloppé, semblable à une douce caresse régénératrice.

Il s'approche et essuie les traces des larmes qui ont coulé sur mon visage. De son doigt, il caresse mes lèvres et le sourire qui y reste figé. Je m'allonge et il se couche près de moi, son corps collé au mien, sa peau contre ma peau, pour ne former qu'un seul être. Il colle ses lèvres aux miennes. Il me serre fort contre lui, et je fais de même. J'ai fait ce geste naturellement, sans me poser de question. C'est la première fois que je ne me pose pas de question avec un garçon. Je ne me demande pas si Sven prend du plaisir avec moi, je le ressens. Je l'embrasse avec délectation. J'aime le goût de sa langue. Avant de le connaître, si l'on m'avait demandé de décrire le garçon parfait, c'est Sven que j'aurais décrit, trait pour trait. Et je le rencontre. C'est phénoménal. Un vrai miracle.

Finalement nous faisons ce que nous étions venus faire…

11

De retour à la Chrysalide, Sven me dit : « I want you to be my model. J'ai capté une image et je veux la concrétiser tout de suite, avant de perdre la vibration. » J'accepte sa proposition, surpris mais flatté. Vous pensez bien que c'est la première fois qu'un peintre me demande de poser pour lui !

Il m'attrape par la main et m'emmène dans les méandres de la ferme sans que je reconnaisse le chemin de l'atelier. Il prend à gauche, à droite, différents couloirs et chemins de terre et nous arrivons finalement au chantier où j'ai travaillé avec Stephen le matin même. Sven appelle son frère qui, à nouveau, descend à l'échelle. Arrivé à notre hauteur, il m'embrasse longuement sur la bouche et me lance : « Tu es très beau ! »

Je ne sais pas ce que j'ai fait pour mériter ça, mais une chose est claire : j'adore ces deux frangins !

Sven dit quelque chose à son frère du genre « *Baraïnstudionefoséâlmeunin* » que Stephen a l'air de comprendre puisqu'il répond « *ok* » et remonte à l'échelle. Sven me dit « *Let's go* » et nous reprenons la direction de l'atelier.

Une fois arrivés, Sven dégage énergiquement le centre de la pièce. Puis, à l'aide d'un long crochet, il déroule du plafond une grande toile blanche qui tombe à la verticale comme un écran de cinéma. Il installe alors deux projecteurs en forme de parapluies à trois mètres de l'écran comme pour une séance photo d'un magazine de mode. Il jette des coussins sur le sol et se tourne vers moi : « Come here, my Love. » Comment refuser une telle invitation ?

Je m'approche de lui en souriant et, sans répondre à mon sourire, il me fait asseoir sur les coussins et me manipule comme une poupée articulée. Je me laisse faire. C'est curieux, il n'est plus vraiment là. Ses gestes sont précis, vifs et énergiques mais son regard est ailleurs. Je suppose qu'il est dans son image mentale.

Stephen arrive et Sven lui demande de s'approcher, enfin c'est ce que je présume puisqu'il lui a parlé en suédois et que je n'ai rien compris. Stephen s'approche donc de son frère et sans plus de mondanités, Sven lui retire ses fringues et le pauvre Stephen se retrouve comme moi, en tenue d'Adam face aux projecteurs ! Il me sourit alors que son frère l'empoigne pour le faire asseoir en tailleur à côté de moi. L'image me saute alors aux yeux : Sven va reproduire ce fantastique moment que nous venons de vivre lui et moi sur la plage !

Pratique d'avoir un frère jumeau pour poser à sa place.

Stephen et moi restons assis sur les coussins, éblouis par l'éclat des projecteurs, face à Sven qui s'active sur une toile qui doit bien faire un mètre de haut sur un mètre cinquante de large.

Comme je l'ai dit, c'est la première fois que je pose, et j'ai du mal à garder mon sérieux. Je ricane bêtement mais cela ne semble pas gêner l'artiste qui continue à me regarder sans vraiment me voir ; il est envoûté.

Quelqu'un entre et parle à Stephen qui lui répond sans bouger d'un iota, seules ses lèvres remuent. On voit bien qu'il a l'habitude de poser pour son frère. Au bout de quelques minutes, j'entends à l'intérieur de moi un message de Sven qui libère son frère et Stephen se lève ; ils ont encore communiqué à distance et cette fois j'ai « *entendu* » ! Je me détends moi aussi, pensant avec soulagement que la séance est terminée, heureux de pouvoir enfin bouger mon corps qui commence à s'ankyloser mais Sven lance :

« Oh, no Sweety, please, don't move ! »

Je suis incapable de désobéir à quelqu'un qui m'appelle Sweety !

Je reprends donc la pose. Sven m'explique qu'il finira Stephen plus tard, qu'il avait juste besoin de lui pour avoir les proportions, mais que moi, il me veut dans le détail pour capter l'émotion ressentie cet après-midi. Je ne bouge plus et rive mon regard au loin, sur le joli postérieur de Stephen qui continu de parler avec l'homme qui est entré ; mais ils sortent et je dois regarder autre chose. En fait, mon regard reste dans le vide, l'image du cul de Stephen accrochée à ma mémoire visuelle.

Sven me demande de repenser à ce que j'ai ressenti sur la plage, lorsque mon esprit s'est échappé. Pour tenter de retrouver cet état si particulier, je refixe mon attention sur cette jolie vision de nous deux assis nus en tailleur sur cette splendide plage baignée de soleil que j'ai mémorisée comme une image parfaite du bonheur à l'état pur. Et Sven va maintenant l'immortaliser sans que je lui aie demandé, comme s'il avait encore lu dans mes pensées ! Stephen et Juan savent aussi faire ça.

Mais comment font-ils ça ?
Peut-être que ça s'apprend et que tous les autres ici peuvent également le faire.
Il faut faire gaffe à ce qu'on pense dans le coin !

C'est difficile de se concentrer face à quelqu'un qui vous scrute attentivement dans les moindres détails quand on n'est pas à l'aise avec son corps. C'est une sacrée expérience et je m'en tire de mieux en mieux, j'arrive même à oublier ce regard inquisiteur et je réussis à retrouver le plaisir intense ressenti plus tôt face à la mer. Oh, pas longtemps, quelques minutes, deux ou trois, peut-être moins, mais suffisamment pour que Sven soit satisfait et qu'il me dise : « Good. Very good Honey ! »

J'ai l'impression d'être un mannequin qui fait une séance photo avec un photographe qui lui dit « bouge ton corps, oui comme ça, très bien bébé, oui encore, c'est bon ça… » Cette idée me fait penser à Maxence. Il commence à me manquer. J'aimerais qu'il assiste à ma métamorphose, qu'il voit de ses yeux ce qui se passe ici, et que pour une fois c'est moi qu'on fixe sur un support pour l'éternité. Bien que mes membres engourdis me fassent un mal de chien, je tiens la pose sans broncher, trop heureux d'être un instant la muse d'un si bel artiste.

Tout à coup mon bonheur se glace. Face à moi, au fond de la pièce, se tient Juan, assis dans le fauteuil Voltaire, me fixant droit dans les yeux. Il ne dit pas un mot. Je suis trop mal à l'aise pour réfléchir à ce qu'il conviendrait de faire. J'essaye un léger sourire mais Juan n'y répond pas et Sven me rappelle immédiatement à l'ordre : « Don't smile ! »

Ah, il a oublié le « My love ; Sweety ; Honey ... »
Le ciel vient de s'assombrir subitement, ça va se gâter pour moi...
La fête est finie !

Juan reste dans le fond à me dévisager et je ne détourne pas les yeux. Je plonge dans son regard noir et profond. J'observe la finesse des traits de son visage mat et imberbe. Je contemple ses longs cheveux noirs qui enveloppent sa figure et tombent sur ses frêles épaules. Je m'imprègne de l'image de ses lèvres charnues et de sa bouche boudeuse comme celle d'un petit garçon puni.

Il est beau et angélique comme ces jeunes garçons immortalisés par Le Caravage. Ce sont encore des enfants et pourtant ils dégagent une profonde maturité qui vient sans doute de toute la souffrance qu'ils ont déjà accumulée malgré leur jeune âge. Je le regarde fixement et mon cœur s'emplit d'une profonde et sincère compassion pour cet ange auquel les hommes ont fait tant de mal.

Comment peut-on faire du mal à un si jeune garçon ?
Comment ai-je pu moi aussi lui manquer de respect ?
Quel démon s'est emparé de moi ?

En le regardant comme ça, telle une poupée oubliée dans un coin et qui resterait là sans bouger, j'ai juste envie de le prendre dans mes bras, de le bercer doucement et de lui dire combien je l'aime et que je ne laisserai plus jamais personne lui faire le moindre mal. Je ressens une profonde tendresse pour ce garçon si fin, si sensible, si tendre, si fragile et pourtant si dur dans son regard plein de reproches.

Je sens que je souris à nouveau, mais ce n'est pas le même sourire que précédemment. Le précédant c'était comme pour dire :

« Salut. Désolé pour tout à l'heure. T'es fâché ? »

Celui-ci, c'est plutôt :

« Comme tu es joli. Comme tu es généreux. Comme je m'en veux d'avoir été brutal avec toi, le garçon le plus tendre que je connaisse. Je t'aime tellement que mon cœur est déchiré de t'avoir blessé. Qu'est-ce que je ne ferais pas pour que tu me pardonnes. Jamais plus je ne laisserai quiconque te faire de la peine. Je veillerai sur toi dorénavant, comme sur un frère, un fils, un don des Dieux, même si tu ne m'adresses plus jamais la parole. Tu es un ange et je remercie le ciel d'avoir croisé ton chemin. »

Je dois avoir une poussière dans l'œil...

Je continue de sourire et Sven ne me dit rien cette fois. Il immortalise mon sourire emprisonnant pour l'éternité la compassion que je ressens pour le jeune espagnol et la dureté de son existence. Celui-ci ne bouge pas d'un cil. J'aimerais qu'il sache ce que je ressens. Peut-être le ressent-il, lui qui sait lire dans mes pensées. Mais il ne veut pas me soulager. Il ne me montre rien et me laisse là face à lui comme devant un juge, nu et sans défense, sous la lumière des projecteurs, baignant dans ma honte et mes remords.

Comme issu de l'au-delà, un éclair jaillit dans la pièce et me tire instantanément de mes pensées. Il me faut quelques secondes pour reprendre mes esprits et me rendre compte que c'est Sven qui vient de prendre une photo de moi avec un Polaroïd qu'il a sorti de je ne sais où, tant j'étais absorbé dans le message que je tentais de transmettre à Juan.

« Ok ! You can move now. Thank you, Darling. Good work ! »

Je détends mes jambes, mes bras, mon cou. Une douleur irradie tout mon corps. Ça fait plus d'une heure que je ne bouge pas et mes membres engourdis me font si mal que je pousse de petits cris mêlés de ricanements. Sven me fait remarquer que c'est étonnant de rire quand on a mal : « Comment les gens peuvent comprendre que tu souffres si tu ris ? Et quand on te dit quelque chose de gentil, tu pleures ? Tu as inversé le sens de tes émotions, Dorian… Il faut remettre tout ça en ordre ! »

Tiens, c'est pas faux ça…

Je fais de petites enjambées dans l'atelier pour me dégourdir les jambes mais chaque pas est une torture. Juan ne me quitte pas des yeux. Il voit que je déguste mais il ne desserre pas les lèvres. Sven se replonge dans sa toile, la photo qu'il vient de prendre fixée à son chevalet, m'abandonnant à ma double douleur : celle de mes membres endoloris et celle de ma culpabilité envers Juan.

Ce dernier se lève, s'approche de moi et me pousse vers le lit. Il me fait me coucher sur le dos, sans me dire un mot, et sans me lâcher du regard. Il s'agenouille devant moi et commence à me masser la jambe gauche, puis la droite. Il revient à la première puis repasse à la seconde. Ses gestes sont doux et énergiques en même temps. Il monte sur le lit et me chevauche en me tournant le dos pour me masser les jambes dans l'autre sens, du haut des cuisses jusqu'aux pieds. J'ai mal mais je suis heureux de cette douleur qui me permet d'être à nouveau en contact avec lui. Je me dis que s'il s'est levé pour venir me soulager c'est qu'il m'a plus ou moins pardonné et j'en suis si satisfait que je suis prêt à supporter mon supplice corporel encore une heure pour profiter des massages du jeune espagnol.

Au bout d'un certain temps, certes pas une heure mais assez longtemps quand même, Juan se retourne et me demande comment je me sens. Je suis bien obligé de lui dire la vérité : « *Mejor.* » Je le remercie et me redresse. Lui reste agenouillé près de moi. Nous regardons tous les deux Sven à moitié caché par sa toile et je trouve que c'est le moment. Alors, sans détourner le regard je lui dis : « Pardonne-moi Juan, pour tout à l'heure. Je ne sais pas ce qui m'a pris. J'ai complètement perdu la tête, ça ne me ressemble pas. Je ressens pour toi une très grande affection. Je ne m'explique pas ce qui s'est passé. Je m'en veux terriblement de m'être comporté comme ça. J'espère que tu pourras me pardonner car je tiens beaucoup à toi. Tu es quelqu'un d'épatant et je me réjouis d'avoir fait ta connaissance. »

Puis je me tais, continuant à fixer Sven qui peint avec ses doigts en faisant de grands gestes de chaque côté de sa toile comme s'il manipulait des marionnettes invisibles. Je sens la jambe imberbe et torride du jeune garçon contre la mienne. Il porte toujours la robe noire décolletée dans le dos qu'il avait ce matin. Il émane de lui douceur et beauté, comme une sculpture antique. C'est ce qu'est Juan au fond : une œuvre d'art vivante qui attire et dérange en même temps, qui provoque fureur ou tendresse, mais ne laisse jamais personne indifférent. Un être divin et irréel... La parole de sa grand-mère me vient à l'esprit : « Eres un diamante. » Elle disait vrai.

Juan place alors sa main manucurée aux ongles vernis dans la mienne et lâche simplement : « OK ». Nous restons comme ça, assis au bord du lit, main dans la main, comme deux enfants, sans bouger, le regard rivé sur Sven. C'est cette image, symbole de réconciliation, que Sven aurait dû photographier avec son Polaroïd, parce qu'elle restera un grand moment de mon existence et que j'y penserai aussi souvent qu'à celle de Sven et moi sur la plage. Deux évènements d'une puissance extraordinaire à quelques heures d'intervalle.

Sven semble totalement absorbé par ce qu'il fait mais je sais parfaitement qu'il n'a pas perdu une miette de mon discours. Je suis heureux et soulagé, fier aussi, de me sentir à nouveau en paix avec ce jeune être qui a déjà tant souffert. Mon cœur vibre de tendresse pour lui. J'ai une fougueuse envie de le serrer dans mes bras, mais je n'ose pas bouger de peur de briser cet instant privilégié.

Stephen revient. Il est seul. Il nous regarde, jette un coup d'œil sur ce que peint son frère, relève la tête pour nous regarder à nouveau puis déclare avec sarcasme que ce n'est pas très ressemblant ! Puis il se plante devant nous et déclare : « Et si nous allions chercher de quoi manger et qu'on dînait ici ? Je crois deviner qu'on a besoin de se retrouver tous les quatre. » Juan et moi sommes emballés par sa proposition et nous nous levons pour le suivre mais Sven reste à travailler, promettant de venir nous rejoindre. En sortant de l'atelier Stephen me précise que lorsque son frère peint on ne sait jamais combien de temps cela peut durer et qu'il est possible qu'il y passe la nuit.

Au passage, je regarde la toile par-dessus l'épaule de Sven et découvre une esquisse de nos corps sur un fond bleu. Seul mon visage et l'expression qui s'en dégage est précis. Il a capté ma vive émotion lorsque j'ai parlé à Juan. Encore une fois, il a lu dans mes pensées : ce tableau représente les deux grands moments que je viens de vivre. Ils resteront indissociables l'un de l'autre. Une double image du bonheur pur.

12

Il fait déjà nuit et les venelles de la Chrysalide sont éclairées par de petites bougies disséminées çà et là qui scintillent à intervalles irréguliers le long des vieux murs en pierre de ces habitations écolos de néo-hippies. Ce village dans l'enceinte de la ferme est chargé d'une puissante énergie spirituelle. C'est si flagrant que même moi je la ressens. Ce lieu privilégié est protégé du reste du monde ; une île au milieu de l'immensité houleuse de *la vie*. Un instant de répit dans le tumulte de l'existence. Même si ces murs sont anciens et décrépis, cet endroit est magnifique. Plus j'y passe de temps, plus il m'enchante. C'est comme s'il était fait pour moi et qu'il évoluait selon mes goûts. Moi qui l'avais trouvé délicieusement délabré en arrivant, il me semble parfait à présent, comme si une fée l'avait transformé d'un claquement de doigt pendant que je posais pour Sven.

C'est ton regard qui a changé.

Dans l'allée de terre sablonneuse, Stephen m'attrape par la taille et me glisse à l'oreille : « C'est bien que tu sois là avec nous. On est heureux de vivre ce moment avec toi, de t'accompagner dans cette étape de ta vie.

– Pas autant que moi, Stephen, je t'assure, pas autant que moi. »

Nous arrivons vers la cuisine où de nombreuses personnes sont assises çà et là à discuter en buvant un verre, comme si nous nous trouvions devant n'importe quel bar de bord de mer. Les lumières chaudes et tamisées me font remonter des souvenirs de mon adolescence, quand je vivais sur la côte d'azur et que je sortais avec des copains et des copines de mon âge. Ça me paraît une éternité et j'y repense avec nostalgie. J'étais heureux à cette époque. Je me posais moins de questions, je vivais, c'est tout. C'était bien... Comment ai-je fait pour me couper des autres et m'enfermer dans une telle solitude ?

Les explications que Sven m'a apporté cet après-midi m'ont ouvert les yeux sur ce lieu et ses habitants. Je les associe davantage à une communauté hippie plutôt qu'à une secte ou quelque chose de ce genre qui résonne négativement en moi. J'aime bien le terme de « Néo-Hippies » que Sven a employé. Ils n'ont pas de fleurs dans les cheveux ni de Combi aux couleurs de l'arc en ciel, ils n'ont pas tous les cheveux longs et des barbes hirsutes et ça ne sent pas non plus le patchouli à plein nez, mais sorti de ces quelques clichés, le sens profond de leur démarche et leur ouverture d'esprit restent similaires à l'idéal hippie. Comme le fait que tout le monde soit le bienvenu à la ferme par exemple, ou que la motivation principale de ces gens soit la spiritualité, l'amour et le respect des autres dans une absence totale de hiérarchie, d'interdits, de lois... Et comme dans le mouvement hippie, les membres de la Famille sont écolos et végétariens.

« La légende dit que les membres à l'origine des mouvements hippies aux Etats Unis dans les *Seventies* seraient des réincarnations de sages indiens revenus pour sonner l'alarme car nous faisons courir un grave danger à nos enfants et à la *Terre Mère* par nos comportements irresponsables » me glisse un type en catimini à qui je n'ai rien demandé et qui s'est approché de moi pour éclairer mes lacunes sur le sujet. Je n'arrive décidément pas à m'habituer à ce qu'on lise dans mes pensées et qu'on réponde aux questions que je ne pose pas ! Ce qui est différent ici, c'est que les gens ne ressemblent pas à l'image que l'on se fait habituellement des hippies. Ceux qui vivent à la Chrysalide sont des gens simples, des personnes cools. J'ai effectivement l'impression d'être au milieu d'une grande « famille » en harmonie avec la nature et la spiritualité. Ils sont heureux de vivre et c'est contagieux. Toujours joyeux, même dans les tâches ingrates du quotidien.

« Ce qui rend les choses légères, c'est la manière de les aborder. Si on fait les choses à contre cœur, elles deviennent fastidieuses. Au contraire, si la moindre activité est vécue comme une fête, un moment de partage, que ce soit quand on prépare le repas ou lorsqu'on répare une toiture, alors tout devient joyeux. Cette vision des choses rend la vie plus légère et plus agréable. Ça permet d'être plus ouvert aux autres, plus calme face aux évènements, quels qu'ils soient ! » dit une voix rauque et éraillée qui ressemble étonnamment à celle de Gloria sans que je puisse identifier qui vient de me parler.

Ce n'est pas étonnant, en effet, que les plus vieux soient d'anciens hippies. Cette idée me réjouit parce qu'au fond de moi, j'ai toujours partagé les valeurs prônées par ces jeunes gens enthousiastes. La société a fait d'eux des utopistes et les a écrasés. Je pensais qu'ils avaient totalement disparus et voici que je les rencontre, par hasard.

Les garçons me diraient que le hasard n'existe pas et que si je les ai rencontrés, c'est que c'est *mon chemin de vie*, et je dois admettre que c'est troublant tous ces évènements qui se suivent et qui ressemblent à tout ce que j'aime et à tout ce dont je rêve depuis toujours.

Bien que tout semble réel, je ne suis toujours pas certain de ne pas être en train de rêver ou que Gloria ne m'a pas fait gober des *amphets* hallucinogène sans que je m'en aperçoive. Mais si tel est le cas, mon hallucination est absolument merveilleuse : surtout, ne touchez à rien ! La seule ombre au tableau c'est qu'elle ne soit pas là, avec moi, pour partager ces moments incroyables. Je l'imagine au milieu de tous ces gens… Quel foutoir ! Je suis certain qu'elle adorerait, mais elle aurait vite fait de foutre de la Techno *à donf* et des lasers fluo et cette jolie Chrysalide se transformerait en boîte de nuit d'Ibiza ! Dieu sait que j'adore Gloria, mais c'est sans doute mieux qu'elle ne soit pas là : elle serait comme un coup de pied dans une fourmilière.

Une question me vient à l'esprit : « Et si je change, que deviendront mes futurs rapports avec Gloria ? » quand j'entends à nouveau sa voix qui me dit : « Aller mon cœur, reviens avec nous ! »

Je sursaute et reprends mes esprits pour constater que c'est Juan qui me parle ; je marchais droit devant, perdu dans mes pensées et je ne les ai pas vu tourner.

J'aurais pourtant juré avoir entendu la voix de Gloria qui n'a aucune sonorité commune avec celle de ce doux jouvenceau...

Je regarde les gens autour de moi et je ressens énormément de tendresse pour eux. Je ne pensais pas que cela soit possible. Moi qui ai toujours eu peur des autres, qui me suis toujours senti mal à l'aise en présence de tiers, je suis au milieu des gens et je me sens bien, tout à fait à ma place. C'est extraordinaire ! Pour la première fois de ma vie j'ai le sentiment d'avoir une place. Sensation tout à fait nouvelle et ô combien réconfortante.

Tout est différent ici. Tout parait simple. Les gens sont heureux et ça se voit. Ils prennent soin les uns des autres, sont souriants, aimables, disponibles, généreux… Ils m'ont tout de suite accepté parmi eux, sans jugement, sans peur ni méfiance alors qu'ils ne savent rien de moi. Ils ne m'ont rien demandé, ni ma profession, ni d'où je viens. Ça n'a pas d'importance. Si je suis là, c'est que je dois y être, c'est ça qui compte. C'est à moi de dire ce que j'ai envie de révéler, ou bien de me taire si je ne veux rien raconter. Ils ne sont pas intrusifs. Il y a ma vie d'avant et ma vie présente, et c'est celle-ci qui compte. L'important, c'est l'instant présent, le fameux « Carpe diem » cher à Horace.

En fait, tout ce que je vois et tout ce que j'entends ici reprend des principes que je partage depuis toujours sans jamais les avoir appliqués. C'est comme si j'étais entré dans mes propres valeurs, profondément enfouies en moi. Voilà, c'est ça le sentiment que j'ai ; d'être entré en moi-même. Je suis mon véritable moi depuis quelques jours, sans peurs, sans tabous, et j'adore ça ! Je me sens à ma place. Je ne joue aucun rôle, et surtout pas le personnage fatigué, plaintif et dépressif. Je suis vrai. Je suis moi, tout simplement, et c'est sans doute la première fois depuis très longtemps que je me sens aussi honnête avec moi-même. Ce lieu et ces gens incitent à la sincérité. Je n'ai plus à me cacher derrière le masque de la complainte. Je suis serein et joyeux, heureux d'être là.

Juan joue bien avec son image en créant des personnages mais il est sincère en les interprétant. Cet être complexe est un peu tous ces personnages à la fois : ce jeune garçon post adolescent blessé par la vie, mais aussi cette jeune femme sensuelle et charmante, cette folle hystérique en talons aiguille et ce jeune homme gracieux aux petits soins avec tout le monde, comme un diamant qui a de multiples facettes... Il ne ment pas. Il ne se ment pas. Tout l'inverse de moi qui ne sais pas vraiment qui je suis.

J'ai l'impression d'avoir rencontré mes âmes sœurs - *ou plutôt mes âmes frères* - en Sven, Stephen et Juan, comme s'ils étaient des parties de moi-même. Ils sont moi tel que je suis au fond, avec mes différentes personnalités. C'est d'une telle évidence et pourtant si abstrait.

Stephen s'aperçoit que je suis à nouveau dans mes pensées. Il prend ma tête dans ses mains et dépose un baiser sur mon front. C'est un geste réconfortant et que je trouve paternel ; je crois que j'aurais bien aimé que mon père fasse ça... Il y a une profonde tendresse dans ses yeux et je songe, qu'une fois encore, il a dû lire dans mes pensées...

Mais, dans ce cas, comment faut-il interpréter son geste ? Cela signifie-t-il que ce que je pense est correct : ils représentent tous une partie de moi ?

J'avoue que je suis un peu perdu dans mes propres réflexions, je ne sais plus quoi penser. Mais ce que je sais, c'est que je veux trouver le moyen de rester ici, avec eux, le plus longtemps possible. Comment pourrais-je retourner dans mon ancienne vie après une telle expérience ? Comment pourrais-je survivre sans eux à mes côtés ? Je sais que tout ce que je vis est déroutant, mais c'est trop tard, je ne peux plus revenir en arrière : comment retourner en enfer quand on a connu le paradis ?

Je viens juste de m'accorder le droit d'être heureux. Cette nouvelle « famille » me montre que *la vie* peut être belle et facile sans qu'on ait besoin de se cacher derrière un rôle. Si on les regarde avec une vision positive, les choses deviennent positives. « *Chaque énergie attire une vibration du même type* » a lâché quelqu'un hier soir lors d'une conversation. Je suis convaincu que c'est véridique.

Le secret, c'est d'être vrai, sincère, nu dans nos émotions comme l'est mon corps que je dévoile ici sans pudeur. Ici, je ne me cache plus, même quand je fais l'amour. Ma jouissance est sincère et je la partage avec tous.

*Tu ne peux plus retourner en arrière dans un monde
qui n'est plus le tiens.
Do doit disparaître...
Pour que Dorian puisse enfin naître.*

Je sens que je deviens quelqu'un d'autre : Dorian. Pourtant, il n'est pas si nouveau que ça. Au contraire. C'est le Dorian originel, celui qui existait enfant et qui a été peu à peu évincé par l'adulte que je suis devenu, cet imposteur qui a pris la place du petit Dorian enthousiaste et gai pour en faire un homme triste, amère et frustré, sans ambition, sans rêve, sans joie, sans véritable prénom, sans vraie famille, sans vie authentique. Un homme mort prématurément. C'est le vrai Dorian qui revient en force, plein de vie, d'envies et qui va utiliser toute son énergie et son dynamisme enfin retrouvés pour rendre la vie belle, pour lui et pour les autres.

Quoiqu'il arrive dans le futur, je serai à jamais reconnaissant vis à vis de Sven d'avoir ouvert en moi une porte sur l'immensité de l'amour universel. Il m'a fait prendre conscience qu'il existe plusieurs niveaux de réalité, que chacun a la sienne, et qu'il est important de la connaître, de l'écouter et de la respecter, sans être freiné par ses peurs. Réussir à se surpasser pour atteindre le bonheur, parce que le paradis c'est ici et non dans une hypothétique existence après la vie… Je viens de comprendre à son contact qu'il est important de s'autoriser à agir selon ses propres valeurs, en harmonie avec soi-même. *La vie* fait en sorte que des portes s'ouvrent. A nous de les voir et de les pousser. Quand on garde les yeux, la tête et le cœur ouverts, tout devient plus facile. On n'a plus à lutter pour avancer.

L'important n'est pas de savoir s'il y a une vie après la mort mais de vivre avant la mort.

13

Nous passons par la cuisine pour préparer ce que l'on pourrait qualifier de plateaux repas pour dîner entre nous dans l'atelier, notre petit appartement privé. Je dois confesser que la perspective de me retrouver seul avec mes trois anges gardiens me ravit. C'est comme me retrouver avec moi-même, avec mon moi intérieur dont tous trois font intimement parti. Ils m'ont véritablement percé à jour et me connaissent mieux que mes proches. Ils lisent en moi plus clairement que je ne le fais moi-même.

Cette vie en commun m'interpelle et j'interroge Stephen sur la manière dont est financée la Chrysalide, notamment à propos de la nourriture.

« On se débrouille ! Chacun apporte ce qu'il peut, selon ses possibilités. Certains travaillent comme artisans dans les villas alentours, d'autres cultivent et vendent notre production, Manolo écrit des livres qui sont traduits dans plusieurs langues, Anita part en tournée avec le cirque. Juan, lui, confectionne des habits et les vend dans une boutique au village d'à côté. Les touristes raffolent de ses créations. Il a beaucoup de succès. Il faut admettre que ce qu'il fait est magnifique et il mérite vraiment la reconnaissance qu'il rencontre auprès de ses clients. Mais c'est avant tout une victoire personnelle qui lui a redonné confiance en lui ; lui qui a porté sa différence comme un fardeau, aujourd'hui c'est cette différence qui fait son succès. C'est une belle leçon qui prouve qu'il ne faut pas être captif de ce que pensent les autres mais, au contraire, oser afficher sa différence et la porter comme un étendard. La différence est une richesse ! »

« Moi, je m'occupe de la gestion financière, juridique et administrative. Mon passé de juriste m'aide à comprendre ce qui est incompréhensible pour certains. Mon frère, lui, il peint. Ses tableaux plaisent énormément et il expose dans une galerie tenue par un homme assez excentrique. Un type exquis qui s'éclate sans tenir compte du *qu'en dira-t-on* ?. Il faut absolument que tu le rencontres ! La majeure partie des œuvres de Sven est exportée dans le monde entier. Ça représente la plus grande part de nos revenus. »

« Il nous arrive aussi d'accueillir des équipes de cinéma qui tournent des scènes ici. Ça contribue à promouvoir notre philosophie de vie. »

« Tu vois, l'un dans l'autre, on s'en sort plutôt bien ! En fait, nous dépensons très peu. Nos besoins sont limités et nous cultivons la majeure partie de ce que nous consommons. Ce que nous ne produisons pas, nous l'achetons aux producteurs de la région.

- Et comment ça se passe pour la répartition des tâches, comme faire à manger par exemple ?

- Les repas sont préparés par ceux qui veulent bien s'en charger. Il n'y a rien d'obligatoire ici, mais pour préserver le bon équilibre de notre Famille, chacun se propose à tour de rôle pour effectuer les diverses tâches à accomplir, comme tu l'as fait ce matin pour nous aider à réparer le toit. Par exemple, nous avons prévu de nous occuper du repas dans deux jours, Juan, Sven et moi. Si le cœur t'en dit, tu pourras nous aider. Nous ne serons pas les seuls, nous sommes toujours une dizaine en cuisine. Il y a du monde à nourrir !

- Bien sûr, volontiers, enfin… si vous voulez toujours de moi dans deux jours !

- Que veux-tu dire ?

- Eh bien je veux dire que je serai heureux de participer aux tâches de la ferme si vous acceptez que je reste.

- Mais nous n'avons pas à accepter ou à refuser ta présence. Tu es là, c'est tout. Tu as autant le droit d'être là que n'importe lequel d'entre nous. Tu restes aussi longtemps que tu en as envie, et si un jour tu souhaites t'en aller, tu t'en iras, quand tu le voudras, quand tu sentiras que le moment est venu. Tu es libre et responsable de tes choix. Personne ne te poussera dehors et personne ne te retiendra prisonnier. Nous sommes heureux que tu sois là avec nous, c'est une grande joie pour nous de t'avoir ici, mais nous serons heureux pour toi le jour où tu décideras de partir. Cela voudra dire que tu es suffisamment fort et solide pour affronter le monde extérieur et que tu n'as plus besoin de nous. Conçois que tu ne nous perdras jamais Dorian. Nous serons éternellement à tes côtés, où que tu sois et quoi que tu fasses. Toujours. Tu n'as pas à t'en faire pour ça. Mais un jour tu auras besoin de construire ta propre Chrysalide, c'est normal, et nous serons heureux que tu transmettes au monde ce que tu as appris ici. Nous nous réjouissons toujours de voir que l'histoire continue de s'écrire. »

« Lorsqu'un enfant quitte le nid familial, c'est qu'il vole de ses propres ailes et qu'à son tour il va construire sa propre famille. C'est très beau. C'est aussi pour ça que ce lieu s'appelle la Chrysalide, parce qu'un jour on devient papillon et on s'envole. Quoi de plus naturel ? Le jour où tu décideras de partir, ce sera ton choix, nous le respecterons et nous serons heureux de te voir continuer ta route vers ce que tu penses être la bonne direction. Et ça, il n'y a que toi pour le ressentir… Tu es ton propre Dieu, ne l'oublie jamais. »

« Crois-en toi Dorian, tu es un homme exceptionnel et ne laisse jamais personne te dire le contraire ni te dicter ta conduite. Laisse ce qui est bon en toi se manifester. Toi seul sais ce qui est bon pour toi. Va toujours vers tes rêves et bats-toi pour les réaliser. »

Mes rêves ? Je suis en plein dedans !

Sentant que cette conversation peut s'éterniser, Juan, toujours aux petits soins, propose de se charger de préparer les plateaux à emporter. Stephen et moi nous installons alors à une petite table en zinc qui ressemble à s'y méprendre à celles que l'on trouve dans les bistrots parisiens. Ça tombe bien, j'ai vraiment très soif. Ce décor me surprend et en même temps, il m'apporte un certain réconfort ; je suis dans un univers familier qui me rassure. J'ai l'impression d'être dans un café de style Belle Epoque, boulevard Saint Michel, en train de discuter avec un ami de longue date, chose qui ne m'est plus arrivée depuis fort longtemps et que je regrette tout à coup…

Pendant que je m'assois, Stephen salue une femme avec qui il échange quelques mots et je reconnais la femme que j'ai vue au petit déjeuner, si seule, si déprimée. Ce soir, elle est resplendissante. Elle rit. Son visage s'est complètement ouvert. Ses yeux brillent comme un enfant devant un arbre de Noël. Elle est transformée, belle. Je suis heureux pour elle. Au fond, elle me renvoie ma propre image. Moi aussi j'étais morose avant d'arriver ici. Et maintenant, je me sens aussi beau que cette femme. Elle sent mon regard sur elle. Nos regards se croisent, nos sourires aussi. Sans rien se dire, on s'est compris je crois.

Une sorte d'halo lumineux entoure Stephen. Il resplendit de je ne sais quoi : de beauté, de douceur, d'intelligence… Je ne saurais dire ce que je ressens. Je suis rempli d'amour et de reconnaissance pour lui. Pour Sven et pour Juan aussi. Il n'y a pas d'échelle de valeur, pas un que j'aime plus que l'autre. Mon amour est absolu. Je les aime avec sincérité tous les trois, pour des raisons différentes.

Stephen est le plus masculin. Charismatique, pragmatique et cultivé. Il est aussi fort et endurant. Physiquement, il a une musculature identique à celle de son frère qui ne participe pourtant pas aux travaux physiques de la ferme. C'est comme si les efforts de l'un profitaient également au corps de l'autre tant ils sont fusionnels.

Sven, c'est l'artiste, la sensibilité personnifiée. En plus d'être un créateur reconnu, c'est un grand enfant qui s'amuse, rit, provoque constamment. Il est espiègle et séducteur. Excessivement sexy. Beaucoup plus sensuel que son frère alors qu'ils ont exactement le même physique. Il endosse le rôle de l'enfant et Stephen celui de l'adulte. Sven est la part plus féminine, Stephen celle masculine ; le yin et le yang. Ils sont si complémentaires que finalement, ils ont l'air d'être une seule et même personne, comme me l'a laissé entendre Juan…

Je suis « *raide dingue* » de Sven comme dirait Gloria ; il représente tout ce que j'aime. Et en plus, il est peintre, ce qui symbolise pour moi le fantasme absolu ! Je me demande comment j'ai fait pour vivre sans lui jusqu'à présent. En fait, je ne vivais pas vraiment. Je survivais. La vie, c'est ce que je suis en train de ressentir, là, avec eux. Quand je vois tout l'amour que ces trois garçons sont capables de me donner alors qu'on se connaît à peine, je me demande comment j'ai pu supporter que ceux que j'ai connus précédemment m'en donnent si peu, voire pas du tout... Même les gens que je croise ici sont généreux avec moi. Ils me regardent aimablement, me sourient, font preuve d'une extrême douceur aussi bien dans leurs gestes que dans leurs paroles ; ils sont prévenants, attentifs comme on ne l'a jamais été avec moi. Ce sont des gens gentils. C'est quand même invraisemblable que ce qualificatif soit devenu une insulte dans notre société alors que c'est une qualité rare et précieuse !

Stephen me fait un signe de tête pour que je me retourne et je découvre une jeune et très jolie fille qui arrive droit sur moi, vêtue d'une robe à fleurs très légère qui virevolte autour d'elle. Elle est pieds nus et arbore ostensiblement un immense chapeau de paille d'où s'échappe sa longue chevelure brune. Elle porte des lunettes noires en écailles qui lui donnent un petit côté starlette des années soixante. Je pense à ce que m'ont dit les garçons à propos de ces gens de cinéma qui sont restés vivre ici après un tournage, et j'en conclu qu'elle doit être une ancienne actrice reconvertie en serveuse bénévole à la ferme. Elle tient un petit plateau avec trois tasses de *yogi-tea* qu'elle vient déposer à notre table en disant que cela nous fera du bien. A la voix, je reconnais Juan qui s'est changé en un éclair pour se transformer en cette Ava Garner eurasienne ; une autre de ses nombreuses personnalités. Ce garçon est vraiment incroyable. La grâce incarnée ! C'est aussi pour ça que je ne pourrai plus me passer de ce garçon-fille époustouflant, cet homme-enfant que j'ai constamment envie de prendre dans ses bras et de cajoler.

Alors que cette créature fatale repart vers la cuisine, Stephen vient s'asseoir face à moi en riant encore de l'accoutrement de Juan.

« N'importe qui d'autre serait ridicule habillé comme ça, mais pas lui.

- C'est un acteur né. Il devrait faire du cinéma.

- C'est déjà ce qu'il fait, ici, tous les jours, et nous sommes son public. Il adore ça, et nous, c'est lui qu'on adore !

- C'est génial de pouvoir assumer qui on est vraiment.

- C'est vital.

- Encore faut-il savoir qui l'on est. Moi, je ne sais pas qui je suis.

- Tu as toute la vie pour découvrir qui tu es et ce que tu veux. Pose-toi les bonnes questions, elles mènent toujours aux bonnes réponses. Demande-toi par exemple qui tu veux être. C'est passionnant. C'est comme si tu menais une enquête introspective. Mais pour résoudre cette enquête tu dois être sincère, déceler tes propres mensonges. Jusqu'à présent, tu t'es enfermé dans un personnage, je ne sais pas vraiment lequel, mais je peux te dire que tu te caches dans ce corps que tu méprises dont tu te sers comme d'une armure pour ne pas te laisser approcher. Alors qu'au fond, tu n'attends que ça, qu'on s'approche de toi. Mais personne ne pourra le faire tant que tu repousses tout le monde ! Tu te sens protégé dans cette cuirasse, cet embonpoint, mais en fait, tu t'enfermes, tu t'emprisonnes toi-même et tu n'arrives plus à t'échapper de la prison que tu as construite. »

« Ici, il n'y a pas d'armure, pas d'uniforme, pas de costume derrière lesquels se cacher. Tu peux t'habiller siglé de la tête aux pieds, ou rester tout nu, cela n'a pas d'importance ; c'est l'être que tu es qui nous charme.

L'armure, on ne la voit pas. Ailleurs, tu as beau mettre une jolie tenue, tu te sens moche parce que tu es mal dans ton corps ; alors qu'ici, tu es nu et tu es beau, parce que nous voyons ta beauté intérieure ; et si nous la voyons, c'est que tu veux bien nous la montrer. Tu es sincère avec toi, et en conséquence, tu l'es avec nous. Tu viens de lâcher prise et c'est une excellente nouvelle. Maintenant, ne sois pas trop pressé. Prends le temps de faire ta connaissance. C'est une aventure merveilleuse qui prend toute une vie ! »

Juanito Garner nous a rejoint et il écoute Stephen en me regardant avidement. Il contemplerait Mona Lisa que son regard ne serait pas plus intense ! Il scrute chacune de mes réactions mais, contre toute attente, alors que cela m'aurait terriblement gêné il y a peu, là, j'en suis flatté.

« Si je suis plus ouvert avec vous, c'est que je me sens à l'aise ici, tranquille, et c'est grâce à vous, à ce que vous me donnez, à votre manière de m'accueillir, de me regarder ! » dis-je en désignant Juan qui continue à me fixer. Stephen me rétorque : « Nous n'existons que parce que tu l'as voulu. C'est à toi que tu le dois. Tu as défini un idéal et tu l'as trouvé. Si ton idéal avait été de faire une croisière à bord d'un yacht ou de passer tout ton temps dans des casinos, alors c'est là-bas que tu serais en ce moment. Comprends bien que c'est toi qui fais des choix et qui crée le monde qui t'entoure.

— C'est vrai que lorsque je rêvais d'un monde idéal, ça ressemblait à ce que je vois ici.

— Je suppose aussi que tu aimes les garçons blonds aux yeux bleus ?

— Absolument.

— Tu vois, tu l'as défini si clairement que tes souhaits ont été entendus et que *la vie* a mis devant toi ce que tu voulais profondément. Encore fallait-il que tu assumes tes choix, que tu aies le courage de vivre ce qu'au fond de toi tu pensais être la vie idéale. Sois fier de toi. Beaucoup ont peur de leurs propres envies et fuient lorsque *la vie* leur apporte ce qu'ils ont demandé. Ils ne sont pas prêts. Il faut créer le monde dans lequel on veut vivre ; réaliser ses rêves et arrêter d'attendre passivement. Comment pourrait-il t'arriver ce que tu souhaites si toi-même tu ne sais pas ce que tu veux ? Il faut commencer par définir tes attentes et puis foncer pour réaliser tes projets. La chance n'arrive pas seule, il faut la provoquer. »

Il est interrompu par Juan qui s'interroge sur son rôle dans ma vie : « *Y yo, qué yé fais dans cette historià ?*

- You ? You're the cherry on the cake ! » dit Stephen en éclatant de rire.

« C'est vrai, je ne vois pas très bien à quel souhait Juan peut répondre.

- C'est parce qu'il en représente plusieurs à la fois. Juan, c'est la féminité, l'élégance, la grâce… C'est aussi la sexualité que tu n'assumes pas, celle que tu imagines qu'on a avec une femme et que tu réalises de manière machiste avec lui, comme un homme dominateur, ce que tu ne fais pas avec les autres garçons. Avec eux, tu es soumis. Mais Juan représente aussi ton désir d'enfant, ta paternité qui réveille ton instinct de protection ; ce que tu chéris le plus et que tu te refuses par manque de confiance en toi. Cela représente une trop grosse responsabilité à tes yeux et tu ne te sens pas capable d'assumer ça. C'est récurrent chez toi ; tu refuses le bonheur de peur de ne pas être à la hauteur ! »

Juan parait très satisfait de représenter mon rêve de féminité et incroyablement fier qu'on veuille de lui comme fils alors que son père l'a rejeté. Moi je suis plus sceptique même si je reconnais que l'explication de Stephen est troublante et qu'elle me touche. Il semble dire que tout ce qui m'entoure n'est que le fruit de mes envies profondes que j'ai laissé sortir de moi. Ils représentent tous une part de moi-même ou un de mes profonds désirs. C'est vrai que physiquement j'aurais adoré ressembler aux jumeaux. Stephen a ce charisme rassurant, Sven cette sensibilité créatrice dont j'ai toujours rêvé, et Juan cette faille qui donne envie de le dorloter ; sans parler de ce lieu magique sous le soleil, au bord de l'eau et à l'abri des regards extérieurs, avec ces gens généreux et sans jugement. Tout ici est synonyme de beauté et de liberté, celle-là même qui me fait tant défaut !

« Mais vous, vous n'êtes pas arrivés ici par hasard. Comment deux Suédois ont-ils pu se retrouver dans cette ferme insolite à mille lieux de chez eux ?

- C'est une longue histoire.

- Je sais que vous n'avez pas l'habitude de poser de questions mais j'aimerais beaucoup que tu me racontes votre parcours. Vous me semblez tellement parfaits que ça vous rend presque irréels. Je me demande comment on arrive à un tel niveau de plénitude. Etes-vous des Dieux ?

- Oh que non, tu plaisantes ! Tu sais, nous avons chacun notre parcours ici, nous avons tous rencontré des difficultés, mais comme on dit : « ce qui ne te tue pas te rend plus fort » et c'est vrai ; à chaque difficulté, tu as quelque chose à apprendre, une leçon à tirer qui te renforce, qui t'aide à être plus fort. »

« Je vais te raconter notre histoire juste pour que tu prennes conscience que si nous te paraissons sereins aujourd'hui, c'est parce que nous aussi nous avons suivi notre chemin et que *la vie* ne nous a pas épargné tant que nous n'étions pas sincères et honnêtes avec nous-mêmes. Ce fut un long parcours parsemé de souffrances et de blessures, mais nous avons réussi à trouver notre équilibre, notre harmonie qui nous est propre, et aujourd'hui, nous sommes en paix avec nous-mêmes, heureux d'être, tout simplement heureux d'être ! Et paradoxalement, c'est grâce aux difficultés que nous avons rencontrées que nous avons grandi. Dis-toi bien que si nous avons réussi, Dorian, alors tu le peux aussi ! »

14

Stephen propose de nous installer dans les canapés, au milieu de gros coussins douillets pour que nous soyons plus à notre aise et j'en déduis que l'histoire va être longue. Juan s'installe entre nous deux, pelotonné contre moi, comme un enfant qui cherche la protection de ceux qui l'aiment. De ceux qu'il aime. Sans doute connaît-il déjà l'histoire. Peut-être lui rappelle-t-elle la sienne qu'il préférerait oublier… Je l'entoure de mes bras comme un père protecteur, un ami aimant. Nos deux visages font faces à Stephen qui semble déjà loin, absorbé par ses souvenirs. Serait-ce douloureux pour lui de me raconter son histoire ? Alors pourquoi le fait-il ?

Pour toi, pour t'aider.

« En fait, si je suis ici, c'est que j'aime mon frère et que je ne peux pas vivre sans lui. C'est aussi parce que je m'aime et que j'ai appris à me respecter, et vivre sans Sven serait comme vivre amputé de la moitié de moi-même. »

Il nous fixe mais son regard nous traverse sans nous voir. Hypnotisé, je plonge dans son regard azur où je vois la neige des glaciers de l'Antarctique, le ciel profond des hivers d'Europe du nord, la mer glacée qui gronde et menace, le drapeau suédois qui flotte sous le soleil nordique…

« Sven et moi venons de Södermalm au sud de Stockholm. Aujourd'hui, c'est un quartier branché, mais à l'époque c'était le quartier ouvrier, là où habitaient les pauvres.

Pappa était *apothicaire*, mais on n'était pas riches. On vivait dans un petit appartement au-dessus de la pharmacie, sur Götgatan, la rue principale. C'était assez bruyant mais super vivant. *Mamma* ne travaillait pas. Elle s'occupait de ses enfants. Nous sommes cinq : quatre garçons et une fille. Le premier, c'est Vilhem qui a cinq ans de plus que nous, suivi de Nils, de trois ans notre aîné, après c'est Sven et moi, d'abord Sven, quelques minutes avant moi ; et nous avons aussi une petite sœur, Solveig qui a cinq ans de moins que nous. Elle, c'est « *l'accident* » comme disent mes parents. Ils ne se rendent pas compte que cette parole est destructrice ! Comment peut-on dire à un enfant qu'il est un accident ? »

Je la connais bien cette phrase… Moi aussi je suis un accident. Je n'ai rien demandé mais on dirait que je dois payer pour cette erreur d'être venu au monde sans que personne ne le souhaite, ni mes parents, ni moi. Je me sens tout de suite proche de la petite dernière ; entre « accidents » on devrait se comprendre !

« C'est peut-être parce que Sven est né avant moi que je l'ai toujours pris comme un exemple à suivre… De nous deux, c'est lui qui a le plus de caractère. Il était « *le leader* », j'étais « *le suiveur* ». Encore une maladresse de langage que l'on emploi lorsque l'on parle de jumeaux. C'est vrai qu'il a toujours été plus vif que moi, plus intelligent aussi. Plus libre. Même si je suis plus diplômé que lui, moi j'ai toujours eu besoin de travailler pour réussir. Lui non. *He's clever* ! Depuis toujours, il réussit tout ce qu'il entreprend. »

« Petits, nous étions inséparables. On se ressemblait tellement que personne ne pouvait nous distinguer, surtout que Mamma nous habillait de la même manière ! A l'époque ça se faisait. C'est peut-être ce qui a fait qu'inconsciemment je ne me suis jamais senti comme étant une seule personne mais comme la moitié de l'entité que je forme avec Sven. »

« Enfants, tout le monde trouvait adorable qu'on soit toujours collés l'un à l'autre. Mes frères aînés avaient une chambre pour eux qui donnait sur la cour. Nous, nous devions partager la nôtre avec Solveig. Nous dormions à deux dans le même lit, blottis l'un contre l'autre. On passait des soirées entières à regarder par la fenêtre. Sven interpellait les passants pour parler avec eux, comme ça, pour rigoler. Moi ça me faisait peur mais je ne disais rien pour ne pas montrer à ma petite sœur que j'avais la frousse. On faisait absolument tout ensemble, jamais séparés plus de deux minutes. Sven s'aventurait dans le quartier, allait même jusqu'à la gare de Gamla Stan, ou au marché couvert de Saluhall où on piquait des Kanelbullars. Moi j'étais terrorisé, mais je suivais. »

« Puis l'adolescence est arrivée. Voyant que je ne prenais pas mon indépendance, nos parents ont commencé à vouloir nous séparer. Comme mon frère aîné était parti, ils ont voulu que je dorme dans l'autre chambre avec Nils parce qu'il y avait deux lits. Mais toutes les nuits, je rejoignais Sven dans son lit, notre lit. Nous restions indivisibles ! »

C'est bizarre cette impression de « *déjà vu* » ; cette histoire me rappelle ma relation avec Lulu quand on était mômes.

« Alors, pour nous aider à nous épanouir, à nos seize ans, nos parents n'ont rien trouvé de mieux que de nous inscrire en internat dans deux villes différentes. Du coup, Sven s'est retrouvé à Uppsala, à soixante-dix kilomètres de moi qui suis resté à Stockholm. »

« Pour moi, cette époque reste trouble. D'un côté j'étais triste de ne plus voir mon double, mais d'un autre côté, c'était comme une libération. J'étais soulagé d'être enfin comme tout le monde et non plus uniquement le jumeau de Sven qui a toujours été plus populaire que moi. Mais au fond, je me mentais et j'étais en fait très malheureux. Alors, je me suis jeté corps et âme dans les études pour ne pas penser. J'avais d'excellents résultats et mes parents étaient fiers de moi. J'ai joué un rôle à mon insu pendant des années et je me suis laissé prendre à mon propre jeu. Les week-ends, je buvais jusqu'à l'ivresse pour faire taire mon mal être et le manque de ma moitié d'âme… Je suis sorti avec plein de filles pour tenter de retrouver un peu de l'affection perdue de Sven. J'apprenais à être un homme indépendant puisque c'était ce qu'on attendait de moi. »

« Nos parents étaient heureux de me voir avec des filles, ils me prenaient pour un *Don Juan* ! » Stephen prononce ce nom à l'espagnole et je réalise alors que c'est le prénom de ce petit tombeur que je serre justement dans mes bras. »

« Ils étaient soulagés de voir que nous n'étions pas tous les deux homosexuels.

- Ils savaient pour Sven ?

- Oh oui. Sven sait depuis toujours qu'il est gay, et il l'a toujours assumé. Il portait sa différence comme une fierté. Sven a toujours été un être supérieur ! De son côté, il sortait beaucoup, ne travaillait pas trop en cours, mais avait malgré tout de bons résultats ; toujours sa capacité de compréhension beaucoup plus élevée que la moyenne.

- Vous ne vous voyiez plus ?

- Peu. En fait il a mal vécu d'être expédié loin de la

maison et il revenait rarement. C'était sa manière de montrer à nos parents qu'il trouvait leur décision injuste. C'est vrai qu'il était plus remuant que moi et qu'ils se sont un peu débarrassés de lui en l'inscrivant à Uppsala. Mais comme il a une facilité d'adaptation phénoménale, il s'est vite senti chez lui là-bas et il n'avait aucune envie de revenir à Stockholm. Il m'écrivait presque chaque semaine, me disant qu'il m'aimait, que je lui manquais, qu'il n'était pas lui sans moi. Mais moi, je ne répondais pas à ses marques d'affection. A vrai dire, j'en avais honte. Je lui répondais parfois, lui racontant des banalités, ce que je faisais à Söder, les films que j'avais vus, mais sans rentrer dans son jeu ; on m'avait tellement conditionné que j'étais persuadé qu'il cherchait à me manipuler, comme le disaient *Mamma och Pappa*. »

« Ce que je ne savais pas à l'époque, c'est que je mentais, aux autres mais surtout à moi-même alors que lui, il était sincère. Je savais que j'avais un profond amour pour lui, mais je tentais de me persuader que ce n'était pas « *normal* », que c'était néfaste. Je m'évertuais à rentrer dans le chemin que l'on avait tracé pour moi ; être un homme, avec une situation, une femme, des enfants, etc. Je m'obstinais à être le « bon fils » que mes parents attendaient que je sois, repoussant mes démons à grands coups de Vodka. Je fuyais Sven et il en souffrait. Nous en souffrions tous les deux, mais moi je ne voulais pas me l'avouer ; je ne pouvais pas ! »

« Je sentais que quelque chose clochait chez moi mais je ne voulais surtout pas chercher à comprendre pourquoi je me sentais si mal. J'en voulais à Sven. Il était le coupable idéal de mon mal être, c'était sa faute, un point c'est tout. C'était la solution facile, celle où l'on ne se remet pas en question... »

« L'année de nos 20 ans, j'ai rencontré Wilma. Elle faisait des études de journalisme et était venue interviewer des étudiants en droit à l'université de Stockholm. Elle m'a posé des tas de questions qui devenaient de plus en plus éloignées de mes études pour s'intéresser à ma vie personnelle. Moi, elle me plaisait bien et je me suis laissé faire. Elle était jolie, intelligente, drôle et surtout, elle était folle de moi. Alors comme mes parents, mes amis et ma sœur l'aimaient bien, je me suis persuadé que moi aussi je l'aimais bien. Seulement, « aimer bien » n'est pas suffisant dans une relation de couple, mais ça je ne le savais pas à l'époque. »

« Comme l'histoire durait avec Wilma, Sven a pris du large et s'est détaché de moi petit à petit. Il a cessé de m'écrire. Il ne venait même plus chez nos parents pendant les vacances ; il partait de son côté avec des copains. On se téléphonait sporadiquement, d'ailleurs c'était toujours moi qui l'appelais, mais les conversations étaient assez insignifiantes. Il me laissait vivre ce que je croyais être ma vie. Il savait que je faisais fausse route, mais il a eu la sagesse de me laisser me tromper pour que je réalise par moi-même mon erreur et que je rectifie le tir. Je ne le savais pas à l'époque, mais il veillait sur moi à distance. »

« De son côté, il vivait sa vie à lui. Il sortait beaucoup, voyageait, avait des histoires avec des mecs. Il a fréquenté un milieu d'artistes branchés à Uppsala, puis il a arrêté l'université pour suivre ses amis à Copenhague, au Danemark. Il habitait en colocation avec d'autres artistes dans un vieil immeuble dans ce fameux quartier de Christiania, à l'époque où c'était un lieu alternatif et créatif ; pas comme aujourd'hui où les touristes viennent visiter cet ancien quartier hippie squatté par des dealers et des paumés de tous poils... Toute l'âme de cet endroit s'est à présent évaporée. Certains des pionniers sont ici à présent ! C'est là-bas qu'il a rencontré Magnus. Là, l'histoire est devenue sérieuse. »

« Magnus était plus âgé que lui. La quarantaine. Il donnait des cours de dessin et était aussi photographe. Sven est devenu sa muse. Très vite, il est allé vivre chez Magnus. Il savait que c'était le bon. Sven sait toujours ce qui est bon pour lui. Il ressent tellement les choses, les gens, la vie quoi... C'est comme un don qu'il a. Ensemble, ils ont beaucoup voyagé, dans le monde entier. Sven resplendissait de bonheur. Lui qui n'avait jamais quitté l'Europe du nord, il découvrait des couleurs, des senteurs, des paysages qui lui étaient jusque-là inconnus. C'était formidable. »

« Moi, j'étais content pour lui, mais je sentais au fond de moi quelque chose qui me dévorait et qui me rendait malheureux. En fait, je réalisais que j'avais perdu Sven et je ne le supportais pas. »

« J'ai continué ma relation avec Wilma mais, parallèlement, et pour la première fois, j'ai commencé à baiser avec des garçons. Pas des histoires d'amour, juste du sexe, violent et furtif, avec des mecs que je rencontrais dans des bars, des parcs... Personne ne s'est aperçu de quoi que ce soit dans mon entourage mais moi j'étais en grand conflit intérieur. Je devenais fou.

- Wilma n'a rien remarqué ?

- J'étais devenu agressif avec elle et avec les gens en général. J'étais mal partout où j'allais. J'étais nerveux et le seul moyen que j'avais trouvé pour me calmer c'était l'alcool et le cannabis. J'étais ivre ou défoncé en permanence. Bien sûr, ça a commencé à mal se passer à l'université, mais je m'en foutais. La seule chose qui comptait, c'était de ne pas perdre Wilma. Je m'accrochais à elle comme à une bouée de sauvetage. J'avais l'impression que si elle me quittait, je perdrais tous mes repères et tout l'amour qu'elle m'apportait et qui m'était devenu vital depuis que Sven ne m'en donnait plus. En réalité, j'avais peur de me retrouver seul, face à moi-même, moi qui n'avais jamais été seul, moi qui étais amputé de la moitié de moi-même. »

« Plus Sven s'épanouissait, plus je m'enfonçais dans la déprime. Wilma et ma sœur m'ont poussé à aller voir un psychologue, mais je n'ai pas voulu y aller. Je prétendais que "les *psys* c'est pour les fous" et que moi j'allais très bien. Je mentais, encore et toujours. Je savais que je n'étais pas loyal avec Wilma, mais j'étais en pleine confusion dans mes sentiments, en plein conflit intérieur parce que je refusais d'être celui que j'étais vraiment et qui ne ressemblait pas à ce que la société attendait de moi. J'avais honte d'être moi. »

Un sentiment qui m'est familier depuis le temps que je le traîne comme un fardeau.

« Wilma et moi nous sommes séparés d'un commun accord. Elle ne supportait plus la loque que j'étais devenu. Paradoxalement, c'est à partir de ce moment-là que j'ai repris le dessus. J'ai cessé de boire et j'ai continué mes études plus assidûment. J'ai fini par avoir beaucoup d'activités annexes. Je faisais du sport à outrance, de la musique, je participais à des comités de lecture, à l'organisation d'événements sur le campus de l'université, etc. Pas mal d'activités, mais aucun ami, aucune relation ; ni sexuelle, encore moins sentimentale, ni avec des filles, ni avec des garçons. Abstinence totale ! »

« J'ai repris contact avec Sven, sans lui parler de la période que je venais de traverser. Lui me racontait ce qu'il faisait, les pays qu'il visitait. Jamais je ne lui ai dit qu'il me manquait. Il était si heureux avec Magnus que je ne voulais pas m'immiscer dans leur vie. J'étais heureux pour eux, pour lui, à défaut de l'être pour moi. »

« C'est Magnus qui l'a initié à s'ouvrir à une dimension plus spirituelle. Sven m'en parlait et j'ai mis du temps à comprendre mais peu à peu, je me suis ouvert à ce chemin de vie. J'ai pris des cours de yoga et de méditation à Montpellier où je travaillais dans un cabinet d'avocats. Ah oui ! J'ai oublié de dire qu'à cette époque j'étais parti vivre en France. C'est là que je suis tombé amoureux du sud, du soleil, des olives, du vin… Merveilleux ! Et j'y ai aussi perfectionné mon français ! »

Je comprends mieux pourquoi il parle si bien notre langue…

« Sven et Magnus habitaient Londres. L'été, ils venaient ici, à la Chrysalide. C'est Magnus qui a présenté Sven à Salvador, le fondateur de la Famille. Ils y venaient quelques semaines pour se régénérer avant de repartir en voyage. Magnus faisait des repérages pour le cinéma et Sven l'accompagnait partout. »

Tiens, comme Gloria et moi : encore une coïncidence !

« C'est lors d'un repérage au Maroc qu'a eu lieu la catastrophe. Magnus a fait une chute de plus de vingt mètres en prenant des photos. Exceptionnellement, Sven n'était pas avec lui ce jour-là. Il était resté à l'hôtel. La seule et unique fois où il ne l'a pas accompagné… Le destin est parfois cruel.

- Mais… Mais il est mort ?

- Malheureusement.

- C'est horrible ! Et Sven ? Que… Comment a-t-il réagi ?

- Lorsqu'on est venu lui apprendre le drame, il est resté très calme. Il a demandé à récupérer l'appareil photo de Magnus. C'est le seul objet qu'il a gardé de lui. Pendant sa chute, Magnus a continué à prendre des photos, si bien que l'on peut suivre en détail tout l'accident. Sven les a visionnées et la dernière que Magnus a prise est un cliché du ciel où il n'y a qu'un seul nuage dans l'immensité du ciel marocain, en forme de cœur… »

Juan et moi sommes littéralement pendus aux lèvres de Stephen, attentifs et abasourdis par cette révélation du douloureux passé de Sven. Il n'y a plus aucun bruit autour de nous. Tout le monde a disparu sans que je m'en sois aperçu tant j'étais concentré sur le récit que nous a fait Stephen. Juan est tellement béat que j'en conclus qu'il entend cette histoire pour la première fois. Je suis si stupéfait que je n'ose dire un mot de peur de troubler ce silence qui vient de s'installer entre nous comme un hommage posthume à cet homme qui a rendu Sven si heureux et qui lui a fait découvrir une autre réalité ; celle qu'il nous fait partager à son tour, comme un savoir précieux et rare que l'on se passe d'homme en homme, d'âme en âme.

La photographie du cœur dans le ciel est d'un symbolisme époustouflant ! C'est comme un dernier message d'amour que Magnus lui a laissé. Je suis bouleversé et ému. Un grand trouble m'envahit et me noue la gorge. Je pense à Sven. J'ai envie de le serrer dans mes bras pour lui communiquer l'amour et la compassion que j'éprouve pour lui en cet instant.

« Et après ? Qu'est-ce que Sven a fait ? »

Stephen prend une profonde respiration, suivi d'un long soupir. Sans doute ressent-il encore du chagrin en évoquant cet évènement dramatique.

« En fait, il n'a pas eu de réaction… Sur le moment cela m'a paru invraisemblable, mais maintenant je comprends. Il était profondément meurtri, bien sûr, mais il a admis que l'heure était venue pour Magnus de quitter ce monde pour un autre. Sven dit que Magnus était un être spirituellement avancé, qu'il avait fini son temps sur Terre, qu'il avait d'autres missions à remplir, ailleurs, et qu'il est maintenant l'ange gardien d'un être quelque part dans l'*Univers*. Il a interprété la dernière photo de Magnus comme un message envoyé de l'au-delà pour le rassurer. Il considère que l'âme de Magnus va bien, qu'elle continue sa route vers un monde plus vaste, plus lumineux, une autre dimension qui nous dépasse… »

Je suis tellement ébranlé par ce que je viens d'apprendre que je ressens le besoin de serrer Juan dans mes bras, comme pour le protéger, alors que c'est moi qui ai besoin d'être rassuré.

« Après la mort de Magnus, Sven est venu habiter à La Chrysalide. Cela lui semblait naturel de venir se joindre à ces gens qui avaient tant aimé Magnus et qui représentaient dorénavant sa nouvelle famille spirituelle. Il ne nous a pas renié nous qui sommes sa famille de sang, mais il se sentait plus proche des gens d'ici qui le comprenaient et dont il partageait les théories plutôt qu'avec nous qui allions être totalement bouleversés par ce drame et par son absence de réaction.

Il savait mieux que nous qu'en cherchant à l'aider, involontairement, nous serions un fardeau supplémentaire. Il ne nous a d'ailleurs pas prévenu tout de suite, mais deux mois après la chute mortelle de Magnus. Il a eu besoin de cette période pour se recueillir, lui dire au revoir et continuer à vivre. »

« Lorsque j'ai finalement appris la nouvelle, je suis tout de suite venu le rejoindre pour le soutenir, et, bizarrement, c'est lui qui m'a réconforté. J'avais tellement mal pour lui. J'étais tellement abattu qu'il lui soit arrivé un tel malheur. Et lui qui était si serein, si calme… De nous deux, c'était moi qui étais effondré ! »

« Depuis j'ai compris que l'on peut être ''*touché*'' sans être ''*atteint*''. Ça revient un peu à dire, comme je te l'ai dit tout à l'heure, que "ce qui ne te tue pas te rend plus fort." On appelle ça la résilience. »

« Sven était si fort face à cette épreuve ! Il était reconnaissant d'avoir connu Magnus avec qui il avait tant appris, tant vu, tant aimé. Il remerciait *la vie* de lui avoir offert ce merveilleux cadeau. Il comprenait et acceptait qu'il puisse y avoir une fin. Depuis, il est le messager de ce que Magnus lui a transmis, un message de paix et d'amour. »

Nouvelle pause, nouveau soupir et nouvel hommage, comme un « merci » que Stephen envoi à cet être divin que je vénère, moi aussi, sans l'avoir connu.

« Toi aussi tu l'aimais ?

- Je ne l'ai jamais rencontré. Après l'accident, j'étais surtout triste pour mon frère, pas vraiment pour cet homme qui m'était étranger. En même temps, au fond de moi, une petite voix pernicieuse me disait qu'avec la disparition de Magnus, j'allais pouvoir récupérer mon frère, et qu'en plus, il allait avoir besoin de moi. J'allais enfin pouvoir reprendre ma place auprès de lui et retrouver la moitié qui me faisait défaut et me rendait bancal. »

« Rapidement, mes sentiments ont changé parce que j'ai compris que, bien que Sven soit heureux de ma présence, il n'avait pas « besoin » de moi. Il n'a besoin de personne. Sven se suffit à lui-même. Il aime l'humain, il aime être avec les gens, mais il n'a pas besoin des autres. Il marche sans béquilles ! »

« Avec le temps, j'ai compris ce que Magnus a apporté à mon frère et, par conséquent, ce qu'il m'a légué à moi aussi. Alors, j'ai appris à l'aimer et aujourd'hui je regrette de ne pas avoir croisé sa route. A l'époque je n'étais pas prêt et je crois que je ne l'aurais pas compris ; je ne voyais en lui qu'un concurrent qui m'avait volé mon autre moi. »

« Aujourd'hui, je suis triste que Magnus soit mort, mais je lui suis reconnaissant de tout ce qu'il a appris à ceux qui ont eu la chance de croiser son chemein. C'était un être fabuleux qui rayonne encore aujourd'hui. Il est parti pour continuer son chemin ailleurs, quelque part, on ne sait pas où, l'univers est si vaste… Je sens régulièrement sa présence auprès de nous, comme s'il nous rendait de petites visites de temps en temps. Il m'a aidé à assumer qui je suis. Aujourd'hui je suis un homme heureux parce que je suis sur mon vrai chemin, celui qui me correspond, aux côtés de ma moitié d'âme ; même si cela reste obscur ou incompréhensible pour certains, je sais que je suis honnête avec moi-même et que je suis dans *Ma* vie. Je ne me mens plus, et je ne mens plus aux autres non plus. J'ai appris à m'aimer, à me respecter, et j'ai appris à véritablement aimer et à respecter les autres. Aujourd'hui, je reçois et je donne de l'amour et non seulement je n'en ai plus honte mais j'en suis fier. J'aime Sven comme moi-même, j'aime Juan comme mon fils, je t'aime toi, Dorian, être de lumière, j'aime mes amis, j'aime les gens que je connais et ceux que je ne connais pas, j'aime ma famille à qui j'ai pardonné parce qu'elle a fait ce qu'elle pouvait ; mes parents sont des victimes de leur éducation, de la société qui les manipule, des religions qui instrumentalisent et empêchent toute liberté de penser et d'agir selon ses véritables ressentis. Ils se sont trompés mais je sais qu'au fond, ce sont de belles personnes. Ils ont fait de leur mieux, ce serait injuste de leur en vouloir. Il y a tant de gens qui se perdent dans ce monde dans lequel ils ne sont pas heureux. Aujourd'hui, c'est ma mission : tendre la main à ceux qui s'égarent comme on m'a moi-même aidé lorsque je me trompais de route. Le bonheur n'est pas loin pour ceux qui se donnent la peine d'ouvrir leur cœur et qui n'ont pas peur d'être qui ils sont vraiment. Ils trouveront toujours sur leur chemin quelqu'un qui leur tendra la main s'ils s'aventurent sur le chemin de la vérité, leur vérité. »

15

L'histoire de Sven et de Magnus me rappelle inévitablement celle de Maxence et d'Armand, son petit ami mort dans l'accident de voiture. C'est cet évènement qui a détruit Maxence parce qu'il n'a pas su le gérer, alors que le même évènement a fait grandir Sven. La souffrance est identique, mais la manière de l'accueillir a totalement changé la donne.

Tout au long de notre vie nous traversons des évènements qui sont plus ou moins difficiles, mais nous devons comprendre que derrière chacun d'eux, c'est Dieu, le destin, *la vie* (chacun l'appelle comme il veut) qui nous envoie un message. Nous avons toujours quelque chose à retirer de ces difficultés. Elles sont là pour nous faire grandir, pour nous remettre dans notre chemin, celui de notre vie personnelle, ou pour nous apprendre quelque chose. Certaines épreuves se manifestent régulièrement pour voir si nous avons appris à les gérer. Tant qu'on ne les surmonte pas, elles reviennent. Inlassablement. Et le jour où le problème est réglé, classé, archivé, nous sommes définitivement à l'abri ; la difficulté rencontrée ne nous atteindra jamais plus.

Ce qu'il faut garder à l'esprit, c'est que rien n'arrive par hasard et que malgré la douleur qui peut être atroce, on a quelque chose de positif à tirer de chaque expérience, même celle qui parait injuste, inacceptable. Se relever et continuer à avancer en étant plus fort grâce à cette épreuve, voilà le message que *la vie* nous envoie.

Et toi dans tout ça ?
Qu'est-ce que tu fais là ?
Pourquoi La Vie t'a-t-elle envoyé chez ces gens qui semblent un peu fous mais qui sont en réalité si éclairés et visionnaires ?

Du fond de son canapé, dans la pénombre de cette fin de journée, Stephen déclare :

« Sven t'a repéré parce que tu es un être de lumière, exceptionnel, comme nous le sommes tous. Chacun d'entre nous est une création de *la vie*, unique en son genre, et, à ce titre, nous méritons tout l'amour et l'attention de nous-mêmes et des autres. »

« Il faut toujours garder à l'esprit que nous sommes des êtres rares, parfaits. Nous devons prendre soin de nous-mêmes et choyer les autres. Ne pas vivre en égoïstes mais dans le partage. Donner, c'est aussi recevoir, et ça passe par un sourire, un merci, une main tendue. C'est réconfortant et ça remplit le cœur de chacun ; de celui qui donne comme de celui qui reçoit. »

« Tu ne dois jamais douter de toi quand tu es dans la générosité et l'amour ! C'est ce que Sven a immédiatement vu chez toi, cette générosité et cet amour immense pour les autres que tu portes en toi mais que tu ne laisses pas sortir, par peur, par méconnaissance… Tu es un ange, comme nous tous. Tu dois apprendre à avoir foi en toi, à t'aimer davantage, et alors, tout t'apparaîtra simple et évident. C'est la raison pour laquelle *la vie* t'a mené jusqu'à nous ! Puis tu devras retourner d'où tu viens pour poursuivre ta mission. »

« Des anges »
« Comme nous »
« Poursuivre ta mission »
Il commence à me faire flipper là !

J'ai rencontré trois anges, ça je suis bien d'accord, et après ce qu'il vient de me raconter sur Magnus, je veux bien admettre que lui aussi en était un.

Des anges…
Ces êtres seraient des anges…
Et toi aussi tu en serais un ?
Quel étrange être-ange !

Je reste perplexe, mais si j'admets que ce qu'il dit est vrai, je commence à entrevoir ce que je fais là et quelle est ma mission : assumer mon rôle « d'ange » et prendre soin de mes âmes égarées à moi ; Maxence et Gloria, les deux amours de ma vie, qui, chacun à leur manière, ont terriblement besoin d'attention et de réconfort ; d'amour quoi !

Au début de ma relation avec Maxence, Gloria a prédit que notre histoire devait « *rouler comme sur des boulettes* ». Depuis, c'est la Bérézina. Mais si notre couple est bancal, c'est aussi parce que moi je le suis, je dois bien l'admettre…

Ben mon ami, admettre que t'es autant responsable
que lui du naufrage de votre couple ; ça c'est un
scoop !

Il me le dit pourtant depuis longtemps, mais je ne l'entendais pas. Je ne voulais pas, ou plus exactement, je ne pouvais pas. J'avais peur de me remettre en question.

Changer me semblait être une tâche irréalisable. Incommensurable. Un obstacle infranchissable.

Alors pourquoi t'as entendu ses reproches lors de votre dernière soirée ?
Qu'est ce qui a changé en toi ?

Je l'avais écouté parce que j'étais plus léger, plus détaché, moins en attente, et j'avais admis qu'en effet, j'étais responsable pour moitié de nos difficultés. Dans toute relation, c'est vrai qu'il n'y a jamais un seul responsable à cent pour cent de tous les maux. Les deux sont coupables pour moitié ; j'ai ma part de responsabilité. Mais tout ça va évoluer, parce que je viens de changer. Je viens d'apprendre à marcher seul et je vais emmener tout mon petit monde dans mon sillage, sur un lumineux chemin d'amour !

J'ai sans doute rencontré Maxence trop tôt ; je n'étais pas en capacité de l'aider. Mais Sven est entré dans ma vie pour me transmettre comment porter secours aux autres ; en se sauvant d'abord soi-même. A présent, je me sens plus fort et je comprends que j'ai une mission à remplir. Je fais partie du monde, de la création dans son immensité et j'ai un rôle à jouer. Une fonction. Tout devient beaucoup plus clair pour moi et cette clairvoyance me comble de bonheur. Pour la première fois de ma vie je peux affirmer que je suis heureux de vivre !

Alors que j'étais en train de me dire que j'aurais aimé rencontrer Magnus, Juan déclare qu'il aurait voulu le rencontrer. Encore une fois, nos cerveaux sont connectés. Je tente de lui transmettre moi aussi un message télépathique en lui demandant mentalement s'il connaissait cette histoire. Juan me répond que Stephen m'a raconté ce que je peux entendre, une histoire pragmatique, facile à assimiler pour mon mental. Il ajoute que ces jumeaux sont des êtres divins qui n'ont pas d'histoire : « *Ils ressemblent à ce que l'on veut qu'ils soient…* » En fait, je ne suis pas sûr d'avoir compris ce qu'il m'a… transmis. Néanmoins, cette réflexion me plonge dans une perturbante perplexité.

Stephen affabulerait-il en me racontant leur passé ?
L'histoire de Magnus serait-elle une pure invention ?
Mais alors Sven aurait-il, lui aussi, imaginé l'enfance de Juan ?
Dans quel but ?
Juste pour m'émouvoir et pour que mon cerveau lâche prise et veuille bien entendre ce qu'ils tentent de me transmettre ?

Je prends soudain conscience qu'un bruit étrange me poursuit, m'envahit depuis déjà un bon moment, une sorte de long souffle ténébreux comme celui d'une locomotive asthmatique, suivi d'un bruit mécanique qui se termine par un léger *bip* qui me rappelle vaguement la sonnerie d'un micro-onde… Je n'arrive pas à savoir ce que cela peut être, ni d'où ce bruit provient mais il me semble qu'il est de plus en plus présent. J'en fais part à mes deux amis qui me disent que cela doit sans doute provenir des cuisines, qu'il ne faut pas m'en faire.

« Tu es fatigué par tout ce qui se passe en toi. Rentrons à l'atelier pour que tu te reposes. » dit Stephen qui voit que je cogite sur ce qu'ils me font découvrir.

Chargés de nos plateaux repas, nous regagnons notre *chez nous*. J'ai encore du mal à dire « chez nous » parce que, malgré ce que vient de me dire Stephen, il m'est difficile d'admettre que l'on veuille bien de moi quelque part. Toujours ce manque de confiance en moi qui me martyrise. Pourtant, Stephen a été clair : c'est moi qui choisis ! Alors, je dois me battre contre moi-même, contre mes propres démons qui me rongent de l'intérieur comme un cancer. Je ne veux plus laisser monter en moi cette inquiétude, cette certitude qu'à un moment ou un autre tout ça va inévitablement prendre fin. Pressentiment ? Intuition ? Ou simple peur qui me paralyse et m'empêche de vivre pleinement les bons moments de la vie ?

Je vais arrêter de me pourrir l'existence tout seul. Oui, je suis ici chez moi tant que je le voudrais, c'est ce qu'a dit Stephen. C'est une chance inespérée qui ne se renouvellera sans doute jamais, alors il faut en profiter tout de suite et ne pas laisser passer l'occasion de « grandir », de m'élever. Pour une fois, j'ai conscience qu'il faut que je lâche et que je me laisse aller à devenir qui je suis vraiment et cette perspective est séduisante. Elle ressource à la fois mon corps et mon esprit.

Laisser derrière moi les « *ils ne vont plus vouloir de moi* », les « *ils vont me jeter dehors* » ! Ne plus me laisser dicter ma conduite par mon propre sentiment de dévalorisation, mais accueillir comme un cadeau chacun des instants que je vis au milieu de ces gentils farfelus qui irradient de bonté et d'altruisme. C'est vrai qu'ils irradient. Une sorte d'halo étincelant les enveloppe. J'ai remarqué ce halo à plusieurs reprises et je constate qu'il s'intensifie à mesure que le temps s'écoule, doucement, comme s'il l'on en augmentait l'intensité avec un variateur. Au début j'ai pris cette luminosité pour un effet d'optique, un contre-jour, bref j'ai trouvé une explication rationnelle, comme toujours, mais à mesure que le temps passe, j'essaye de moins en moins d'expliquer ce qui arrive ici, tant les choses me dépassent. J'accepte, simplement, sans me faire de nœud au cerveau, et j'avoue que j'aime bien ça. Je suis dans un lieu un peu magique où des choses inattendues et inexplicables se produisent et il ne faut pas chercher la clé du mystère de peur de rompre le charme et que le rêve ne s'achève.

Cette lumière est vive mais pas violente. Elle se reflète un peu partout. Non seulement elle enrobe les gens de son aura, mais elle plonge aussi le lieu dans un brouillard cotonneux, donnant aux images un flou artistique *Hamiltonien* qui s'accentue progressivement.

C'est peut-être comme ça depuis le début et je n'y ai pas prêté attention tant j'étais ébloui par tout ce que je voyais. C'est sans doute ma vue qui se trouble. Comme Stephen vient de le dire, je suis vanné après tous ces évènements, toutes ces émotions qui bousculent ma petite vie habituellement si tranquille, même si je ne m'en rends pas compte. Et puis, la clarté du soleil est si vive par ici, mes yeux ne sont pas habitués et ma vue doit se troubler. Tiens, depuis que je suis là, je ne suis plus épuisé comme c'était inlassablement le cas à la maison, dans ma « *vraie vie…* »

Etait-ce ta véritable vie finalement ?

Cependant, comme on ne se débarrasse pas de ses angoisses aussi facilement, au fond de moi, une petite voix malfaisante déverse son fiel et insinue que seul Stephen m'a donné la permission de rester à la Chrysalide. Sven avait l'air d'aller dans le même sens cet après-midi, mais est ce que Juan, Brad, Alice, Salvatore, Manolo, Pierre, Peter, Gustavo, Anita, Marie et tous les autres partageront son avis ? J'ai fermement l'intention de faire taire ce mauvais démon que j'ai au fond de moi ; cette bête noire qui me ronge, cachée au plus profond de moi-même et qui me fait douter de tout, douter de moi, et arrive bien souvent à ses fins : me faire renoncer. Je ne veux plus que ces mauvaises pensées dirigent ma vie. Je veux reprendre les rênes de mon existence. Je déclare que dorénavant, ce sera toujours moi qui dirigerai ma vie en veillant à aller vers ce qui est bon et doux pour moi ! Ç'en est fini de mes doutes, de mes angoisses, de mon pessimisme chronique et de mes idées noires : je vais devenir un homme libre ! Ceci étant dit, j'ai quand même besoin d'entendre que je peux rester. Toujours cette nécessité d'être rassuré. Je décide donc que, pour la dernière fois, ce soir je demanderai confirmation que je peux rester comme me l'a proposé Stephen, histoire de faire taire mes petites voix maléfiques... Et je m'en tiendrai à ce qu'ils me diront, sans douter de leur sincérité, sans penser qu'ils me disent ça pour me faire plaisir, tous ces petits subterfuges que mon cerveau met en place pour me faire douter de moi, me décourager, me mettre des bâtons dans les roues et me rabaisser, encore et encore, inlassablement. Je décide de croire ce qu'on me dira et de ne plus penser à la place des autres. Si on se dit « *il me dit ça, mais il pense le contraire* », comment s'en sortir ?

Ne pas penser pour les autres.
Croire quand on me dit que je peux rester.
Croire quand on me dit qu'on m'aime ou que je suis beau, même si cela me paraît inconcevable.
Croire pour être cru.

En entrant dans l'atelier, je constate que Sven est toujours à sa table de travail. Alors que je le regarde, assis de dos sur un tabouret en métal recouvert d'une multitude d'éclaboussures de peinture, une tendresse immense m'envahit. Ce que vient de m'apprendre Stephen le rend encore plus séduisant. Savoir qu'il a autant souffert et que, malgré cela (ou grâce à cela) il continue d'avancer, de sourire et de donner aux autres, fait de lui un être irrésistible. Je suis admiratif et ébloui.

Et puis, connaître son histoire l'a aussi rendu plus humain. Jusqu'à ce jour, Stephen et lui me semblaient presqu'irréels tant ils étaient parfaits. Physiquement, avec leurs belles gueules d'amour à mâchoires carrées et dents blanches sans oublier leurs yeux d'un bleu profond à s'y noyer, leurs peaux de bébés et leurs plastiques de rêve... Mais aussi intellectuellement ; ce sont des jeunes gens intelligents et cultivés qui parlent couramment plusieurs langues étrangères, qui s'intéressent à de multiples sujets et qui semblent savoir à peu près tout sur tout ! L'un est juriste, l'autre artiste, tous deux délicats et puissants à la fois, fonceurs et tempérés, à l'écoute et pleins d'attention, qui guident sans obliger, avec tact et empathie, compréhension et discernement... Ces deux êtres étaient si exceptionnels que cela les rendait inatteignables à mes yeux.

Connaître leur passé à tous les deux me permet de mieux les comprendre. Eux aussi ont traversé des moments de doute, d'interrogation. Des périodes où ils ont perdu pied, comme tout un chacun, où Sven a vécu une sexualité débridée, où Stephen a abusé de l'alcool, pour finalement, réussir à trouver leur voie, leur chemin de vie, assumer qui ils sont sans prêter attention à ce que pensent les autres. S'ils ont réussi à trouver un but à leur existence, une mission qu'ils assument avec joie et enthousiasme, alors moi aussi je peux trouver mon chemin et m'épanouir pleinement.

Maintenant ils vivent au milieu de personnes qui leur ressemblent, accompagnés d'un jeune garçon qui a lui aussi un passé compliqué et dont ils prennent le plus grand soin. Et, depuis peu, d'un homme replet, plus tout à fait jeune mais pas encore vieux, qui les aime tous les trois et qu'ils aiment eux aussi, chacun à leur manière. Cet homme, c'est moi. Moi qui ai aussi traversé des moments compliqués, des questionnements, des errances, des erreurs, et que *la vie* a conduit jusqu'ici.

Nous nous ressemblons finalement tous les quatre. Comme tous ceux qui vivent à la Chrysalide, cette ferme reconstructrice d'hommes et de femmes ébréchés par la vie. Nous sommes tous pareils. Ce que j'apprends à leur contact, c'est qu'avec de la volonté, on peut se sortir de toutes les situations. Tout est possible. Peu importe d'où l'on vient et ce que l'on a vécu. En s'accrochant, en décidant d'être heureux et de profiter de la vie, de l'instant présent, dans l'amour, la compassion, alors nous pouvons vivre harmonieusement et intensément notre vie terrestre, jusqu'au jour où nous passerons dans une autre, ailleurs, sans que cela ne soit un drame, ni pour nous, ni pour ceux qui nous aiment.

Longtemps cette idée d'un hypothétique « *au-delà* » m'a dérangé parce que je la teintais de religion. Mais en mettant cet aspect de côté, on peut se demander s'il n'y aurait pas une autre réalité, quelque part, comme une intelligence supérieure à laquelle on pourrait accéder après ce passage terrestre, ou même pendant notre existence...

Je me pose une multitude de questions à ce sujet et mon improbable rencontre de ces derniers jours vient corroborer ce qu'affirme Gloria depuis des années et qui me séduit moi aussi sans que j'ose y croire tout à fait.

On sait que l'univers est immense ; il contient plus d'étoiles qu'il n'y a de grains de sable sur toutes les plages de la planète réunies. Ça veut dire, qu'à ce jour on connaît peu de choses, presque rien de cette immensité qu'est l'univers, et de ce qui s'y déroule réellement. On peut donc tout imaginer.

N'oublie jamais qu'à l'échelle de l'Univers, tu n'es qu'une poussière !

On sait aussi que la matière est constituée d'atomes qui sont tous issus de l'explosion primitive ; le Big Bang. Ce que les scientifiques expliquent, c'est que la quantité d'atomes est toujours la même depuis la création de la Terre. Ce qui signifie que les atomes sont inlassablement recyclés. Après avoir constitué un objet, lorsque celui-ci est détruit, les particules qui le composaient sont recyclées pour en former un nouveau. Et c'est la même chose pour les particules qui forment le corps humain. Après la décomposition du corps, ces atomes sont « recyclés » pour former un objet, une plante ou une autre personne. Ce qui signifie que j'ai peut-être dans mon corps une cellule commune avec Marilyn Monroe, Gandhi ou Oscar Wilde ! C'est fou non ?

Finalement, c'est comme si nous étions tous liés par des particules communes, nous tous, mais aussi les animaux, la nature et tous les objets qui composent la Terre et l'univers. Au fond, nous sommes tous frères de particules !

Certains parlent d'inconscient collectif, situé dans une autre dimension, sorte de mémoire de l'humanité, comme une supra conscience cosmique à laquelle nous serions reliés par notre inconscient. Cela pourrait laisser entendre que nous pourrions tous communiquer les uns avec les autres. Et dans ce cas, pourquoi pas également avec les morts s'ils accèdent à une autre dimension une fois leur vie terrestre achevée comme certains le pensent. Et peut-être aussi que les éléments qui nous entourent, nous indiquent quand nous sommes dans le bon chemin ou quand nous faisons fausse route. C'est vrai que parfois nous rencontrons des tas d'obstacles lorsque nous voulons réaliser un projet alors que d'autres fois, tout coule, comme si les évènements se mettaient en place tous seuls, comme si quelqu'un ou quelque chose nous apportait son aide… Qu'est ce qui nous aide ? Qui nous guide ?

Et si nous étions tous reliés par ce lien de particules en nous comme un lien familial avec cet inconscient collectif qui nous aiderait à créer des évènements par la seule force de notre esprit, en nous aidant de ce que nous ressentons pour transformer concrètement la réalité, comme des magiciens qui interviendraient sur les choses, les évènements… Une force énorme qui arriverait à modifier la réalité.

Ça arrive souvent de penser à quelqu'un et de le rencontrer, ou d'imaginer si fort une situation qu'on finit par la vivre réellement. Ça veut peut-être dire qu'en utilisant la pensée et la visualisation comme une sorte de pouvoir cérébral, on peut agir sur sa vie… Ce qui implique qu'il vaut mieux voir les choses positivement pour qu'elles se concrétisent de manière positive !

Je pense qu'il faut avancer dans son sens à soi, sur son chemin, selon ses propres valeurs, ses croyances, ses envies, selon ce qui résonne positivement en nous et *la vie* nous entendra. Et par cette énergie collective, elle mettra sur notre route ce que nous voulons vraiment, comme lorsqu'on rencontre dans la rue la personne à laquelle on pensait. C'est le même procédé. Ce n'est pas le destin mais l'harmonie entre sa vie et son être profond qui transforme notre existence.

Ceci n'est qu'une hypothèse, mais elle n'est pas plus improbable que de se dire que notre passage sur Terre n'a pas d'autre but que de gagner de quoi se nourrir pour survivre, se reproduire et sauver l'espèce pour, finalement, vieux et fatigué, mourir sans rien transmettre d'autre qu'un Codévi ou des dettes, sans rien avoir appris de la vie en elle-même… Je ne peux concevoir un univers dépourvu de sens. Mais quel est le sens de la vie ? C'est un vaste débat dans lequel chacun campe sur ses positions sans s'ouvrir aux opinions des autres ; c'est dommage. Ma rencontre avec Sven et les gens de la Chrysalide me conforte sur cette théorie que notre présence sur Terre a un sens, et je dois concéder que depuis que je m'autorise à penser de cette manière, je me sens plus paisible, enfin serein.

Mais bon, je ne parle de ça à personne sous peine d'être pris pour un illuminé bon à enfermer…

16

Je reste sur le seuil de l'atelier perdu dans mes réflexions métaphysiques, quand Sven sent ma présence et se retourne. Il me fait signe d'avancer. Je m'approche et constate qu'il a réalisé plusieurs esquisses de Juan et moi assis sur le bord du lit. Nous échangeons un sourire complice ; il réussit à capter les moments qui sont forts pour moi. Il vient cependant d'en manquer un ; celui que j'ai vécu en écoutant Stephen me raconter leur histoire.

Stephen ferme les portes et les volets. Il pense qu'il va faire frais cette nuit et qu'il faut nous protéger un peu. Je n'avais pas remarqué qu'il y avait autant de portes et de fenêtres dans cette pièce. D'ailleurs je la trouve plus grande, plus haute de plafond, plus belle, mieux rangée. Je découvre aussi que le sol est en marbre noir et qu'il y a deux colonnes de chaque côté de la porte, en marbre elles aussi, avec des nuances de vert et d'or. Maintenant que je change, c'est comme si les éléments changeaient avec moi. C'est une impression curieuse mais elle ne m'inquiète pas. Au contraire, je trouve ça fascinant de réussir à modifier mon environnement.

Je me sens admirablement bien dans cet atelier-loft qui, ce soir, ne ressemble plus à une resserre de brocanteur faite de bric et de broc mais plutôt à un palais byzantin avec ce marbre omniprésent et ces tissus colorés qui pendent du plafond et qui virevoltent au grès des courants d'air. Je me sens comme dans un cocon, à l'abri, protégé du monde extérieur et de son environnement hostile. Hostile à la différence, hostile au romantisme, hostile à la simplicité, hostile à l'amour vrai. A l'opposé de ce royaume où la bienveillance est reine.

Nous ne sommes éclairés que par un des projecteurs que Sven a montés plus tôt pour la séance de pose et qui est maintenant dirigé vers le bureau, plongeant le reste de la pièce dans une pénombre ambrée. Je n'avais pas remarqué non plus la masse de tissus qui pend à la tête du lit que Stephen défait pour transformer l'immense matelas en une sorte de lit à baldaquin. Juan dépose les plateaux à l'intérieur de l'antre et m'invite à le rejoindre dans cette espèce de tente orientale, tel un campement bédouin au milieu du désert, sous la lune pleine et intense du projecteur. Les cheveux du jeune ibérique pendent dans le creux de son cou en natte tressée qui le fait ressembler à Pocahontas. Comme j'ai à nouveau la pépie, Juan me verse dans le gosier ce liquide jaunâtre qu'il me fait boire depuis mon arrivée, goutte-à-goutte, à l'aide d'un *porròn,* ce drôle de broc qu'utilisent les Catalans pour boire leur vin…

Stephen vient nous rejoindre et appelle Sven qui ne bouge pas, toujours affairé autour de ses dessins. Nous picorons dans les assiettes posées çà et là sur le lit, allongés et nus, tels des empereurs romains. Nos corps se touchent pour garder le contact.

Il me semble que c'est le moment idéal et je me lance :
« Il faut que je vous parle. »

Je me rends compte que je viens d'employer l'expression qu'on utilise à la fin d'une histoire d'amour. A cette idée, un frisson me parcourt le corps des pieds à la tête, et je reprends : « Avant tout, je voudrais vous remercier de ce que vous faites pour moi. Je me sens ici comme un coq en pâte. » Comme ils ne connaissent pas cette expression et qu'ils se demandent bien ce que ce volatile vient faire dans cette histoire, je rectifie.

« Je veux dire que je me sens bien ici. Vous me traitez comme un roi. Stephen, tout à l'heure, tu m'as dit des choses qu'on ne m'avait jamais dites avant et qui m'ont considérablement touchées ; je t'en remercie. Tu m'as dit que je vous apportais beaucoup, c'est gentil, mais en réalité, c'est vous qui m'apportez énormément. C'est inimaginable. Je n'en crois pas mes yeux. Je vis avec vous ce dont j'ai toujours rêvé. Et dans mes songes les plus délicieux, j'étais encore en dessous de la vérité. Tout est extraordinaire ici. Je m'y sens si bien. Je tiens vraiment à vous remercier, vous trois, mais aussi tous ceux que j'ai rencontrés ici, au sein de cette *comm...* pardon, au sein de cette Famille. » Dis-je en souriant, mais je suis bien le seul. Sven, qui s'est approché pendant que je parlais, s'accroupit à mes pieds, entre-ouvre les pants de tissus qui pendent du plafond et me regarde bouche bée, l'air catastrophé. Je ris et lui dis :

« Hey, Sven. Look at your face !

- Oh my god ! Are you leaving ? me demande-t-il, inquiet.

- Stephen, tu m'as assuré que je pouvais rester ici aussi longtemps que je voulais. Et toi, Sven, tu m'as aussi dit que c'était à moi de décider combien de temps je voulais rester ici avec vous. J'avoue que c'est phénoménal. On ne se connaissait pas et pourtant vous m'avez tout de suite accepté. Vous êtes les personnes les plus bienveillantes que j'ai rencontrées et ce lieu est un endroit magique où l'on rêve de finir ses jours... Toutefois, rester demande réflexion. »

Je regarde stupéfait leurs visages se décomposer. Juan est celui qui réussit le mieux à masquer ses émotions, mais je vois qu'il est attentif à ce que je suis en train de dire. Son français étant limité, il se concentre pour bien comprendre, sans laisser transparaître surprise, regret… ou soulagement.

« Vous ne m'avez posé aucune question. C'est inhabituel, et je dois admettre que c'est très agréable. Vous m'appréciez pour la personne que je suis et non pour ce que je représente ou ce que je fais dans la vie. Avec vous, je suis vraiment nu, c'est le cas de le dire ! Mais, c'est important pour moi de vous expliquer qui je suis, d'où je viens et qui sont les personnes qui partagent ma vie. Il me semble que c'est en me connaissant mieux que vous pourrez m'aider à savoir qui je suis et quel chemin je dois emprunter. »

Sven entre sous notre abri multicolore, s'assoit à mes pieds et s'apprête à dire quelque chose quand Stephen pose sa main sur le bras de son frère pour le faire taire et me laisser m'exprimer. Sven demeure inquiet. Stephen est attentif mais serein. Juan, quant à lui, a baissé la tête et continue de manger, comme résigné à entendre quelque chose qui va lui déplaire.

« Quand j'étais jeune, j'habitais Cannes avec ma grand-mère. C'est elle qui m'a élevé. Mon père a déserté dès ma naissance et ma mère avait d'autres choses à faire que de s'occuper d'un gosse. Moi je me disais qu'elle avait honte de moi, que je n'étais pas assez bien pour être le fils d'une journaliste connue. Je trouvais ça compréhensible ; elle méritait mieux. Je me contentais de la regarder à la télé et d'imaginer mon père vivant des aventures palpitantes dans ce pays romanesque et lointain, comme dans les romans Russes. Je savais que c'était ma faute si mes parents ne voulaient pas de moi, mais je ne savais pas comment faire pour être un autre garçon. Alors j'essayais de ne pas me faire remarquer, de devenir invisible pour ne pas que ma grand-mère se débarrasse de moi elle aussi. Surtout que je n'étais pas malheureux chez Nanny, au contraire. J'étais un enfant sage et discret qui vivait une vie de petit garçon sans faire de vagues, et ça se passait plutôt bien pour moi. Comme j'étais très beau, les mamans du quartier raffolaient de moi et rêvaient toutes que je devienne un jour leur gendre. Nanny était fière et moi je me disais que si un jour elle ne voulait plus de moi je pourrais toujours me faire adopter par une de ces dames qui m'embrassaient avec vigueur à chaque fois qu'elles me voyaient, laissant une grosse trace grasse de rouge à lèvre sur ma joue que Nanny s'empressait d'effacer avec son mouchoir qu'elle humectait avec sa salive. Ainsi, je passais du plaisir éphémère de l'odeur de belles femmes à l'humiliation écoeurante de ce coin de mouchoir humide qui me meurtrissait la joue. Souvent, les voisines du quartier venaient boire le thé chez ma grand-mère. Moi, je restais là, au milieu de ces femmes, à parader et à écouter leurs commérages. J'aimais ça parce qu'elles étaient aux petits soins avec moi, ce joli petit garçon si sage qui était l'orgueil de sa grand-mère. Malheureusement, ça finissait toujours par un « pauv' gosse » entendu où personne n'osait évoquer ouvertement ma mère démissionnaire mais où toutes étaient d'accord. Ça me plongeait dans une mélancolie dont je ne souffrais pas vraiment, mais visiblement, mon histoire était si triste que je me sentais obligé de prendre une tête de circonstance... »

« Je travaillais bien à l'école. J'avais des amis avec qui jouer et aller à la plage. Et puis j'avais Lulu, mon voisin de palier avec qui j'étais toujours fourré et qui m'a servi de frère, de confident et même de premier petit copain. A l'âge de l'adolescence j'étais un beau jeune homme, élégant et réservé. Très mince, aussi étonnant que cela puisse paraître aujourd'hui. Je sentais bien que les filles n'étaient pas indifférentes à mon charme. Elles devenaient bizarres quand je m'approchais d'elles. Elles disaient des trucs idiots et gloussaient entre elles sans que je comprenne ce qu'il y avait de drôle. Elles ne m'intéressaient pas. Je préférais les garçons qui étaient bien plus normaux à mes yeux. Avec eux, on pouvait discuter, rigoler, passer de bons moments. J'ai vite compris que j'étais homo et ça ne m'a pas posé de problème. Je trouvais ça « *cool* ». J'avais eu quelques expériences, mais rien de sérieux, jusqu'à ce que je rencontre Anthony. Je venais d'avoir 18 ans, et, comme le dit la chanson, *j'étais beau comme un enfant*… Lui il avait vingt ans. Il ne me plaisait pas trop physiquement, mais il était sympa, spécial, et surtout, on avait une étrange attirance l'un envers l'autre, comme si on se connaissait déjà. On a toujours plaisanté sur le fait qu'on avait déjà dû être mariés dans une vie antérieure, sans trop y croire. C'était vraiment déroutant. Je ne sais pas comment ça s'est passé, mais j'ai fini par tomber amoureux de lui. C'était la première fois que j'aimais quelqu'un. Plus il se dévoilait, plus on se rendait compte qu'on avait beaucoup de points communs. Sa mère était décédée et il vivait avec son père. Ils avaient habité quelques années à Washington. Là-bas, il avait eu une longue histoire d'amour de quatre ans avec quelqu'un qu'il avait rencontré le jour de mon anniversaire, coïncidence troublante qui semblait ne présager que du positif à nos yeux. Un jour, il m'a appris que là-bas il avait été gogo danseur dans des clubs gays pendant quelques mois. Il dansait dans une sorte de cabine de douche au milieu du bar, avec un petit short de footballeur. Ça rapportait bien et le patron du bar n'était pas trop regardant sur son jeune âge. Je me suis énormément attaché à ce garçon. Moi qui ne le trouvais pas très beau quand je l'avais rencontré, j'ai fini par le trouver sexy et émouvant. Grâce à lui, j'ai compris que ça s'apprend d'aimer quelqu'un. Il faut du temps. Il n'y a pas que les coups de foudre qui débouchent sur un amour. Ça serait même plutôt l'inverse… »

A présent, j'ai leur totale attention. Leurs six yeux (quatre bleus et deux noirs) sont braqués sur moi et ils restent suspendus à mes lèvres. J'ai l'impression d'être un vieux mage racontant des contes mythiques dans une tente perdue dans le désert.

« Anthony disait qu'il se sentait bien avec moi, que j'étais son double, un peu comme vous deux ; comme des jumeaux ! On passait des nuits câlines, on faisait l'amour partout, dans la voiture, sur le pont de bateaux amarrés au port sur lesquels on montait à la nuit tombée sans y être invités… Naïvement, j'ai pensé qu'il était « l'homme de ma vie » comme on dit bêtement à cet âge-là quand on est un grand romantique comme moi. On se voyait souvent. On se retrouvait dans son studio sur la Pointe Croisette presque tous les soirs, mais jamais le week-end. C'était un bon danseur et il avait besoin de ça pour s'échapper, se ressourcer. Il passait ses week-ends en boîte à danser et il voulait y aller seul ; je n'ai jamais pu l'accompagner. Alors j'attendais le lundi avec patience sans rien faire d'autre qu'attendre. »

« Au bout de quelques mois, j'ai trouvé bizarre qu'il disparaisse comme ça tous les week-ends pour aller danser. J'ai commencé à douter de son amour pour moi et à lui faire des scènes épouvantables parce que j'étais malheureux et que je ne savais pas comment exprimer ma souffrance autrement. Dans ces moments-là, il trouvait les mots pour me rassurer et je me calmais pendant plusieurs semaines. Et puis, à bout de patience, je piquais à nouveau une crise, comme une fille hystérique qui a besoin qu'on lui prouve son amour pour elle. J'ai même essayé de le quitter un jour de saint Valentin ! Je trouvais cette date symbolique ; nous ne pouvions pas fêter la fête des amoureux puisqu'il n'était pas amoureux de moi! »

« Cette histoire a duré plus d'un an. Il m'a manipulé, mené en bateau, fait gober des histoires *ingobables* pour justifier ses escapades de fin de semaine. Lulu et moi l'avons même espionné pour tenter de savoir ce qu'il faisait et où il allait, planqués en face de chez lui un vendredi soir. Un taxi s'est arrêté devant le hall d'entrée de l'immeuble. Anthony s'est engouffré dedans et on s'est retrouvés le bec dans l'eau, comme deux crétins accroupis entre deux voitures sur le parking. Le samedi soir, on s'est équipés ; on a emprunté le scooter d'un copain pour suivre le taxi. Mais ce dernier a pris l'autoroute vers Nice et il nous a vite semé. On a tout tenté Lulu et moi pour savoir où allait l'énigmatique Anthony dans son taxi, mais je n'ai jamais su. Je me voyais mal monter dans un taxi et dire au chauffeur "suivez cette voiture" comme dans les films de gangsters... »

« Plusieurs fois j'avais essayé de le quitter, mais il me rattrapait comme un chat qui joue avec une souris ; lui, il sait qu'il ne risque rien mais elle, elle ne sait pas qu'elle va mourir... Je souffrais terriblement mais j'avais tellement peur de le perdre que j'ai fini par me résigner et accepter qu'il disparaisse comme ça sans savoir où il allait, ni ce qu'il faisait. Il me maltraitait et moi, je lui trouvais des excuses ! Je me disais que c'était parce que je lui mettais la pression, parce que je lui faisais des scènes, parce que je doutais de lui, de son amour pour moi, parce que je l'étouffais qu'il avait besoin de passer ses week-ends sans moi… Je me disais que tout était de ma faute et que je méritais qu'il me traite comme un moins que rien. »

« Et puis un jour, il est parti et n'a plus jamais donné signe de vie. Exactement comme mon père l'avait fait avant lui. J'étais effondré. Je venais à nouveau d'être rejeté. Après mes parents, c'était Anthony qui ne voulait plus de moi. Je représentais un poids, une charge qu'on laisse tomber. Cette douleur m'a fait me renfermer, me recroqueviller sur moi-même. »

Leurs expressions ont changé. Ils ne sont plus inquiets, ils compatissent ; ils comprennent ce que j'ai enduré et ils partagent ma peine. Le regard tendre qu'ils posent sur moi me réconforte de cette aventure encore douloureuse, même après tout ce temps.

Stephen prend la parole et me glisse :

« Spinoza a dit : *Les pires tyrans sont ceux qui savent se faire aimer...*

- Ça colle parfaitement à mon histoire, en effet… J'ai eu beaucoup de mal à m'en remettre. Je continuais à vivre mais je ne sortais pratiquement plus. Je restais cloîtré chez moi, à regarder la télé et à me morfondre. J'étais pathétique… Et puis Nanny est partie. Elle aussi elle m'a laissé tomber. Alors je suis monté à Paris pour me rapprocher de ma mère qui ne voulait toujours pas de moi. Et c'est là que j'ai rencontré Gloria… »

Je parle comme ça pendant une heure. Peut-être deux. Peut-être plus. Je raconte Gloria, Charlotte, Victor et puis Maxence, qui n'est qu'une nouvelle version de ce que j'ai vécu avec Anthony... Je leur dis tout, avec sincérité, honnêteté, sans artifice. Je vide mon sac devenu trop lourd à trimbaler...

J'explique comment je suis devenu cet obèse renfermé sur lui-même, perpétuel épuisé, éternel hypocondriaque, toujours un peu malade mais qui ne se soigne pas, ce paranoïaque qui pense en permanence qu'on veut lui faire du mal et que tout le monde profite de lui ; je leur dépeins mes angoisses continuelles qui m'empêchent de respirer comme si j'avais un autobus stationné sur ma poitrine ; je dévoile comment, petit à petit, je me suis négligé jusqu'à devenir cette chose informe qui ne s'habille qu'avec des fringues de *récup*, tellement, au fond de moi, je ne mérite même pas de m'offrir des vêtements neufs ; je leur avoue que j'ai fini par m'enfermer dans les livres, ou sur Internet, pour ne pas avoir à vivre à l'extérieur, avec les autres ; et aussi comment j'entasse chez moi des tas de vieux objets, comme des reliques du passé pour ne pas vivre au présent ; je décris comment je peux passer en mode cynique lorsque je suis avec des gens, ou bien, au contraire, me transformer en un crétin qui rigole pour un rien, tellement je suis mal à l'aise ; j'admets que je peux rester assis, sans rien faire, à attendre Maxence pendant des journées entières, comme ça, sans réagir, et que ce n'est que lorsque quelqu'un rentre à la maison que je reprends conscience, comme si mon esprit avait quitté mon corps des heures durant ; je confesse que je suis dans l'impossibilité de faire des choix et que je me laisse guider par Gloria qui est la seule personne en qui j'ai confiance. J'explique que je suis incapable d'essayer des vêtements dans un magasin ou de me déshabiller chez le médecin, tellement j'ai honte de mon corps, de moi ; je leur apprends qu'après m'avoir refourgué à ma grand-mère comme un vulgaire objet encombrant dont on se débarrasse, ma mère continue d'éviter de me voir en prétextant qu'elle est *overbookée* ; et je conclus en disant que ma famille à présent, c'est Gloria, Victor, la petite Charlotte, et Maxence, aussi, malgré tout, même si je viens d'être rétrogradé au stade *hug-friend...*

« Même avec eux, je ne sais pas si je suis moi, car je ne sais plus qui je suis, à part un dépressif chronique qui ne peut même plus travailler depuis plusieurs années... Voilà. Ce n'est pas très glorieux. Je dois vous donner l'image d'un pauvre type qui se lamente sur son sort !

- Ne crois pas ça. Tu n'es pas du tout un pauvre type, Dorian.

- You're just unhappy.

- Y perdido ! »

Je me fais l'impression d'être la Belle au bois dormant entourée de Flora, Pâquerette et Pimprenelle : ses trois fées !

« C'est vrai que je me sens perdu dans une vie qui n'a aucun intérêt et qui ne me mène nulle part.

- La vie ne te mène jamais "nulle part" ; elle t'a mené jusqu'à nous pour t'apprendre à grandir. Tu sais, la souffrance est un bien meilleur professeur que le plaisir pour apprendre la vie... Cette histoire avec Anthony, tu la perpétues avec Maxence. Tu es tellement persuadé que personne ne peut t'aimer et que tous ceux qui t'approchent vont te faire du mal, qu'en effet, tu ne rencontres que des garçons qui te maltraitent. *La vie* t'envoie ce que tu projettes ! »

« Ton aspect physique est aussi un stratagème derrière lequel tu te protèges. Tu te sers de tes rondeurs comme d'une armure pour ne pas qu'on s'approche de toi puisqu'à chaque fois que tu t'es laissé approcher, cela a été synonyme de souffrance affective pour toi. Alors là, c'est très pratique pour ton inconscient qui se dit : *Si je suis moche et gros, on ne fera pas attention à moi et on n'aura pas envie de me séduire, donc personne ne me fera plus de mal !* D'ailleurs tu viens de dire que tu étais "un poids", "une charge" ; c'est comme ça que tu te vois, alors tu es devenu ce que tu crois être… »

« Tes peurs t'empêchent de croire les autres quand ils te disent quelque chose de beau, de gentil ou de positif : tu n'es pas en capacité de l'entendre puisque tu es persuadé qu'on ne peut pas t'aimer. D'ailleurs tu fais tout pour ça. Tu te barricades dans la dépression pour être bien sûr que personne ne t'aimera, puisque, encore une fois, pour ton inconscient, l'amour est synonyme de souffrance. Même constat en ce qui concerne ta manière de t'habiller ou ton problème avec la nudité, et par extension, avec la sexualité… »

« C'est tout ça, entre autres choses, que tu es venu réparer ici. *La vie* t'a mené jusqu'à nous pour que nous t'aidions à devenir toi-même, selon tes propres envies, selon tes valeurs, tes choix, tes talents personnels. »

17

« What do you want in life, Dorian ?

- Je ne sais pas vraiment.

- Il faudrait que tu définisses ce qui est important pour toi. Est-ce d'avoir de l'argent ? De réussir professionnellement ? D'être connu ? De créer quelque chose ? De fonder une famille ? De laisser une trace ? D'être aimé ?

- L'argent je m'en fous. J'en ai besoin pour vivre, comme tout le monde, mais je ne suis pas cupide. En revanche, l'amour est important. Je crois que j'ai un besoin viscéral d'aimer et d'être aimé. Depuis que je suis ici, je retrouve le sourire, la joie de vivre. Et c'est même bien plus fort que ça : je suis heureux comme je ne l'ai jamais été, et ça, c'est grâce à vous et à l'amour que vous m'offrez.

- Non, Dorian, c'est grâce à toi, parce que tu viens d'accepter de t'aimer et d'être aimé. Ce que tu es venu chercher ici, c'est toi-même, ton être intérieur. Tu viens de t'accorder le droit d'être heureux. C'est l'amour que tu es venu rencontrer ici, c'est vrai, mais l'amour de toi-même, l'amour propre. Si tu te donnais à toi-même l'amour que tu cherches chez les gens que tu rencontres, jamais tu ne laisserais quiconque te manipuler, ni Anthony, ni Maxence, ni qui que ce soit. Si tu t'étais aimé, tu te serais rapidement aperçu que ces garçons se nourrissaient de ton manque de confiance en toi qui les faisait se sentir forts à côté de toi, et tu ne les aurais pas laissé faire. D'ailleurs ils ne se seraient jamais approchés de toi s'ils n'avaient pas ressenti ta vulnérabilité. Comment veux-tu qu'on te respecte si tu ne te respectes pas toi-même ? Comment savoir qu'on te blesse si tu rigoles quand tu as mal ? Comment veux-tu qu'on t'aime si tu ne t'aimes pas toi-même ? Comment peux-tu demander aux autres ce que toi tu ne fais pas ? »

« L'autre jour, ce n'est pas par hasard que tu as rencontré Sven. C'est parce que tu étais prêt. Prêt à t'accorder le droit d'être heureux. Comme je te l'ai dit, tu as le choix. On a toujours le choix. Tu avais le choix de rester et accepter qu'Anthony te traite mal, ou de partir et te protéger. Tu dis qu'il t'a fait du mal mais ce n'est pas exact : tu t'es fait du mal tout seul en le laissant agir comme il l'a fait. Tu as fait le choix d'accepter sa maltraitance. Et tu continues à te faire mal tout seul en ressassant cette histoire. Tu dois t'en libérer, la laisser partir dans les fins fonds de ta mémoire : les oubliettes ! »

« Tu répètes tes mécanismes en changeant les protagonistes, mais c'est toujours la même histoire. Aujourd'hui c'est avec Maxence, mais, en vérité, il agit selon tes propres comportements. Comme tu viens de le comprendre, on est deux dans une relation, et il n'y en a jamais un qui est le méchant et l'autre qui est le gentil. L'attitude de l'un détermine les actions de l'autre. Si tu changes, il changera ! Tu sais, un couple c'est un peu comme une équipe ; on joue ensemble, pas l'un contre l'autre. Je ne voudrais pas remuer le couteau dans la plaie, mais tu sais Dorian, l'arrivée de Baptiste dans votre vie est une grande chance, même si tu ne le vois pas comme ça pour le moment. Il vient de rompre la monotonie relationnelle que vous aviez établie Maxence et toi. A cause de lui, ou plutôt grâce à lui, tu viens de te prendre en main, de prendre des décisions, de faire un choix, et ça t'a notamment permis de faire notre connaissance et d'avancer sur le chemin de ta vie ou tu stagnais depuis trop longtemps. Alors, même si c'est dur à dire… merci Baptiste ! »

« Il est important que tu comprennes que tout ce que l'on est, est issu des choix que l'on fait. Choisir, c'est être libre. On décide de sa propre vie, on est le seul maître à bord. Il faut se battre et tout mettre en œuvre pour réaliser ce qui nous tient vraiment à cœur. Alors on donne le meilleur de soi et on peut concrétiser ses rêves. Ne crois pas que ce soit une volonté divine sur laquelle on n'a aucune emprise. Non, nous sommes nos propres créateurs. On doit se bouger pour trouver cet état dans lequel on se sent bien, en totale harmonie avec soi-même. Quand on l'a trouvé, les choses avancent dans le bon sens ; on sait alors qu'on est dans son chemin de vie. »

« Qui détermine que tu dois être dans tel ou tel chemin ? Ça, c'est autre chose. Chacun a sa propre théorie là-dessus, je sais que tu as la tienne et je la respecte. C'est plus complexe que ça mais tu t'approches de *La Vérité*. »

Comment peut-il savoir ce que je n'ai jamais dévoilé à quiconque de peur de passer pour un farfelu ?

« Là où tu as raison, c'est que chacun de nous a un pouvoir sur sa vie. Notre vie ressemble aux décisions que nous prenons, ou, à contrario, que nous décidons de ne pas prendre… On peut choisir de rester et subir ses ennuis, les brimades d'un père, d'un mari ou d'un patron ; ou choisir de dire stop, de partir, même si cela comporte des risques ; celui de perdre son toit, son emploi, son confort matériel… Mais suivre son chemin, c'est avant tout se respecter, s'aimer, et se sauver la vie dans le but de vivre mieux, plus proche de soi-même et de ses valeurs. Nous devons tous faire des choix pour rester en harmonie avec nous-même, avec notre être intérieur. »

« Tu sais que tu es en harmonie quand tu es à l'écoute de ton corps et que celui-ci est paisible. Quand tu es en dissonance avec toi-même, tu ressens une gêne, un malaise, ce qu'on appelle « stress ». Tu as un nœud à l'estomac, une boule au ventre, ou le sentiment d'avoir un autobus stationné sur sa poitrine par exemple qui t'empêche de respirer pleinement, librement. »

Je vois très bien de quoi il parle puisque j'ai précisément ce symptôme depuis l'enfance ; mais je crois qu'il ne prend pas cet exemple au hasard.

« Quand tu es en accord avec toi-même, ton corps est harmonieux. Tu rayonnes, tu te sens bien, heureux, comme tu viens de l'exprimer à l'instant. Tu respires à plein poumon et tu ne ressens plus de poids sur la poitrine ni de pression sur les épaules. C'est simple finalement ; tu t'écoutes et tu fais le choix qui te convient le mieux. A toi, pas aux autres ou à la grande majorité. Non. A toi seul, et tant pis si les autres pensent autrement. Ils ne sont pas toi. Tu es unique et tes choix doivent te correspondre. »

« Quand tu as vu Sven sur cette plage, tu as fait le choix de lui parler. Tu aurais pu te dire : « *Ah non, les couvertures de mode à poil sur une plage ça suffit, j'en ai ma claque ; j'ai déjà donné, je passe mon chemin !* » Non, tu t'es accordé le droit de faire une belle rencontre ; ou tu as pris le risque de répéter la même histoire. Tu as fait un choix. Puis Sven t'a ramené ici. En voyant la ferme et ses étranges habitants, tu aurais pu prendre peur et t'enfuir. Non, une fois encore, tu as fait le choix de t'accorder le droit de vivre une nouvelle expérience, bonne ou mauvaise, c'est une expérience. Et ça, c'est valable pour tout ce qui s'est passé dans ta vie depuis cet après-midi-là, mais aussi depuis que tu es en âge de faire des choix tout seul. »

Stephen tient le même discours que celui que m'a tenu son frère cet après-midi sur la plage. Ils sont décidément sur la même longueur d'onde tous les deux !

« Le problème, c'est que ça fait des années que tu choisis de subir les décisions des autres qui te rendent malheureux ; mais c'est ton choix ! Je sais que c'est difficile à entendre mais tu es responsable de ton malheur. Les autres ne sont que tes propres créations. Ils te renvoient simplement le chemin à ne pas suivre parce qu'il n'est pas bon pour toi, et toi tu t'empresses de t'y engouffrer. Mais personne ne t'y oblige, c'est toi qui décides de revivre quelque chose dont tu sais dès le début que c'est une erreur. »

Je l'écoute et comprends son raisonnement mais j'avoue que m'entendre dire que si on me maltraite c'est de ma faute est dur à avaler ! Pourtant, au fond de moi, je sais bien qu'il a raison…

« Si tu es arrivé jusqu'à nous, c'est que tu es prêt à vivre différemment. Comme tu l'as dit, tu n'es pas heureux dans ta vie. Tu dis qu'elle n'a aucun intérêt, qu'elle n'est pas très exaltante mais que c'est ta vie. Sur ce point tu as raison : c'est TA vie et c'est TOI qui choisis ce que TU veux en faire. Ce ne sont pas les autres qui doivent décider pour toi. Si tu te persuades que tu ne vas rencontrer que des êtres malfaisants qui vont te faire souffrir, ce sont effectivement des gens mal intentionnés que tu vas rencontrer. Mais si tu décides de ne rencontrer que des gens qui sont bons pour toi, alors ce sont ceux-là qui croiseront ton chemin, et les autres, avec un peu d'entraînement, tu ne les verras même plus. »

« Si nous sommes là autour de toi c'est parce que tu l'as décidé. Sinon, tu serais ailleurs. Tu ne nous aurais même pas vus. T'es-tu aperçu qu'on s'était déjà rencontrés ?

- Quoi ? Non ! Mais où ça ?

- A différentes occasions.

- Plusieurs fois ? Non, Stephen, tu plaisantes !

- Pas du tout. On s'est déjà croisés, mais tu ne nous as pas remarqués.

- Ça c'est impossible !

- Tu ne nous a pas vu parce que tu n'étais pas prêt… Ça ne t'est jamais arrivé de faire visiter la ville où tu habites à des amis de passage et de regarder un édifice, une statue ou une place que tu trouves d'une extrême beauté tout à coup alors que tu passes devant tous les jours depuis des années ? »

Stephen se tait et me laisse cogiter. Bien sûr que ça m'est arrivé de regarder Paris autrement, avec les yeux de celui à qui je faisais visiter, et j'ai découvert des merveilles que j'ai pourtant quotidiennement sous les yeux.

« C'est vrai, tu as raison, j'en ai déjà fait l'expérience.

- Et n'as-tu jamais pris conscience que tu passes chaque jour devant des gens auxquels tu ne prêtes aucune attention, comme un gardien d'immeuble, une caissière ou le vendeur de journaux dans le kiosque en bas de ton immeuble de la place Saint Sulpice ?

- Mais comment sais-tu que j'ai habité place Saint Sulpice ?

- Prends le temps, change de point de vue, ouvre les

yeux et regarde autour de toi, les lieux, la nature et les êtres qui t'entourent. Prends de la distance sur les choses, sur ta vie, sur *La vie*. Elle te propose toujours un éventail de possibilités : à toi de les voir. On dit souvent : "*je n'ai pas le choix*", mais c'est faux, on a toujours le choix ; à toi de faire le bon. Ça veut dire ceux qui sont bons pour toi, pas ceux que feraient tes parents, ta famille, tes amis, tes collègues ou la société. Non, tes choix propres et sincères, du plus profond de toi-même. Fais-toi confiance ; tu sais très bien le faire. »

« Je sais que tu souffres du manque d'amour maternel. C'est dommage que ta mère se prive d'une telle joie, mais c'est SON problème, pas le tien. Tu n'as pas à subir SA décision. Toi, tu suis TON chemin. Si ta mère te manque, si tu as envie de partager des moments avec elle, alors va vers elle, pousse la porte qu'elle a mis en travers de vous. Cette porte n'est pas fermée à clé, tu peux l'ouvrir. Vas y, et découvre pourquoi elle s'est coupée du bonheur d'être maman ? Pourquoi elle fait passer sa carrière avant sa vie de famille ? Pourquoi est-ce si important pour elle de réussir ? Qu'est-ce qu'elle répare ? Quel est le vide qu'elle comble par sa suractivité ? Pourquoi a-t-elle besoin d'être dans la lumière ? Pourquoi cherche-t-elle l'amour du public en oubliant celui de son enfant ? D'où vient cette soif de reconnaissance, ce besoin d'appartenance à ce monde médiatique qui la met sous le feu des projecteurs ?

  - C'est vrai que je ne me suis jamais posé ces questions.

  - C'est bien le problème Dorian. Tu es si passif dans la vie que tu acceptes les décisions des autres sans te poser de questions sur leurs motivations. Tu sais juste que ça ne te convient pas. Tu critiques mais tu ne fais rien pour que les choses changent. Tu sais il n'y a pas de bourreaux sans victimes. Tu es autant responsable de ce qu'y t'arrive que ceux qui te font de la peine. N'oublie jamais que dans une relation on est toujours deux. Occupe-toi de ta partie de la relation et laisse l'autre gérer sa partie comme il l'entend, ou plutôt comme il le peut. Tu ne peux pas le faire pour lui. A toi de voir si ce que l'autre propose te convient ou non. Si ça ne te convient pas, change les choses. »

« Ecoute bien ce que je te dis : un jour ta mère arrêtera de s'occuper de ce que pensent les gens, le public, la presse ou je ne sais quoi. Un jour, elle laissera parler son cœur et elle comprendra qu'elle aime son fils, tel qu'il est, que celui-ci lui manque, et elle reviendra vers toi. Mais c'est sans doute difficile pour elle, alors ne laisse pas cette porte fermée, ouvre-la et attend. Laisse-lui du temps pour s'apercevoir qu'elle a fait une erreur mais que la vie est longue et qu'elle peut changer et rattraper son erreur. Montre-lui qu'elle t'a blessé mais que tu lui pardonnes. Le pardon est une autre étape par laquelle tu dois passer. Comprendre et pardonner : ça aussi c'est de l'amour. Et c'est en donnant de l'amour que tu en recevras en retour ! »

J'ai le cerveau en surchauffe. Trop d'infos à la fois. Je comprends ce que Stephen me dit mais je n'arrive plus à analyser et à savoir si je suis d'accord avec lui. Bien sûr que j'ai envie de revoir ma mère, mais quand même, lui pardonner de m'avoir abandonné c'est un peu fort...

« Je trouve que tu as raison sur de nombreux points, mais je dois réfléchir à tout ce que tu dis pour assimiler et tenter de tout comprendre.

- Bien sûr, tu dois intégrer ce qui te semble être des nouveautés. Mais ce qui est très important, c'est qu'il ne faut pas que tu croies ce que nous t'avons dit. »

Il se tait et moi je reste perplexe.

Il se moque de moi là ou quoi ?

Qu'est-ce qu'il me chante ?

Ça fait des jours qu'ils me parlent d'amour, d'harmonie, de choix, de confiance en soi, pour conclure que c'est des conneries !

« Je n'ai pas dit que c'était des conneries… Tu vois, là, tu interprètes mes propos, tu les déformes. Méfie-toi de tes interprétations ! J'ai dit qu'il ne fallait pas que tu crois ce que l'on t'a dit parce qu'il ne faut pas nous croire sur parole, Dorian. Il faut que tu entendes et que tu te fasses ta propre opinion. Il y a des points sur lesquels nous ne serons peut-être pas d'accord, et c'est normal puisque nous sommes des personnes différentes, avec une éducation et un vécu différents. Mais seule ton opinion compte si tu as pris le temps de la forger par toi-même. »

Un long silence suit ses propos qui me plongent dans une réflexion sur le sens de la vie. J'ai tellement à apprendre qu'il me faudrait une vie entière pour tout intégrer… Je reste étourdi par ce que je viens d'entendre sur toutes ces possibilités d'une vie meilleure, lumineuse, heureuse… Je regarde ces trois beautés avec un sourire au coin des lèvres, reconnaissant pour leur bienveillance mais un peu paumé quand même, je dois bien l'avouer. Tout ce qui m'arrive avec eux est tellement intense qu'il faut que je reprenne mes esprits et que je fasse le point pour voir où j'en suis. C'est vrai que je suis bien ici mais j'ai aussi une vie à Paris, même si elle n'est pas brillante. Et des personnes auxquelles je tiens. Je ne peux quand même pas tout quitter comme ça, du jour au lendemain. Il faudra bien que je rentre un jour où l'autre, même si cette idée me bouleverse.

Je réalise que Juan n'a encore rien dit à propos de ma présence à la Chrysalide et il m'apparaît primordiale qu'il me livre son opinion. Le garçon prend un long moment pour réfléchir à ce qu'il va dire. Il est ému, ça se voit, et il n'essaye pas de le dissimuler. Puis il déclare qu'il est heureux de me connaître et honoré que j'ai entrepris un si long voyage pour venir les rencontrer. C'est un voyage qu'on ne fait que deux fois. La première fois, chacun a le choix de rester ou de repartir. La seconde fois, on ne repart plus, c'est définitif. Ce n'est pas à lui de me dire ce que je dois faire. Il dit qu'il y a des gens qui m'aiment à Paris et que j'ai encore beaucoup de choses à faire, alors si je décide d'y retourner, il comprendra et il ne sera pas fâché.

Il dit qu'il comprendra si je retourne d'où je viens, et pourtant je vois qu'il est triste et je réalise qu'au fond de lui, il est encore un petit garçon qui est dans l'impossibilité de s'accrocher à qui que ce soit de peur d'être encore abandonné. Cette peur est omniprésente chez lui et elle le rend viscéralement attaché aux jumeaux qui représentent tout pour lui. Il a une confiance absolue en eux. Mais en ce qui concerne les autres, il s'en veut quand il manque de vigilance et qu'il se laisse aller à aimer.

Je crois que je suis comme lui. Moi aussi j'appréhende qu'on m'abandonne, sauf que moi, je m'accroche, même si ce n'est pas quelqu'un de bien pour moi. On ne peut pas comparer ma vie avec ce que lui a vécu, bien entendu, mais moi aussi, j'en ai bavé dans mes relations affectives et je me rends compte que, comme Juan, je ne fais plus confiance aux autres. J'ai mon petit monde autour de moi et basta, personne d'autre ne peut rentrer dans mon intimité. Et encore, je mène la vie dure à celui qui occupe la case estampillée « *amour* » dans ma vie !

Juan me trouble par sa douceur et ce manque d'assurance qui le rend presque timide. Je me reconnais en lui. Etant jeune, j'ai souffert de mon côté féminin et, avec le temps, je l'ai enfoui au fond de moi, bien enfermé dans des kilos de graisse pour ne pas qu'on le remarque. Il me ressemble sur certains points. Chacun d'eux est comme une partie de moi.

Il reprend la parole : « *Pero, ahora,* on se quitte *plou jamais. Lo sé qué* on reste en contact, *touyours, pas de problème.* »

Je ne peux pas exprimer clairement ce qui se passe entre nous deux à ce moment-là, mais nous échangeons un regard d'une intense profondeur et j'ai la confirmation que ce que je viens de me dire un instant auparavant est exact : Juan est une partie de moi ; c'est moi-même que je contemple quand je le regarde et c'est sur moi que je pleure quand il m'émeut, sur mon enfance, ma sensibilité, ma vulnérabilité, l'enfant dont on n'a pas pris soin.

Et là, j'entends à nouveau le bruit que j'ai déjà remarqué dans les cuisines en début de soirée, cette espèce de souffle, comme si je me bouchais les oreilles et que je m'écoutais respirer ; suivi de ces espèces de claquements mécaniques… Les garçons ne semblent pourtant pas les remarquer et je me dis que ça doit être la fatigue, que ce bruit n'existe que dans ma tête.

Pfouhh… Pfouhh… Pfouhh…

Je suis troublé mais heureux d'être ainsi entouré de mes anges gardiens même si cette situation me parait de plus en plus complexe.

Je vois bien que je ne contrôle pas tout, qu'il y a autour de moi une multitude d'évènements, de sensations, d'évènements irrationnels. Je me sens comme drogué. J'apprécie ce que je vis mais, en même temps, j'ai l'impression que ce n'est pas réel. Sensation étrange qui m'aurait habituellement angoissé, mais là, non. Je sais que je suis dépassé mais je n'ai pas peur. J'ai confiance en eux, ces trois êtres divins si attentionnés à mon égard. Je sais qu'ils ne peuvent pas me faire de mal. Ce sont des anges envoyés par une force supérieure pour m'aider. Voilà ce que je pense, et cette idée ne me semble pas du tout ridicule.

Du moins, sur le moment…

18

Je me promène le long d'une immense plage quand j'entends une femme appeler son fils : « Ken ! Reviens mon cœur, déconne pas ; je t'aime p'tit con ! » Surpris par ces propos mais avant tout par cette voix inimitable qui m'est si familière, je m'empresse de me retourner et vois Gloria. Mais pas *ma* Gloria. Une Gloria différente. Une Gloria de cinquante balais, mère de famille, élégante, chétive, fragile ; la femme qu'Agnès serait devenue si elle n'avait pas croisé la route d'un immonde porc… Une voiture fonce sur moi à toute allure. Je sors de ma torpeur et saute sur le bas-côté. Je dévisage le conducteur et découvre que c'est Salvador Dalì au volant de ma Volvo avec le pare-brise éclaté qui a tenté de me renverser. Il me frôle et continu sa course, les essuies glaces battant l'air à toute vitesse et la radio à fond qui crache la chanson de Sheila, « Bang-Bang » dans laquelle elle raconte l'histoire de deux enfants qui jouaient ensemble aux gendarmes et aux voleurs. Puis ils ont grandi et le garçon est parti avec une femme, abandonnant sa copine d'enfance… Cette chanson m'a toujours énormément touché. Elle me fait venir les larmes aux yeux. Elle me rappelle Lulu… Ce qui est étrange dans cette version ci, c'est qu'elle est entrecoupée de messages radios qui crépitent et parlent d'urgence, de Samu, d'hôpital… Je remarque alors que tous les gens de la plage se sont retournés vers moi et attendent visiblement que je dise quelque chose. Il y a deux hommes en costume à côté de moi qui semblent être des personnalités officielles. Ils me font signe que je

- 443 -

dois faire un discours… Je regarde à nouveau la foule sur la plage et je reconnais Maxence qui me regarde attentivement et semble lui aussi en attente de ce que je vais déclarer. J'ouvre la bouche sans trop savoir ce que je vais dire mais aucun son n'en sort. Au lieu de ça, c'est un rayon de lumineux intense qui sort de moi et qui se dirige vers lui, comme si je lui envoyais de l'énergie, de l'amour, je n'en sais trop rien en fait… Ce que je sais c'est que c'est super fort comme sensation. D'une extraordinaire puissance. Maxence a une telle manière de me sourire que je comprends avec une évidence absolue qu'il m'aime profondément et infiniment et que mon avenir est avec lui, lumineux et étincelant. C'est une sensation vertigineuse. Les gens applaudissent et je vois ma mère avec une somptueuse robe blanche, très élégante, qui lui va à ravir. Elle est au bras du maire qui porte une blouse blanche avec un badge qui indique « le maire ». Lui aussi, il a l'air content. Il m'applaudit. Ma mère est fière de moi. Elle crie : « Bravo fiston ! » Je m'approche et elle me dit qu'elle m'aime, qu'elle n'est qu'une imbécile et qu'elle regrette de s'être comportée comme une idiote. Elle souhaite que je me rétablisse pour que nous puissions rattraper le temps perdu. Ça me fait pleurer. Je comprends alors qu'en fait je suis à mon mariage. Je suis super ému et je voudrais dire quelque chose mais je n'arrive toujours pas à parler. Je n'arrive même pas à sourire non plus. En fait, mes lèvres sont cousues et je ne peux pas ouvrir la bouche. Je commence à paniquer et je regarde autour de moi, affolé, pour trouver de l'aide auprès des jumeaux ou de Juan, mais je ne les vois pas. Je ne découvre que des figures tristes qui me dévisagent sans que je comprenne pourquoi ils viennent subitement de changer d'expression. Et là, je comprends tout ; ce n'est pas mon mariage : je suis à mon enterrement. J'ai super froid d'un seul coup, je suis glacé à l'intérieur de mon corps. C'est vrai que le soleil s'est couché et que là il fait tout gris, très sombre. Une odeur de rose tenace et entêtante me tourne la tête. Je réalise qu'on vient de me mettre dans une boite et qu'on est en train de refermer le couvercle. Alors je me débats pour leur montrer qu'ils font erreur, que je ne suis pas mort, mais mon corps ne m'obéit pas. Mes bras sont mous, comme mes jambes que je n'arrive pas à remuer. Il faut que j'aille chercher tout au fond de moi une force invraisemblable qui me vient de je ne sais où pour qu'enfin j'arrive à me tourner sur le côté et là… Je me réveille.

Sans ouvrir les yeux, j'essaye de me remettre de mes émotions… Quel rêve étrange… C'était tellement bizarre cette plage, ces gens, cet enterrement, ma mère ! Et puis toute cette histoire de ferme et ces trois garçons… J'avais presque fini par gober ces histoires d'anges gardiens…

J'entends le chant d'un oiseau et je sens la chaleur du soleil sur mon visage. A travers mes paupières closes, je regarde les nuances de couleurs que les rayons créent : jaune, orange, rouge, violet, marron, noir. Plus je plisse les yeux, plus les couleurs changent. Je fais ça depuis que je suis tout petit. Je ne sais pas pourquoi. Ce rêve était tellement effrayant que j'entends mon cœur battre la chamade dans ma poitrine. Je reste immobile dans le rayon de soleil pour profiter de ce réconfort qui m'apaise un peu. Je prends de grandes respirations pour tenter de ralentir mon pouls et reprendre mes esprits mais ce n'est pas gagné ; j'entends toujours le souffle mécanique :

Pfouhh… Pfouhh… Pfouhh…

Quelque chose d'humide et froid vient se coller sur le bout de mon nez. Je sais que si j'ouvre les yeux je vais définitivement sortir de ce rêve un peu fou mais super beau quand même. Qu'est-ce qu'ils étaient mignons mes petits anges… C'est idiot, mais je ressens une vraie tristesse parce que je sais qu'ils sont en train de s'évanouir en moi à jamais.

Mais c'est quoi ce truc froid sur mon nez bon sang ?

J'entre-ouvre une paupière et découvre que le prince charmant qui dépose un baiser sur mon nez au matin n'est autre qu'un crapaud. Un vrai crapaud, maronnasse et visqueux ! Bizarrement, je n'ai pas peur. Je le regarde en louchant, étonné, certes, mais sans plus. Il me faut quelques secondes pour me rendre compte de ce qu'il est en train de se passer et qu'une alarme retentisse dans ma tête : « Putain ! Mais… c'est dégueulasse ! » J'ai alors un geste de recul et que le crapaud s'enfui ! Là, ça y est, je suis réveillé.

Je regarde autour de moi et découvre Sven à sa table à dessin, mort de rire.

Merci mon Dieu ; je suis toujours dans mon rêve.

« Mais… mais qu'est-ce que c'est que ça ? dis-je, affolé.

- Autopsy !

- Mais… c'est un crapaud !

- Yeah. Répond-il sans plus d'explication, comme s'il s'agissait d'un animal de compagnie classique.

- Mais qu'est-ce qu'il fout là ce crapaud ?

- He likes to be here. »

Je me fais à l'idée que je n'obtiendrai pas plus
d'explication et je n'insiste pas ; c'est vrai qu'il a autant
le droit que moi d'être là ! J'essaye de faire le point dans
ma caboche complètement chamboulée, avec mon cerveau qui
tourne en boucle comme un ordinateur qui vient de *bugger*.

Bon, voyons voir.
J'ai rêvé que je rêvais.
OK.
Et là, je me réveille dans mon rêve.
Le premier.
Vous me suivez ?
Celui avec les anges scandaleusement beaux.
Pourtant, c'est très bizarre, mais je n'ai pas du tout
l'impression de dormir…
Et si ce n'était pas un rêve ?
Et si ce n'étaient pas des anges mais juste une bande de
hippies qui ont décidé de m'aider, comme ça, pour être
cool ?
Voilà, c'est ça. C'est aussi simple que ça. Il ne faut pas
chercher midi à quatorze heures. *On va pas recoiffer
la girafe avec le dos du peigne,* comme dit Gloria…

Donc, je suis toujours à la Chrysalide et je viens de me
faire réveiller par un crapaud du nom d'Autopsy qui,
visiblement, vit là sans que cela n'étonne qui que ce soit…
Bon. Ok. Ce n'est pas plus compliqué que ça… La journée
commence quand même très fort ! L'autre matin, c'est un
jeune eurasien androgyne qui me regardait dormir. Ça
change.

Encore étourdi par le rêve que je viens de faire, je ne
remarque pas tout de suite que, justement, le jeune garçon

est couché à côté moi. Je viens de le réveiller en sursautant à la vue d'Autospy, le crapaud curieux. Il me regarde et sourit. Il s'étire et je sens son corps contre le mien. Il me lance un affectueux et caressant « *holà guapo* » et s'allonge sur moi en guise de câlin du matin. Il met sa tête dans mon cou et me serre fermement contre lui. Cette pression est douce et réconfortante. Je ne sens même pas le poids de son corps, juste son souffle chaud dans le creux de mon cou. Il reste comme ça, sans bouger, et moi, je me délecte de ce moment d'une infinie tendresse, reprenant doucement le cours de cette invraisemblable aventure.

Je me fais la réflexion qu'il doit se sentir confortablement installé sur cet amas de chair chaude et molle qu'est devenu mon corps au fil des années. Moi, j'ai l'impression de porter un enfant, né de cette chair qui me fait horreur pour donner vie à ce petit prince qui m'enchante.

J'entends le crayon de Sven qui court sur le papier. Je devine qu'il doit à nouveau être en train de dessiner ce moment d'intimité. Je tourne les yeux dans sa direction et constate qu'en effet, il nous jette de petits coups d'œil sans nous voir vraiment, concentré sur ce qu'il dessine.

Je réussis à me dégager délicatement de l'emprise du jeune Juanito qui commence à se rendormir sur moi et après l'avoir embrassé avec une certaine insistance tant je suis heureux de pouvoir profiter de son affection, je me lève pour rejoindre Sven. Je constate qu'en effet, ce dernier nous a dessinés pendant que nous faisions ce câlin matinal, mais je découvre également d'autres esquisses de moi, mais aussi de Maxence, de Gloria, de Maman. Tiens, c'est bizarre que je prononce ce mot puisque je ne l'ai jamais appelée comme ça. Quand je parle d'elle je dis « ma mère ». Je ne sais pas si c'est vraiment eux, disons que ce sont des personnages qui leur ressemblent. Je ne vois pas comment Sven pourrait les dessiner puisqu'il ne les connaît pas. Mais moi c'est eux que je vois. Ils ont l'air tristes. Même Gloria. Je ne l'ai jamais vu aussi sombre. Elle est dans notre maison, avec Waloo et Merlin, mais tout est sombre, noir, comme si les volets étaient fermés. Ça me rend mélancolique de la voir comme ça. Oh, et là ! C'est ma Charlotte aux pommes ! Oh, elle aussi elle est toute tristounette… Elle va à l'école mais elle traîne un énorme cartable qui déborde de chagrin. Il est bien plus grand qu'elle et elle peine à le déplacer… Sur une autre esquisse, je découvre Maxence, abasourdis, seul. Il est sobre, mais il est si désespéré. Il reste assis sur une chaise, sans bouger, sans rien faire. Ça me fait une peine immense de le voir comme ça. J'ai envie de le secouer, de lui dire de se bouger, de ne pas rester là comme ça à attendre qu'on vienne le chercher. Je voudrais lui dire qu'il faut qu'il se remue, qu'il doit se lever et avancer vers la lumière, qu'il n'est pas seul, que je suis là, que je le vois et que je vais l'aider, le guider. Il faut qu'il me fasse confiance, qu'il croit en *la vie*. Aller Maxence, lève les yeux vers moi et ressens la force que je t'envoie. Je veille sur toi, je te promets…

Je trouve ces dessins d'une grande beauté. En les observant plus attentivement, j'oublie peu à peu ma propre représentation, pour admirer cette œuvre avec distance. Mon image ne m'appartient plus. C'est mon corps, mais ce n'est plus moi. Je comprends mieux ce que dit Maxence qui laisse admirer son corps comme s'il s'agissait d'une œuvre. Je refusais de le croire, convaincu qu'il n'était qu'un exhibitionniste pervers se cachant derrière cette excuse artistique. Je prends conscience que le pardon et l'acceptation de ses activités sont d'une éminente clarté, d'une évidence absolue.

Je ne reconnais pas mon corps sur ces esquisses. L'homme a des formes, des rondeurs, mais il n'est pas gros, pas difforme. Son corps est harmonieux, généreux, accueillant. On a presque envie de se blottir contre lui pour se ressourcer et faire le plein d'énergie. C'est une sensation étonnamment enrichissante de se regarder avec distance. C'est la première fois que je trouve mon corps... Comment dire ? Attirant. Jamais je n'aurais pensé pouvoir dire un jour que mon obésité pourrait être désirable...

Je conserve ce regard distancié pour admirer les autres dessins et la toile que Sven a commencé hier, et je ressens le même attrait pour ce gros *Chamallow* à la peau légèrement brunie, un peu drôle mais attachant, qu'on a envie de prendre dans ses bras, qu'on a envie de connaître, de découvrir, d'aimer.

Je reste en admiration devant ces reproductions de mon image, touché et ému ; je crois que je commence à m'aimer !

Comment ai-je pu me détester depuis si longtemps ?

Non, au fond, je n'ai pas honte d'être cette boule molle. La rondeur n'est-elle pas la forme la plus douce qui soit, celle que l'on préfère quand on est enfant, celle qui ne blesse pas, une forme organique ? Que de temps perdu à me haïr et à me cacher à cause de mon aspect physique que je croyais s'être dégradé avec l'âge alors qu'il me ressemble de plus en plus. Oui, je suis rond, doux, attentionné, accueillant, prêt à prendre ceux que j'aime dans mes bras pour les réconforter. C'est la première chose que m'a dit Sven et il a raison : mon corps ressemble à l'être que je suis au fond de moi. Il ne fait pas peur, il met l'autre en confiance, sans qu'il se sente inférieur ou menacé…

Mon corps me ressemble…

Je commence à concevoir ce qui m'est toujours apparu incompréhensible jusqu'à présent. Je me suis toujours demandé pourquoi j'avais eu la chance de rencontrer un garçon aussi beau que Maxence, et surtout, pourquoi il restait avec moi depuis si longtemps alors qu'il était superbe et moi si… délabré, comme une maison abandonnée. Je comprends à présent ce qu'il voit chez moi et que je n'ai pas su voir ; lui qui a un corps athlétique, esthétique, artistique. Un corps qu'il entretient rigoureusement, qu'il modèle pour ressembler à ce que la société nous impose comme référence de la beauté absolue ; il est finalement devenu une page de magazine ambulante, glacée, sans âme ; alors que mon corps est moi, même si je l'ai laissé en friche. Mon enveloppe corporelle est à l'image de mon moi intérieur et c'est ça qui séduit Maxence.

Plus je regarde ce que Sven a capté de moi, de mon anatomie, de mon être dans sa globalité, plus je me rends compte que Maxence doit m'aimer sincèrement, pour moi-même, même s'il a du mal à l'exprimer… Je me fourvoie depuis des années. Ce que j'ai interprété comme étant de l'indifférence était en fait de la pudeur. Il a tant de mal à vivre, à accepter d'être encore en vie alors qu'Armand est mort. Son comportement n'est pas lié à l'amour qu'il me porte mais plutôt au dégoût qu'il a de lui-même. Je me rends compte qu'en fait, c'est moi l'égoïste dans notre histoire, à toujours tirer la couverture à moi en lui faisant continuellement des reproches sans me demander pourquoi il n'arrive pas à vivre normalement.

En définitive, suis-je sincèrement amoureux de lui ou est-ce ma tendance *éphèbophile* qui se trouve flattée et que j'entretiens en restant l'amant d'un garçon d'une si grande beauté ?

La vie vient de me faire prendre un virage à cent quatre vingt degrés et je dois m'accrocher pour ne pas tomber.

Hypnotisé par ma propre image, mon regard erre sur la toile que Sven a faite de nous deux méditant sur la plage. Etait-ce hier ou il y a plus longtemps que ça ? Je suis incapable de le dire. Le temps n'a plus la même portée ici. Il est comme suspendu, parfois long, parfois court.

Il se dégage une grande émotion de cette toile. Je me reconnais et pourtant, ce n'est pas l'image que j'avais de moi jusqu'à présent. Je n'ai pas ce sourire crispé, figé, comme sur les photos que l'on fait de moi quand je me laisse prendre. Là, j'esquisse un sourire discret, d'une profondeur infinie, qui n'est pas sans m'évoquer celui d'une certaine Mona L...

Toutes proportions gardées !

Bien que je sois représenté avec des yeux à bout de larmes, on ressent un bonheur immense, un bien-être profond, une sérénité évidente. Sven a un talent fou pour immortaliser ces moments furtifs, intenses.

Je ressens un besoin vital de sauver ce jeune homme que je trouve si touchant sur cette toile, comme s'il ne s'agissait pas de moi mais d'un enfant perdu, en danger de mort, ce que j'étais encore il y a quelques jours. Une énergie intérieure m'envahit et me donne une telle force que je me sens tout à coup capable de déplacer des montagnes, comme lorsqu'on est amoureux.

« Je vais sauver ce garçon et l'aimer aussi fort qu'on puisse aimer quelqu'un ! » me dis-je tout bas, comme une promesse que je me fais à moi-même. « Je vais tout faire pour prendre soin de moi et pour me bâtir une belle vie. »

Je dois sauver mon enfant intérieur avant qu'il ne meure, et c'est urgent ! Pauvre Dorian, il faut que je prenne soin de lui, ça fait si longtemps que je le néglige et que je le laisse tout seul…

Je n'ai jamais été vraiment heureux de vivre jusqu'à maintenant, m'excusant presque d'être en vie, d'exister, d'être né, de ne pas être comme il aurait fallu que je sois, m'excusant de ne pas coller à l'image que la société se fait d'un homme épanoui qui a réussi sa vie avec une *BM* et une Rolex !

J'ai toujours trouvé que la vie des autres était plus intéressante que la mienne. Mais tout ça va changer, je vais tout faire pour que ça change et je vais commencer tout de suite. Je ne me projette pas dans l'avenir mais dans le présent ! Je veux vivre intensément chaque seconde de mon existence. Je viens de trouver ma place, j'en suis intimement convaincu.

Ces quelques jours, quelques semaines ou quelques mois peut-être, je ne sais plus, qu'importe, ce temps passé à la Chrysalide, m'a libéré de mes peurs et m'a permis de voir que je suis quelqu'un de bien qui a droit au bonheur. Sven, Stephen, Juan et les autres m'ont permis de prendre conscience que c'est moi qui détiens le secret de mon propre épanouissement. J'étais persuadé que je ne serais heureux que lorsque mon amoureux m'aimerait suffisamment. Grave erreur. Je confiais mon bonheur à quelqu'un d'autre. Il ne faut pas confier notre propre salut à autrui, parce qu'un jour ou l'autre, il peut nous en priver, alors que s'il vient de nous-même, de notre être profond, qu'il est le résultat de notre propre amour, alors personne ne pourra jamais nous l'enlever, quoiqu'il arrive.

C'est parce que je comptais sur les autres pour être heureux que je ne l'étais pas.

Je viens de comprendre que la seule et unique personne qui peut me combler, c'est moi. Je suis mon meilleur ami et mon partenaire pour la vie ! Alors je vais m'aimer et prendre soin de moi, croire en moi, me pousser vers ce qui me semble être bon pour moi, comme je le ferai pour mon meilleur ami. Mon bonheur m'appartient et c'est à moi d'y veiller. La clé était là et je viens de la trouver.

J'arbore un large sourire mais en fait, ce n'est pas moi qui souris, c'est tout mon être ! « *Todo va bien ?* » me demande Juan qui s'est levé et approché de moi si doucement que je n'ai pas remarqué sa présence.

Oh oui, tout va on ne peut mieux !
Je viens de faire la paix avec moi !

J'ai hâte tout à coup de retrouver Maxence, Gloria, la petite Charlotte, Victor, mes chiens et même ma mère ! Ma vie, quoi, que je viens juste de découvrir comme étant parfaite, moi qui l'ai traînée dans la boue jusqu'à présent. Ma vie me manque tellement d'un seul coup !

Oh ! Mais *c'est la cata* ! Retrouver ma vie, ça veut dire perdre mes trois compagnons !

Un tsunami d'émotions me submerge et je prends Juan dans mes bras pour ne pas me laisser emporter par mes larmes qui montent en moi et que je ne tente pas de retenir. Je laisse sortir ma joie et ma tristesse mêlées l'une à l'autre. Elles ne sont plus ennemies. Elles sont sœurs. Elles sont moi.

Sven saisit immédiatement ce qu'il se passe. Il s'approche de moi et me dit d'une voix presque caverneuse : « Here you are, Dorian, tu es arrivé. Mais ce n'est pas la fin du voyage. C'est juste une étape. C'est une renaissance, my love. On naît deux fois : quand on vient au monde et quand on est en paix avec soi ! Ne sois pas triste *: it's amazing* ! Ce qui t'arrive est merveilleux et nous sommes si heureux pour toi. »

Il nous enlace Juan et moi, et, bien qu'il dise de ne pas être triste, des larmes s'échappent de ses yeux turquoise…

19

Dehors il fait terriblement froid bizarrement et les arbres ont perdu leur feuillage comme si l'automne venait d'arriver d'un coup, en l'espace d'une soirée. Nous venons de nous réveiller et pourtant il fait déjà nuit. La ferme est plongée dans une brume épaisse et rose. Les ruelles sont désertes, tous les habitants ont disparu.

Nous les retrouvons dans une immense salle que je ne connaissais pas, avec une grande cheminée design en plein milieu de la pièce dans laquelle rougeoie un gigantesque feu. Elle est entourée de canapés élégants, rouge et or. Les murs violets d'une hauteur infinie sont recouverts d'une multitude de fleurs de Lys blancs. Je ne distingue pas le plafond. Un laser vert fluo tournoie au-dessus de nos têtes et dessine une aurore boréale. C'est vertigineux et magnifique !

Stephen est là, avec les autres membres de la Famille. Ils ont un look insolite que je les vois revêtir pour la première fois ; ils portent des combinaisons blanches en skaï, futuristes et vintages à la fois, comme dans un film de science-fiction des années quatre-vingt. Ils sont d'une splendeur à mourir : corps parfaits, visages lisses, dents d'une éclatante blancheur et parfaitement alignées, yeux bleus presque transparents. Je n'avais pas remarqué qu'à part Juan, tous ont les yeux bleus. Lui aussi est habillé en blanc, ce qui tranche avec la couleur de sa peau brune. Il ne porte pas une combinaison comme les autres mais une queue de pie argentée sur un costume blanc particulièrement élégant. Nous ne nous sommes pas quittés un instant et pourtant je suis incapable de dire à quel moment il a pu se changer. Seuls Sven et moi sommes nus, mais cela fait un moment que je ne suis plus gêné de montrer mon corps aux autres.

Mes deux amis me donnent la main et nous avançons vers les autres sans que j'aie l'impression de marcher mais plutôt de flotter au-dessus du sol. Je suis en lévitation. Oh, pas très haut, juste de quelques centimètres, mais il me semble que je ne fais aucun pas, aucun effort alors qu'habituellement, me déplacer ne se fait jamais sans peine.

Stephen m'invite à venir m'asseoir entre lui et Gustavo et je prends place sur le grand canapé rouge et or qui est si confortable, qu'à nouveau, j'ai l'impression de flotter.

Alors que Stephen prend la parole, je me jette sur la carafe d'eau posée sur la table basse pour étancher cette soif qui ne me quitte décidément pas.

« Il y a tellement de choses que j'aimerais te dire, te montrer. Tu as encore beaucoup à apprendre, Dorian, mais tu viens de découvrir l'essentiel : l'amour pur. L'amour sincère et inconditionnel de toi-même et des autres. Il te conduira à l'amour universel. Suis ton ressenti quand tu es plein d'amour ; il te guidera toujours sur la bonne route. Cette clé est magique et tu ne dois jamais l'oublier, dans aucune circonstance. Elle te ramènera toujours sur ton chemin de vie. Si parfois tu t'égares, ne t'affole pas.

Reprends ton souffle en prenant quelques instants pour respirer bien à fond, concentre-toi sur ta respiration et sur l'immensité de l'amour universel, et tu retrouveras ta route. Suis la lumière, elle éclairera ton chemin. »

« Bien sûr, tu as encore beaucoup de choses à comprendre de *la vie* mais tu dois les apprendre par toi-même, dans Ta vie. Obstine-toi à répandre le bien, la paix et l'amour, même quand la situation te semble désespérée. Aussi humble soit-elle, apporte ton aide à l'humanité. La porte de l'humilité est très basse ; il faut se baisser pour la franchir ! N'oublie jamais que nous avons le pouvoir de changer le monde pour le rendre plus juste, plus paisible et plus heureux. Ce pouvoir passe par toi, par nous tous. Nous sommes tous responsables. »

« Je suis à la fois triste et heureux. Attristé de te voir partir si vite, mais tellement honoré d'avoir fait ta connaissance et de t'avoir vu grandir, sourire et illuminer la vie de cette belle énergie positive. Tout le monde a des êtres supérieurs qui veillent sur lui mais rares sont ceux qui ont le privilège de les rencontrer. Tu fais partie de ces privilégiés. La promesse que nous t'avons faite est réelle : jamais tu ne nous perdras, Dorian. Nous serons éternellement à tes côtés où que tu sois. Nous faisons partie intégrante de toi. Il te suffira de te concentrer et tu nous entendras, tu nous sentiras près de toi. Ceux que l'on porte dans son cœur sont toujours proches. »

« N'aie pas peur de partir et de reprendre le cours de ton existence : tu as tant de belles choses à vivre, il ne faut plus tarder… »

« Ne doute jamais que tu es un être magnifique et que tu mérites tout ton amour. Sois heureux de vivre : la vie est une expérience unique ! »

Il me sourit, mais son sourire est si éclatant qu'il en devient aveuglant. J'avoue que je le reconnais à peine. C'est bien lui mais il a quelque chose de changé ; il est habité. Il se veut rassurant, pourtant il me fout la frousse.

Le bruit de souffle mécanique a repris, je l'entends très distinctement à présent, et s'est ajouté à lui le *bip-bip micro-ondien* qui s'accélère à mesure que le temps s'écoule. Maintenant, je commence sérieusement à *flipper*. Je vois bien qu'il va se passer quelque chose et j'essaye de ne pas paniquer. Suivant les conseils de Stephen, je décide de respirer bien profondément, calmement, en pleine conscience. Le ronflement semble suivre le rythme de ma respiration, comme le bip-bip qui ralentit lui aussi à mesure que je me calme. Je tourne la tête pour me rassurer auprès de Sven et de Juan mais ils ont disparu ! Effrayé, je me retourne vers Stephen, mais il n'est plus là lui non plus ! Je regarde à gauche et à droite pour tenter de comprendre ce qui se passe mais je ne vois plus personne : ils se sont tous volatilisés !

Même le décor n'est plus le même ! Au lieu d'être assis dans le canapé rouge et or, je vois mon corps allongé sur un lit blanc, vêtu d'une blouse bleue, comme on en porte dans les hôpitaux !

Qu'est-ce que c'est que ce délire ?

Je ne peux pas être allongé sur ce lit puisque je suis là, flottant dans la chambre, au-dessus de cette femme penchée sur mon corps.

Flottant dans la chambre ?

C'est vrai que d'un seul coup ça me parait bizarre. On ne flotte pas dans une chambre au-dessus de son corps, ce n'est pas possible, ou alors…
C'est qu'on est…
Mort ?
Merde !
Je suis mort ?
Oh putain !
Cette idée me panique, mais en même temps c'est ridicule de dire « je suis mort » !
Soit, je suis vraiment mort et dans ce cas je ne parle plus puisque justement, je suis mort, soit…
Soit quoi ?
Je ne sais pas au juste…
C'est totalement extravagant !
Serais-je en train de sortir de mon corps, juste le jour où je viens de me réconcilier avec lui ?
C'est trop con !
Mais, est ce que ça veut dire que je vis mes dernières secondes et que mon âme est en train de s'envoler comme je l'ai lu dans des bouquins ?
Moi qui ne crois pas au paradis, je trouve ça très inquiétant si je garde conscience de ce qui se passe alors que je suis mort…
Oh, nom de Dieu; je ne suis pas du tout sûr d'avoir envie de mourir moi!

Mais qu'est-ce que je peux faire pour réintégrer ce corps que j'ai si souvent voulu quitter ? C'est quand même dommage ; juste au moment où je viens de décider de vivre à fond, où je suis enfin heureux d'être qui je suis, juste au moment où ça me va d'être moi, je suis en train de crever ! C'est trop bête ! Je donnerais tout ce que j'ai pour pouvoir retourner dans mon corps et retrouver ma vie, mes amis, Maxence, Gloria...

Mais c'est qui cette femme assise près de mon corps, là ?
C'est étrange mais je connais cette silhouette.
Cette présence ne m'est pas étrangère.
Au contraire, je ressens un lien très fort mais je ne vois pas qui c'est...
Concentrons-nous.

Je respire doucement, bien à fond comme me l'ont appris mes amis de la Chrysalide, je ressens l'air qui entre dans mes poumons, bien que là, j'en n'ai plus, enfin si, mais eux ils sont en bas et moi, enfin ce qu'il reste de moi, est coincé en haut, au-dessus, et...

Ah non tiens, j'arrive à me déplacer ! Je flotte, et sans trop savoir comment je fais ça, j'arrive à descendre à la hauteur de cette dame, suffisamment près pour ressentir cette énergie que je connais bien puisque, avec une facilité déconcertante et aussi surprenant que cela puisse paraître, je reconnais... ma mère !

C'est pas possible !

Ça vaut presque la peine de mourir pour vivre ça !

Ma mère est là, près de mon corps, me tenant la main, le visage plein de larmes et elle me parle ! Elle me dit qu'elle m'aime et qu'elle n'est qu'une imbécile, qu'elle regrette de s'être comportée comme une idiote, qu'elle souhaite que je me rétablisse pour que nous puissions rattraper le temps perdu.

J'ai déjà entendu ça, l'autre jour, dans cet affreux rêve…

C'est un moment incroyable que je suis en train de…

J'allais dire « de vivre », mais suis-je encore vivant ?

Ai-je encore la capacité de réintégrer mon corps et de reprendre ma vie ? Si oui, je ne sais pas comment m'y prendre. Mais je dois absolument trouver un moyen avant qu'il ne soit trop tard !

Aller Dorian, calme-toi, concentre-toi, respire à fond, voilà, doucement, pleinement, avidement, concentre tout l'amour que tu as en toi, sens la joie qui entre en inspirant… et la colère qui ressort en expirant, réuni tes forces, ton immense envie d'inonder le monde de cet amour pur qui réside en toi, fais passer le message que t'ont transmis Sven, Stephen et Juan…

En les évoquant, je vois leurs visages radieux et souriants ; complices. Je ressens leur immense force en moi et je suis aveuglé par un flambloiement intense qui m'oblige à fermer les yeux. Je reste quelques instants comme ça, les paupières closes. Plus je les serre, plus la couleur passe du jaune à l'orange, au rouge…

Peu à peu, j'ouvre les yeux.

Je découvre le visage de maman penché sur moi.

« Maman ?

- Oh Do ! Mon chéri ! Mademoiselle ! Mademoiselle ! Vite ! Mon fils ! Il se réveille ! »

Je fixe le plafond blanc et il me semble apercevoir trois paires d'yeux qui me font un clin d'œil : deux paires bleues et une paire noire.

*Une plaie est guérie
quand on peut la toucher sans que ça fasse mal,
même s'il reste une cicatrice.*

Epilogue

Ça y est, je suis encore en retard ! Depuis que je suis médiateur entre les parents et leur gamin homo dans un centre d'aide pour jeunes homosexuels, je suis tout le temps à la bourre tant je suis passionné par ce que je fais. Je soigne des maux avec des mots.

C'est vrai que lorsque je suis en face d'un père et d'une mère qui ont rejeté leur rejeton parce qu'il est gay et que je tente par tous les moyens de renouer le dialogue, je ne me vois pas arrêter la discussion en expliquant que je suis attendu à dîner ! Et puis, pour être franc, j'avais oublié l'invitation de Gloria et Ken, son mari.

J'ai 36 ans aujourd'hui. Moi je m'en fous mais Gloria a lourdement insisté pour qu'on fête ça sous prétexte que j'ai deux fois 18 ans ! Elle est capable d'avoir organisé une soirée spéciale Dalida ! J'imagine déjà le grand Victor habillé en laminé or accompagné de la petite Charlotte qui semble avoir le même attrait que son père pour les déguisements ! Elle vit en Bretagne avec sa maman à présent, et je ne la vois plus très souvent, comme je m'y attendais, malheureusement.

J'appelle Maxence pour lui dire de ne pas m'attendre. Je ne repasserai pas par l'appart. J'irai directement chez Gloria et Ken en RER, on gagnera du temps. Ça me fait toujours quelque chose de retourner dans cette maison. Un mélange de nostalgie, en pensant aux moments inoubliables que j'y ai passé, avec une pointe de tristesse quand je comptabilise toutes ces années d'enfermement, d'apitoiement sur moi-même, qui ont laissé de lourds dégâts en moi. J'en porte encore les stigmates. C'était il n'y a pas si longtemps et pourtant cette époque me paraît si lointaine. Comme s'il ne s'agissait pas de moi mais d'un usurpateur qui se serait glissé dans ma peau pendant toutes ces années de souffrance. C'est peut-être pour ça que j'étais si gros à l'époque : on était deux dans le même corps !

Depuis que ma mère m'a appris que nous étions deux à la naissance, mais que mon frère jumeau est mort-né, je sais aussi que nous étions deux âmes. Ça fait exactement trente-six ans aujourd'hui… Une naissance et un deuil en même temps. J'ai pardonné à mes parents leur incapacité à faire le deuil de cet enfant décédé qui m'a pris la moitié de mon prénom, la moitié de ma vie et l'ensemble de mes parents à qui je renvoyais cette absence qu'ils n'ont pas su gérer.

J'ai fait la paix avec ma mère. Je la vois régulièrement à présent. On déjeune ensemble dans des brasseries ou des restaurants chics où elle a ses habitudes et où on la laisse tranquille. Elle me parle d'elle, de ses parents, de Nanny, de mon père… Je comprends mieux qui elle est. Je suis heureux de ces moments d'intimité où l'on rattrape le temps perdu. Je crois qu'elle se force un peu mais je m'en fous, moi ça me fait plaisir et je savoure ces moments passés ensemble. On n'aurait jamais pu faire ça lorsque j'étais plus jeune ; ma mère ne sait pas parler aux enfants. C'est normal, elle a l'habitude de parler à des millions de téléspectateurs qui la suivent tous les soirs depuis plus de vingt ans ; elle emploie des termes précis et elle attend qu'on lui réponde du tac au tac dans un français impeccable, en étant aussi clair qu'elle.

J'ai deux fois 18 ans et pourtant je ne me suis jamais senti aussi jeune, plus encore que lorsque j'avais réellement 18 ans. Je prends la vie comme elle vient. Je la respire à plein poumon. Je m'enivre de la vie, de Paris, des gens qui courent en tous sens, des voitures coincées dans les embouteillages qui klaxonnent, du vent dans les feuilles, de la pluie fine qui tombe parfois sur mon visage et qui m'évoque les embruns des bords de mer, des bateaux mouches qui passent emplis de touristes qui viennent de l'autre côté de la terre et que je regarde de la fenêtre de l'appartement dans lequel nous avons emménagé, Maxence et moi, sur les quais de Seine. Ils inondent notre lieu de vie d'une intense luminosité l'espace d'une seconde à chaque fois qu'ils passent sur le fleuve et moi je me dis que c'est l'éclat du regard bienveillant de ces visiteurs du bout du monde qui vient me rendre une petite visite, comme un clin d'œil complice de toutes ces énergies réunies en un même lieu au même moment.

Je prends soin de moi à présent, tous les jours, à chaque instant. Je me fais plaisir. Mon affreux *Gremlins* est toujours là, tapi dans l'ombre, prêt à surgir, mais il ne me fait plus peur. Je sais le dompter. Et comme je n'écoute plus ses incessantes petites réflexions avilissantes, il a fini par se taire. Maintenant, je me parle gentiment...

Souvent, je m'assieds à la terrasse d'un café pour boire un thé et pour regarder avec complaisance les gens qui vivent là, autour de moi, sous mes yeux. Non seulement ils ne m'effraient plus mais ils me remplissent d'une immense joie intérieure : ils sont la vie ! C'est amusant, on vient me parler à présent, pour me demander un renseignement, une direction... La plupart du temps, c'est un prétexte pour engager la conversation. Sans doute parce qu'ils sont esseulés même s'ils vivent avec des gens autour d'eux. Souvent ils se sentent seuls et ils ont besoin que quelqu'un les écoute, ce que je fais de bonne grâce. Je ne me force pas. Ce qu'ils me racontent m'intéresse vraiment. Ils me parlent d'eux, ils parlent de leurs vies, de la vie.

Je ne sais pas pourquoi tout le monde vient me parler maintenant ; peut-être est-ce à cause des innombrables cicatrices que je porte sur le visage depuis mon accident de voiture qui m'a laissé dans le coma 21 jours. Ils se disent que je dois souffrir et que je suis en mesure de les comprendre. Sauf que moi, c'est avant l'accident que j'en bavais. Ces balafres qui me dévisagent ne me font pas souffrir, au contraire, elles sont comme un pense bête pour me prouver que maintenant je suis en vie. Elles me rappellent chaque jour que la vie est précieuse.

Il ne faut pas croire que ce qu'on lit dans les bouquins ou ce qu'on voit au cinéma sort du cerveau illuminé d'auteurs perturbés. Il suffit d'écouter les gens pour s'apercevoir que la vie réserve de drôles de surprises, d'étranges rencontres avec des êtres, des anges...

Je m'enrichis énormément au contact de ces gens qui me racontent leur histoire. En échange, je leur donne ce dont ils manquent : de l'attention et du temps. De l'amour quoi !

Je regarde mon plan de métro pour voir où je vais attraper le RER. Je décide de marcher encore un peu pour rejoindre une station qui m'évitera un changement. En passant devant la vitrine d'un antiquaire, un tableau un peu dissimulé par un guéridon attire mon attention. Je ne suis plus du tout friand d'objets anciens, mais là, bien que je sois pressé, il m'est impossible de poursuivre mon chemin. Je suis comme aimanté par cette toile. Plus je me rapproche et plus mon cœur s'emballe et ma poitrine se soulève comme si je venais de courir un cent mètres haies ! Je m'approche de la devanture et regarde, médusé, ce tableau qui représente deux jeunes hommes assis nus sur une plage, face à la mer. L'un est blond avec un corps bien dessiné. Magnifique. L'autre, tout en rondeur, est assis en tailleur. Il a les yeux fermés et arbore un sourire énigmatique au coin des lèvres. Il dégage une force et une puissance inimaginable et communicative.

Le cœur battant à tout rompre, je pousse la porte de la boutique qui porte le nom évocateur de *Garçon chenille et homme papillon*. Je m'avance délicatement vers la toile. Une inscription manuscrite est rédigée au revers :

« Un étrange être-ange »

Mise en page et publication par :

Les éditions de la machine à écrire®

http://leseditionsdelamachineaecrire.fr

www.ingramcontent.com/pod-product-compliance
Lightning Source LLC
Chambersburg PA
CBHW051806150726
47998CB00001B/43